本书获山东省重点马克思主义学院科研资金资助

"同时胜利论"与"一国胜利论"比较研究

杨贵颖 李心华 著

中国社会科学出版社

图书在版编目（CIP）数据

"同时胜利论"与"一国胜利论"比较研究/杨贵颖，李心华著.
—北京：中国社会科学出版社，2017.12
ISBN 978 - 7 - 5203 - 1657 - 6

Ⅰ.①同… Ⅱ.①杨… ②李… Ⅲ.①马恩著作—社会主义革命—
研究②列宁著作—社会主义革命—研究　Ⅳ.①A164②A264

中国版本图书馆 CIP 数据核字(2017)第 299593 号

出 版 人　赵剑英
责任编辑　郭晓鸿
特约编辑　席建海
责任校对　沈丁晨
责任印制　戴　宽

出　　版　中国社会科学出版社
社　　址　北京鼓楼西大街甲 158 号
邮　　编　100720
网　　址　http://www.csspw.cn
发 行 部　010 - 84083685
门 市 部　010 - 84029450
经　　销　新华书店及其他书店

印　　刷　北京明恒达印务有限公司
装　　订　廊坊市广阳区广增装订厂
版　　次　2017 年 12 月第 1 版
印　　次　2017 年 12 月第 1 次印刷

开　　本　710×1000　1/16
印　　张　22.5
插　　页　2
字　　数　278 千字
定　　价　99.00 元

关于社会主义革命"同时胜利论"与"一国胜利论"问题的旧议与新评

（代序言）

一 关于社会主义革命"同时胜利论"与"一国胜利论"问题的历史回顾

关于社会主义革命究竟是"几国同时胜利"还是"一国首先胜利"的问题，是在 1915 年由列宁提出的。迄今一百年来在世界社会主义史上一直争议不休、莫衷一是。本文不可能细述这个重大的理论和实践问题争论的全过程。我想还是从我个人如何亲身经历这个疑难问题说起，这样或许会使读者感到更亲切些，也更饶有兴趣些。

1950 年新中国创办的第一所文科综合性新型大学中国人民大学于 9 月开学，那年我 23 岁，就开始在这所全面学习苏联社会主义建设经验的最高学府执教。按照苏联经验，学校设立马克思列宁主义教研室作为全校首席的教研室，为全校各系学生开设马克思列宁主义基础课程作为首要一门政治理论课。其内容是讲授和学习苏联共产党历史，通用教材是 1938 年联共（布）中央特设委员会编写的《联共（布）

党史简明教程》。1938 年共产国际曾经作出决定，把此书定性为"马列主义百科全书"，所以课程名称叫作"马克思列宁主义基础"。在这本被封为经典著作的"结束语"中指出："马克思、恩格斯在 19 世纪中叶认为社会主义革命要在大多数文明国家同时取得胜利，不可能单独在一个国家内获胜；列宁在 20 世纪帝国主义阶段认为这个旧公式已经不适用，他提出社会主义革命完全可能在一个国家内获得胜利。如果列宁没有抛开旧理论而代之以新理论，那么无产阶级就会遭到失败。"在当时苏联政府派到我校教研室的专家更加具体的讲解下，我们都信以为真，照样对学生照本宣科。关于 1924 年列宁逝世后，联共（布）党内关于一国能否建成社会主义的争论也都是遵照斯大林的言论，肯定一国能够建成社会主义，批判托洛茨基反对派的错误。尽管 1956 年苏共第二十次代表大会批判了斯大林搞个人崇拜和个人专断的错误，同时揭露了《联共（布）党史简明教程》中的歪曲历史的错误，但是在社会主义革命"同时胜利"和"一国胜利"问题上的看法还没有根本改变。

直到 1978 年底实行改革开放以来，学术理论界解放思想，重新探讨一系列历史问题和理论问题。最早是 1980 年安徽李良瑜和四川袁亚愚两位学者分别在《江淮论坛》和《社会科学研究》上发表文章，不约而同论证了马克思、恩格斯没有提出"共同胜利"论，他们也是主张"一国胜利论"。随后报刊上就这个历史公案，提出了十种各不相同的观点。从 80 年代到 90 年代，我由于教研工作繁重，没有在报刊上就这个问题参与争鸣。但是我在"国际共产主义运动史"和"苏共党史"的教学中不能不在课堂上讲些我的看法。我认为，马克思、恩格斯始终坚持社会主义革命将在英、法、德三个发达的资本主义国家几乎同时取得胜利。其中必有一个国家带头，随即有其他两国跟随。这种胜利首先是无产阶级夺取政权的政治革命的胜利，其次是在这三国依靠无产阶级专政的政权进行社会革命，即对各种私有制实行社会主义改造，同时开展社会主义建设。马克思、恩格斯预计英、法、德三国社会主义政治革命和社会革命的成就必将带动和促进世界各国逐步发展到社会主义。马克思、恩格斯对世界社会主义发展前景预测的这个图式和路线图由于种种原因在 19 世纪未能实现。到 20 世纪初，世界形势发生重大变化。自由资本主义发展到垄断资本主义的新阶段，资本主义列强英、法、德等国已分别组成协约国和同盟国两大军事集团，进而在 1914 年爆发了这两大军事集团争夺世界霸权的世界大战。而且英、法、德等国的社会主义政党都背叛无产阶级国际主义原则，以"保卫祖国"名义支持本国政府进行的帝国主义战争。这样也就不可能指望英、法、德三国带头进行社会主义革命。1914 年 8 月世界大战刚爆发时，列宁代表俄国社会民主工党中央发表的反对帝国主义战争的宣言中还指望英、法、德等国无产阶级会奋起反对帝国主义战争，进行社会主义革命、建立欧洲联邦。经过一年时间的变化和他个人的研究、观察与思考，1915 年 8 月发表《论欧洲联邦口号》一文，深刻反思、自我纠错，宣布收回欧洲联邦口号，并且依据他所论证的资本主义经济政治发展不平衡规律，创造性提出"社会主义可能首先在少数甚至在单独一个资本主义国家内取得胜利"的新理论。再过一年，即 1916 年 8 月列宁在《无产阶级革命的军事纲领》一文中进而指出："社会主义不能在所有国家内同时获得胜利，它将首先在一个或几个国家内获得胜利，而其余的国家在一段时间内仍然是资产阶级的或资产阶级以前的国家。"列宁在 1915 年和 1916 年所说的将首先取得社会主义胜利的国家，他没有明确地指出就是俄国，因为当时俄国面临的是推翻沙皇专制政权的民主革命任务。到 1917

年二月革命胜利，推翻了沙皇专制政府之后，4 月列宁从国外回到首都彼得格勒，在火车站受到广大人民群众热烈欢迎时，他满怀激情简短答谢后振臂高呼："世界社会主义革命万岁！"显然他回国后就想要带领布尔什维克党领导工农大众在俄国带头首先进行社会主义政治革命。1917 年取得十月革命胜利，建立了第一个社会主义国家苏俄后，1918 年初他本来指望"俄国人开始了，德国人、法国人、英国人将去完成，社会主义定将胜利"。① 可是随后德、法、英三国的革命没有爆发。到 1921 年列宁主张俄国一国要坚持社会主义道路、进行社会主义改造和社会主义建设，但是要实行新经济政策，允许私人资本主义经济较长期存在，发挥其有利于发展生产力和巩固政权的作用，不能急于消灭私人资本主义，不能一国建成社会主义；只有将来英、法、德等国无产阶级也夺取政权，也走上社会主义改造和社会主义建设道路，各国才能共同建成社会主义社会。所以列宁的"一国胜利论"与马克思、恩格斯的"共同胜利"论既有联系又有区别。联系在于：第一，社会主义夺取政权的政治革命都只能是由某一国的无产阶级及其政党带头，不可能几国同时爆发革命；第二，首先取得政治革命、夺取政权的国家要依靠政权立即开始社会革命，即进行社会主义改造和社会主义建设；第三，要建成社会主义社会必须依靠几国无产阶级共同努力，不可能一国建成社会主义。区别在于：第一，马克思、恩格斯指望由英、法、德三国之中某一国带头进行夺取政权的政治革命，列宁认为只能由俄国一国首先带头革命；第二，马克思、恩格斯认为英、法、德三国中某一国带头夺取政权后，其余两国会很快紧步跟随也爆发革命，列宁看到俄国一国首先夺取政权后未得到英、

---

① 《列宁全集》第 33 卷，人民出版社 1985 年版，第 279 页。

法、德等国紧步跟随，他认为俄国能够较长期一国建设社会主义；第三，列宁晚年找到了在俄国一国长期执行新经济政策，利用国家资本主义和发展农业合作社的途径、在国际上与资本主义国家和平共处来逐步建设的道路。所以我们不能把"同时胜利论"与"一国胜利论"完全对立起来，既要看到其一脉相承的历史联系，又要看到列宁在新的历史条件下对马克思主义的新发展。社会主义革命"共同胜利"论和"一国胜利论"是社会主义革命的起点和重点问题，马克思、恩格斯都认为起点和重点在英、法、德三国，列宁与时俱进地改变为起点和重点在俄国一国，其扩点和终点都是社会主义在全世界的胜利。我在课堂上这样分析讲解得到听讲者认同，在课后倾心交流中没有人提出异议。

到 1994 年，烟台师范学院马列主义研究部李心华同志在积累多年教学实践经验和独立深入研究的基础上写成《社会主义胜利问题研究》书稿，约请我为之作序。我看到这是我国学术界就社会主义革命"同时胜利"和"一国胜利"问题第一部较为系统的有分量的论著，理应给予肯定和推荐。读完他的书稿后，我趁机把我自己在改革开放后对这个问题争论情况的了解做了梳理并略谈我自己的看法，作为对他论著的补充。后来我写成的《关于社会主义"同时胜利"和"一国胜利"问题辨析》，作为李心华著《社会主义胜利问题研究》的代序言，1995 年由华龄出版社出版。拙文另在山东大学当代社会主义研究所主办的《当代世界社会主义问题》1995 年第 2 期发表，并收入中国人民大学书报资料中心主办的《科学社会主义》类复印资料，有一定的社会影响。后来在报刊文章中看到还有人引用我对这个问题的归纳和分析。

三年后，我在《新华文摘》1998 年 9 月号"读者·作者·编者"

栏目读到思想理论战线老前辈，曾任《解放军报》总编辑赵易亚同志（1917—2002 年）写的《马克思主张社会主义革命必须同时在几个先进资本主义国家进行吗?》。此文是针对《新华文摘》同年 1 月号收入的另一篇肯定马克思"同时胜利论"的文章而写的。考虑到《新华文摘》和赵易亚同志本人的重大影响，我不得不写成《马克思恩格斯确实设想无产阶级革命将在几国同时发生——与赵易亚同志商榷》一文，指出从 1846 年马克思恩格斯合著《德意志意识形态》起，他们一生一直坚持社会主义革命将在英、法、德三国几乎同时发生和进行，直到 1915—1916 年列宁才提出社会主义革命可能在少数几个甚至一个资本主义国家首先取胜。这与马克思恩格斯的"同时胜利论"既有一致性，又有差异性。拙文先收入《新华文摘》1998 年第 12 期，后另发表在华中师大科学社会主义研究所主办的《社会主义研究》1999 年第 2 期。总算把我对"同时胜利论"和"一国胜利论"问题的看法，继为李心华的《社会主义胜利问题研究》所写的代序言之后，再次在社会上公开表态。赵易亚老前辈读后也没有再坚持他的马克思的"一国胜利论"，看来我文章中列举的众多事实还是对他有说服力的。

又隔六年之后，2005 年鲁东大学李心华教授又写成《社会主义基本理论新探》书稿，请我进行评论。我看到书稿中把科学社会主义基本理论划分为经典社会主义、苏联模式社会主义和中国特色社会主义这样三种形态进行论述，这与我的观点完全一致。书稿中还特别论及列宁认为一国不能建成社会主义社会，但是十月革命后他改变看法，认为一国可以建成社会主义制度基础，然而不能最终建成社会主义社会。这个看法在学术界引起争议。有人同意李心华的看法，另有人认为列宁始终没有一国建成社会主义思想，一国建成社会主义是列宁逝世后由斯大林于1924年底独创的；还有人另认为列宁晚年已肯定一国能够建成社会主义，斯大林是继承并发展了列宁的思想。就这三种看法而言，我又写了一篇《再谈"同时胜利"和"一国胜利"问题》，发表于《鲁东大学学报》2006年第3期。我表明基本上同意李心华教授的新见解。我提出要对列宁思想的变化结合历史条件的变化进行具体分析，不能简单地笼统地认为列宁始终否定或始终肯定一国能够建成社会主义；同时，对建成社会主义制度基础与建成社会主义社会，这还要加以严格区别。此外，我在文中还谈道：列宁在1915—1916年肯定"同时胜利论"不是针对马克思恩格斯，而是针对考茨基等人，列宁提出"一国胜利"确实心中想到的是俄国，而不是别国；一国的政治革命与社会革命是既有区别又有联系的关系，必定是先进行政治革命、夺取政权，后依靠政权开展社会革命，即进行社会主义改造和建设；20年代联共（布）党内关于"一国建成社会主义"的争论实质上是以理论争论为掩饰的领导层中争权夺利的斗争。我的这些见解是对李心华教授著述的赞同与补充。

近四年来，我还指导博士研究生曹鹏撰写《列宁社会主义一国首先胜利论的演进》的论文。在开题报告中有的老师认为这个题目过于陈旧，历史上已争论上百年，改革开放以来又争论30多年，难以有新的突破。我认为如果从1915年到1923年列宁本人关于社会主义在一国首先胜利理论的不断演进来分时段进行考察，并且对百年来尤其是近30多年的争论进行梳理和总结，还是可以写成一篇有分量的博士论文的。我还特别给曹鹏提供了两本我收藏的香港出版的有关论著，即温晖著《列宁主义批判》（百家出版社1989年版）和冯治军著《苏联灭亡评列宁》（皇福图书有限公司2006年版）。这是大陆任何图书馆都借不到的。这两书全面否定并批判列宁的一国胜利论。我国马克思主义学者能对之进行批判的批判是很有新意的。曹鹏同志去年就写完博士论文,经答辩委员会提出意见再进行修改后今年已通过。他现在在山东师范大学马克思主义学院执教。

以上简要回顾了近六十多年来我对"共同胜利"和"一国胜利"问题认识变化的过程和我就这个问题发表过的三篇文稿,可见探求真理是一件很艰苦的逐步深化认识的历程。

二 杨贵颖、李心华新著的新特点

9月12日,鲁东大学杨贵颖、李心华两位同志来访,带来他们合著的《"同时胜利论"与"一国胜利论"比较研究》书稿,表明这部书稿即将由中国社会科学出版社出版,特别约请我为之写点评论作为序言。我拜读之后,联系我自己对这个问题六十多年认识不断深化历程,深感这部书稿有三个显著的亮点、优点和特点。首先,本书第一章和第二章对马克思恩格斯的社会主义革命"同时胜利论"和列宁的"一国胜利论"进行了比较研究。这个比较研究是从区分政治革命与社会革命这两个基本概念入手作为切入点。这是非常正确、非常必要的。因为只有分清"政治革命"与"社会革命"这两个概念、两个阶段,才能透彻了解"共同胜利"和"一国胜利"的内涵。书稿中引用马克思、恩格斯和列宁本人的多处言论,说明社会主义政治革命是指无产阶级夺取政权的革命,社会革命则是指无产阶级夺取政权后依靠政权消灭、改造生产资料私有制和全面建设社会主义社会的革命。所以社会主义政治革命和社会主义社会革命既有区别又有联系,可以说是统一历史进程的两个阶段。书稿中引用了马克思、恩格斯一生在各个时期的大量言论,说明他们所提出英、法、德三国将同时发生社会主义革命是指社会革命而言,而政治革命只能从英、法、德三国之中某一国首先发生和胜利。后来列宁提出的"一国胜利"则是就政治革命而言,如果就社会革命而言,列宁和马克思、恩格斯一致,也是认为要多国同时胜利。所以不存在"同时胜利论"与"一国胜利论"的对立,不存在列宁抛开了"同时胜利"旧理论并提出"一国胜利"新理论的问题。作者的以上新见解论证较为充分,但是我认为还有欠缺和有待补充之处。我认为马克思、恩格斯提出的"同时胜利论"并非只是指社会革命,而是既包括政治革命又包括社会革命在内。他们一直预计英、法、德三国之中某一国将首先发生政治革命、夺取政权,然后会很快引发其余两国夺取政权的政治革命,进而这三国再共同进行社会革命。如果这三国没有先进行政治革命取得政权,那是不可能共同进行社会革命的。他们二人都认为俄国先发生民主革命、中国先发生民族民主革命,都会促进西欧英、法、德三国社会主义革命的几乎同时发生,但是他们没有预计过俄国和中国会先爆发社会主义革命。实践证明,19世纪世界正处于资本主义发展的上升时期,正处于自由资本主义发展阶段,即便是欧洲最发达的英、法、德三国,其社会主义革命的客观条件和主观条件也不够成熟,所以马克思、恩格斯关于社会主义革命首先在英、法、德三国共同胜利的设想始终未能实现。

恩格斯晚年已看到托拉斯等垄断资本主义的新形式给世界资本主义带来新变化。1895年恩格斯仙逝后,世界资本主义加速从自由资本主义阶段发展到垄断资本主义的新阶段。尤其是落后的俄国,从1861年沙皇政府被迫自上而下废除农奴制度后,加速了自由资本主义在大致四十年的较短时间快速发展到垄断资本主义阶段。俄国资本主义的内在矛盾也快速加剧,工人革命运动风起云涌,1875年在敖德萨成立

“南方工人协会”、1878年在彼得堡组织“俄国北方工人协会”，领导工人开展革命斗争。1883年建立第一个马克思主义团体“劳动解放社”，开始传播马克思主义革命理论。1895年进而出现强大的“彼得堡工人阶级解放斗争协会”，1898年正式成立“俄国社会民主工党”，1900年由年仅30岁的青年革命家列宁发起创办《火星报》，作为俄国社会民主党的革命报刊，在德国慕尼黑出版。48岁的第二国际著名理论家考茨基（1854—1938），敏锐地观察到1895年恩格斯谢世后7年来世界与俄国发生的重大变化，1902年3月写成《斯拉夫人与革命》一文，发表在列宁主编《火星报》3月第18号。考茨基在文中第一次指出：1871年巴黎公社失败后，社会主义和欧洲革命的中心“从法国移向了德国”，现在“我们正在面对着革命中心的进一步转移，亦即移向俄国”。① 考茨基在文中对他提出的这个新观点做了具体论证。可见，正是考茨基最早感觉到并且认识到世界社会主义革命将不再由德国人带头而是将由俄国人带头进行。这篇文章无疑给列宁极大的启发和鼓舞。所以列宁从1903年起就在国外重新建立社会主义政党并且对友人表示他会看到俄国带头进行社会主义革命。1905年俄国爆发第一次反对沙皇专制政府的民主革命，工人阶级在革命中起到了先锋带头作用。这使列宁深感世界社会主义运动的中心的确已经从德国转移到俄国来了。列宁在1905年6—7月写的《社会民主党在民主革命中的两种策略》这部名著中已表示民主革命胜利、建立工农民主政权后，要开始直接过渡到社会主义革命。同年9月1日写成的《社会民主党对农民运动的态度》一文中更明确指出：“我们将立刻从民主革命开始向社会主义革命过渡，……我们主张不断革命。我们绝

---

① 王学东：《考茨基文选》，人民出版社2008年版，第90页。

不半途而废。"① 这表明在 1905 年时列宁已经明确认识到俄国要在民主革命胜利之后带头进行世界社会主义革命。不过直到 1914 年 8 月爆发世界大战，列宁还是认为俄国革命将促进欧洲英、法、德等国共同进行社会主义革命，然后共同建立欧洲联邦。只是到 1915 年列宁发表《论欧洲联邦口号》一文，收回欧洲联邦口号，提出"社会主义可能首先在少数甚至在单独一个资本主义国家获得胜利"。到 1916 年他更明确地说：社会主义不能在所有国家内同时获得胜利。可见，列宁在 1915—1916 年间的确提出了与以前马克思、恩格斯、考茨基等人的"共同胜利论"有所不同的新观点、新理论。所以不能简单地说列宁的"一国胜利论"与以前的"共同胜利"论是完全一致的。我在本文第一部分已经说明，我认为马克思恩格斯的"共同胜利"论与列宁的"一国胜利论"有三个共同点和三个不同点，两者既不能混同又不能对立起来。

其次，杨贵颖、李心华的新著的第二个亮点、优点和特点是第三章、第四章、第五章集中论述了社会主义"一国建成"理论。作者认为，十月革命胜利后由于西欧英、法、德等国没有紧随俄国爆发社会主义革命，列宁进而提出苏俄一国可以独自开展社会主义改造和社会主义建设，其内容包括发展社会主义国有企业和农民合作社，实现国家工业化、工业电气化，废除官僚主义、发展社会主义民主和实现文化革命等。这些举措都是为了建立社会主义社会的经济和物质基础。作者认为这些新思想可以称为列宁的"一国建成"说。我认为在1918—1920 年实行"战时共产主义"政策列宁确实有过"一国建成"的思想，到 1921 年改变为实现新经济政策后，列宁已经改正自己犯

---

① 《列宁选集》第 1 卷，人民出版社 1995 年版，第 650 页。

过的急于求成的"一国建成"思想。1921年以后他虽然偶尔也讲到苏俄一国具备建成社会主义的条件，能够一国建成社会主义，实际上他还是指建成社会主义的经济基础、物质基础和制度（包括政治、文化）基础，并非指建成马克思在《哥达纲领批判》中所指出的作为共产主义社会第一阶段的社会主义社会。当一国处在世界资本主义包围的条件下是不可能建成清一色消灭资本主义、全面实行社会主义公有制的社会主义社会的，不仅社会生产力难以达到这样高度的水平，而且社会上层建筑（包括政治与文化）也难以达到这样高度的水平。所以愚意以为把列宁晚年的思想，与其概括为"一国建成"论，不如表述为"一国建设"论，显得更为精准，这样就能把列宁的"一国建设"论与斯大林的"一国建成"论截然区别开来。

本书对斯大林"一国建成"论作了较为全面分析，既肯定其贡献，又指出其缺陷。主要是斯大林误解了列宁的思想，把列宁所讲的"一国能够建成社会主义社会的基础"误解为一国能够建成完全的社会主义社会。书中还指出了托洛茨基派的错误在于夸大俄国农民的落后性，否认建成工农联盟的可能性，断言工农之间必然在社会主义建设中爆发冲突，因此把苏联建设社会主义的希望寄托在欧洲先进国家的共同胜利上。书稿中在批判托洛茨基派的错误时，也是肯定了他们的一些观点，例如他们基本上正确理解了马克思恩格斯的"共同胜利"论与列宁的"一国胜利论"，认为不能把"一国建成"与"最终胜利"割裂开来。实际上在世界资本主义强权包围之下，在一国之内越要急于消灭一切资本主义私有制就越要加剧社会主义与资本主义之间的矛盾；不利用世界资本主义的文明成果，在落后国家就不能急于消灭一切私人资本主义，建成完全的社会主义社会。我们更要看到，托派固然反对"一国建成"论，但是赞成列宁的"一国建设"论。

所以"一国建成"论这一场理论分歧与争论，完全可以求同存异，求"一国建设"之同，存"一国建成"之异，首先共同建设社会主义，关于是否能够一国建成社会主义问题可以留待未来实践检验来判定是非。况且在"一国建设"方面托洛茨基还提出一些切合实际的决策建议。例如他主张要加快工业消费品和农具的生产以满足农民的需要，并减少工农业产品价格之间的"剪刀差"；要对资本主义国家开放，适当引进外资，以满足国内建设投资的需要；要向资本主义国家购买新式机器，以加速国家工业化；要发展社会主义民主，反对日益严重的官僚主义和"书记处的官僚体制"，这一点更加激怒了总书记斯大林。可见，1924 年到 1926 年联共（布）党内关于"一国建成"社会主义问题的争论在很大程度上是以理论分歧、路线分歧为掩饰的争权夺利的派别斗争和权力斗争。所以在这场斗争中由于斯大林在领导层中争取到多数人支持，结果是 1927 年 11 月 14 日中央委员会和中央监察委员会决定把托洛茨基和季诺维也夫开除党籍，1929 年进而把托洛茨基流放到阿拉木图，1929 年他被驱逐出国，1932 年更取消其国籍，1940 年苏联情报机关更派人到墨西哥把他刺杀。布哈林等人没有洞察斯大林在党内斗争中的心思，他积极支持斯大林，坚决反对托洛茨基、季诺维也夫。到斯大林清洗托、季后，斯大林与布哈林又在是否执行列宁的新经济政策问题上产生分歧，斯大林把布哈林等人定性为右倾反党集团，进而打倒了布哈林。斯大林在 1924—1928 年清除了托洛茨基、季诺维也夫、布哈林三派对手后，他就把列宁遗留下来的"一党专政"体制进一步变成"一派专政"。斯大林作为党中央总书记的权力越来越大，紧跟他的莫洛托夫担任人民委员会主席（即政府总理），紧跟他的伏龙芝担任共和国革命军事委员会主席，党、政、军三大权全由斯大林这一派掌握。为了加速"一国建成社会主义"，

1929 年他提前结束列宁的新经济政策，1930 年他用行政命令和群众运动的方式对资本主义工商业进行全面进攻，加速社会主义国有化，在农村开展全盘集体化运动，消灭富农阶级，把富农分子连同其家属全部扫地出门，集中到边远地区强制劳动改造，用扩大工农业产品"剪刀差"方法盘剥农民，积累资金，加速工业化。到 1936 年，斯大林就宣布苏联已经消灭了资本主义和资产阶级，基本上建成了社会主义社会，以此证明他的"一国建成"论的正确。到 1939 年，他在联共（布）十八大上还主张要从一国社会主义过渡到一国共产主义。1936—1938 年他实行"大清洗"，把季诺维也夫、布哈林等一大批老战友都当作敌特分子处决。1941 年 5 月他由党中央总书记进而兼任人民委员会主席（政府总理）和国防委员会主席，独揽党、政、军三大权，实现了个人集权制，这样"一派专政"更在很大程度上变成"一人专政"。现在回头反顾历史，看得很清楚，苏联 1936 年宣布一国建成社会主义，实际上是生产力和人均产值低标准的社会主义、经济基础和上层建筑歪标准的社会主义，社会主义公有制含有官有制色彩，政治体制含有沙皇君主专制，文化体制含有文化专制主义和对领袖的个人崇拜。这种社会主义可以说是封建社会主义，是极权社会主义。"二战"后斯大林由个人集权制进而实行领导职务终身制和指定接班人制。斯大林带头实行的个人集权制、领导职务终身制和指定接班人制，这"三制"显然是沙皇专制的变种，根本违背社会主义民主共和原则。正是这种权力过度集中的政治体制代代相传，长期一再空谈自我改革，才导致各种社会矛盾长期无法根治和缓解。拖延到 1991 年这种极权社会主义终于被苏联广大人民抛弃了。经过长期实践的检验，"一国建成"论终成泡影。其历史教训是极为深刻的，非常值得我们记取。

最后，杨贵颖、李心华新著的第三个亮点、优点和特点是在书中第六章至第十章集中评论了南京师大俞良早教授关于社会主义"共同胜利"论和"一国胜利论"的观点。俞良早教授是我国学术界研究列宁主义成果最多的新一代学者。本书所评论的《列宁主义研究》（广西人民出版社1993年版）是俞良早汇集他80年代以来研究成果的第一本专著，内容包括列宁主义的诸多方面。在"同时胜利"和"一国胜利"问题上他的基本观点是否认社会主义革命要区别政治革命与社会革命两个阶段。他认为：社会主义革命的主要内容就是消灭资本主义私有制，实现社会主义公有制；列宁在《论欧洲联邦口号》一文中仍然是坚持马克思、恩格斯的"共同胜利"论，并没有提出"一国胜利论"；至于列宁在《论欧洲联邦口号》一文中有"社会主义可能……单独在一个资本主义国家首先胜利的结论"，他认为这是列宁离开其本意的"过头话"。他进而认为二月革命胜利后列宁并没有主张从民主革命过渡到社会主义革命，十月革命实际上是资产阶级民主革命的继续，而不是社会主义性质的革命。至于列宁本人一再提出"十月社会主义革命"的说法，他认为这只是指"潜在的社会主义革命"，或"准备"社会主义革命。在他心目中，列宁在十月革命胜利后，只是主张采取走向社会主义的步骤，只有30年代开始的全面向私人资本主义进攻、实现社会主义公有制才开始社会主义革命。他认为列宁晚年形成了"东方决定论"，以取代马克思、恩格斯的"西方决定论"，即是说到1921年西方社会主义革命高潮低落后，东方殖民地半殖民地国家的民族民主革命高潮迭起，这时列宁才认识到马克思、恩格斯所预见的西方几国社会主义革命将发生和胜利的前提已经不可能实现，代之而起的将是东方国家民族民主革命的发展，这将决定世界社会主义的命运。

本书对俞良早教授上述一系列误解和曲解列宁言论的观点，进行了详尽的有根有据的批驳。然而，俞良早同志二十多年来一直顽强地坚持自己的偏见，拒不接受别人言之有理、持之有故的批评。

三 对俞良早新著的评论

俞良早教授是理论界文坛新秀、多产作家。他研究列宁主义的著述丰硕，继 1993 年广西人民出版社出版的《列宁主义研究》之后又出版有四部论著，并另在报刊发表一些新观点，我想在这里略加评论。

首先是 1995 年 10 月湖北人民出版社的《列宁后期思想探索》。在这本书中，除了坚持他上述否认社会主义革命要分为政治革命与社会革命等观点外，还对列宁后期经济建设的思想做了更详尽的论析。他认为实行"战时共产主义"时列宁并没有直接过渡到社会主义的思想，这显然是不符合实际的。列宁在改变为新经济政策时对自己急于直接过渡的错误已经作了检讨并切实改正。这个公案是翻不了的。书中的缺点还表现在很少涉及列宁晚期关于文化建设的思考，更少谈及政治建设、苏共党内民主建设的思想和农民合作化的重要性。其次，2006 年 9 月，中共中央党校出版社出版俞良早著《关于列宁学说的论争》一书，内容是回答了学术界对他观点的批评。书中集中回答我、陈波和李心华三个人对他的批驳。学者探索真理、各抒己见、共同探讨、百家争鸣有助于辨明真相、增进共识。他在书中第一章谈到"关于'一国胜利论'的若干问题——答高放先生"。我在这里不准备再回答他在书中所提出的各个问题，那样要占很大篇幅。我只想指出一点，即俞教授对列宁"一国胜利论"的误解和曲解，起源于他回避了列宁《论欧洲联邦口号》一文的关键问题。列宁 1915 年 9 月之所以要收回他于 1914 年 8 月代表党中央发表的反战宣言中所提出的赞成欧洲联邦口号的主张，是因为赞成欧洲联邦就是赞成"同时胜利论"，即赞成欧洲多国共同胜利后组成欧洲联邦，所以他收回"欧洲联邦"口号，就是否定"同时胜利论"，创造性地提出了"社会主义可能首先在单独一个资本主义国家内获得胜利"的新理论。俞教授把列宁论"社会主义可能单独一国胜利"的这句话说成是违背全文本意的"过头"的字眼。什么叫"过头"的字眼？就是不切实际的话，就是错话。他认为《论欧洲联邦口号》一文的本意是说明"从经济上看，欧洲联邦在资本主义制度下不是无法实现的，便是反动的。"其实这仅是列宁全文的一个论点，并非列宁全文的主题。列宁在《论欧洲联邦口号》中明确指出"经济和政治发展的不平衡是资本主义的绝对规律。由此就应该得出结论：社会主义可能首先在几个甚至单独一个资本主义国家内获得胜利。"我认为这才是列宁此文的主题，这才是他得出与以往"同时胜利论"有所不同的新结论、新理论。欧洲联邦不仅在经济上不能实现，而且关键在于如果坚持欧洲联邦口号那就是否认社会主义可能首先在一国胜利。回避这个关键问题，这不是误解、曲解了列宁原文的本意吗？为了进一步论证"一国胜利论"，列宁在 1916 年的《无产阶级革命的军事纲领》中，更进一步断言："社会主义不能在所有国家内同时获得胜利，必将首先在一个或者几个国家内获得胜利，而其余国家在一段时间内将仍然是资产阶级或资产阶级以前的国家。"马克思恩格斯从来都没有说过这样类似的话，这确是列宁的新结论、新理论。这表明列宁早在 1916 年就考虑到将来俄国带头进行社会主义革命、夺取政权后，很可能在一段时间内只在一国先进行社会主义建设，而未能引发英、法、德共同爆发社会主义革命。

这是列宁主张"一国胜利论"的铁证。这总不能再说列宁又连续讲了"过头话"吧。俞良早教授在书中引用了好几条列宁在 1915—1916 年讲的俄国由于落后不能实现社会主义的语录,我认为这是由于俄国当时还未推翻沙皇专制政府,还没有完成民主革命的任务。到 1917 年二月革命推翻沙皇专制政府后,列宁的态度马上就改变了。他于 1917 年 3 月 7 日在瑞士为国内《真理报》撰写的第一封《远方来信》中,就明确指出:第一次革命的第一阶段即民主革命"已经完成了",现在提到日程上的正是另一个新的任务,即要满足广大人民群众对"和平、面包和自由"的迫切要求,这个新任务只有进行社会主义革命才能从根本上解决。所以列宁在《远方来信》文末响亮地用黑体字提出:"和平、面包和自由的社会主义。"① 在 4 月初写成的著名的《四月提纲》中明确地提出要由民主革命阶段过渡到社会主义革命阶段。在四月代表会议上加米涅夫等人坚决反对列宁提出的要过渡到进行社会主义革命的主张。李可夫扬言"社会主义革命的太阳只能从西方升起"。列宁认为社会主义的太阳和自然界的太阳一样定将从东方升起。列宁说:"革命的根本问题是政权问题。"意即推翻沙皇专制政权,建立工农民主专政的苏维埃政权,这是民主革命的任务;下一步是要推翻临时政府资产阶级政权,建立无产阶级专政的苏维埃政权,这是社会主义革命的任务。但是不能马上直接推翻临时政府,不能直接进行社会主义革命。鉴于俄国形势发展的特点,俄国进行社会主义革命实际上要细分为两个阶段。第一阶段是 4 月到 7 月,布尔什维克党提出"全部政权归苏维埃"口号,争取和平过渡到社会主义,即第一步争取群众,迫使政权从临时政府全部转归苏维埃;第二步在苏维埃内部

---

① 《列宁选集》第 3 卷,人民出版社 1995 年版,第 12 页。

争取群众，更换苏维埃政权领导机构成员，由布尔什维克取代孟什维克和社会革命党人掌握苏维埃的领导权，变苏维埃为工农掌权的无产阶级专政的社会主义国家。第二阶段是 7 月末革命群众遭到资产阶级临时政府镇压之后，布尔什维克党召开第六次党代表大会，决定暂时收回"全部政权归苏维埃"口号，积极准备武装起义推翻临时政府，建立苏维埃社会主义国家。六大结束时，8 月 12 日发布的《俄国社会民主工党宣言——告俄国全体劳动者、全体工人、士兵和农民书》中依然高举"面包、和平和自由"的旗帜，另加上农民要土地。这个宣言最后高呼："世界工人革命万岁！社会主义万岁！"[1] 这无疑表明布尔什维克决心以俄国社会主义革命一国首先胜利来促进欧洲其他国家的社会主义革命。列宁在 9 月 10—14 日写成的《大难临头，出路何在?》一文中明确指出："根本出路在于走向社会主义""20 世纪的俄国不走向社会主义"，"就不能前进"。他严正指出："孟什维克和社会革命党人他们把社会主义说成是遥远的、情况不明的、渺茫的未来。其实社会主义现在已经在现代资本主义一国窗口中出现，我们实行劳动义务制这是走向社会主义的一个重大步骤"[2] 当全部政权归苏维埃后，就能够采取更多走向社会主义的重大步骤。当十月革命取得胜利的当天，即 10 月 25 日（公历 11 月 7 日），由托洛茨基起草的《彼得格勒苏维埃紧急会议关于推翻临时政府的报告的决议》中明确指出：新成立的工农政府是苏维埃政府，"这个政府将坚定地走向社会主义，这是把国家从空前的灾难和战争恐怖中解救出来的唯一途径。"工农联盟"将表现出不可动摇的纪律性，将建立社会主义胜利

---

① 《苏联共产党决议汇编》第一分册，人民出版社 1964 年版，第 508 页。
② 《列宁选集》第 2 卷，人民出版社 1995 年版，第 266—267 页。

所必需的严厉的革命秩序。"① 列宁在 10 月 26 日（公历 11 月 8 日）第一次出席全俄苏维埃第二次代表大会时受到代表们热烈欢呼。长达几分钟的欢呼停下来时，列宁简单明确地向全体代表只说一句话："我们现在就着手建设社会主义制度。"如果不是取得十月社会主义革命的胜利，建立了苏维埃国家政权，怎么可能着手建设社会主义制度呢?②

从以上摘引的几段重要史料可以看出，从 1917 年 3 月二月革命胜利之初到十月革命胜利这八个月之间，布尔什维克党一直是以列宁的"一国首先胜利"论为指导，没有等待西欧其他资本主义国家发生革命，善于从俄国实际出发，把马克思主义俄国化，确定了从民主革命过渡到社会主义革命的战略计划，在和平过渡的策略受阻后就转而采取武装起义的方式，终于领导十月社会主义革命取胜，建立了第一个社会主义国家。无产阶级专政的政权初步巩固后，1918 年春列宁就在《苏维埃政权的当前任务》等文件中拟订了一国建设社会主义的计划。后因 1918—1920 年三年外战与内战的干扰，建设受阻。战争取胜后，1921 年列宁又重新拟订了以新经济政策为中心的一国建设社会主义的计划。

可是俞良早教授一直否认列宁 1915—1916 年提出了"一国胜利论"，一直否认十月革命是在列宁"一国胜利论"指导下的社会主义革命。他认为列宁一直是坚持马克思、恩格斯的"同时胜利论"，只是到 1921 年列宁才提出"一国建设社会主义"论。如果没有 1917 年最先取得社会主义革命的胜利，怎么可能在 1921 年提出"一国建设

---

① 托洛茨基：《托洛茨基亲述十月革命》，施用勤译，陕西人民出版社 2008 年版，第 368 页。

② 托洛茨基：《俄国革命史》第 3 卷，丁笃本译，商务印书馆 2015 年版，第 368 页。

社会主义"论呢？这不是奇怪的逻辑吗？

我还注意到，俞良早教授近期发表的两篇纪念十月革命一百周年的文章。一篇是刊登在《理论探索》（太原）第3期（6月出版）上的《十月革命蕴含的辩证逻辑及其现实启示》，作者署名杨荣刚、俞良早。杨荣刚是俞良早教授指导的博士生。从本文内容可以看出，本文执笔者主要是杨荣刚。文中从哲学高度谈到十月革命的三个问题，即十月革命是世界革命统一性与俄国革命特殊性的统一，又是政治剧变性与社会发展渐进性的统一，更是社会矛盾发展必然性与历史条件偶然性的统一。文中认为十月革命是社会主义政治革命，这已超越了俞教授原来的观点，俞教授同意这一点，这是一个进步。然而，全文仍然一字不提列宁在"一国首先胜利"论指导下进行十月革命和革命胜利后持续六年的斗争。实际上俄国革命的特殊性、社会发展的渐进性和历史条件的偶然性全在于俄国冲破了"共同胜利"论，坚持"一国首先胜利"论，否认了这一点，问题就不能讲得深透。最近又读到俞良早个人署名在四川省委党校机关主办的《党政研究》第5期（9月出版）发表的《关于列宁十月革命的战略思想》。他在文中又旧调重弹，重申十月革命不是社会主义革命而只是社会主义革命的"准备阶段"。他认为列宁发动十月革命的战略思想只是社会主义革命的"准备阶段"，而不是开始社会主义革命。难道十月武装起义胜利、建立了苏维埃社会主义国家，还没有开始社会主义革命吗？那么俄国社会主义革命究竟从什么时候开始呢？他在本文中没有回答这个问题。他以前的论著中倒是明确认为俄国社会主义革命是30年代全面向资本主义进攻、消灭资本主义私有制时开始的。如果十月革命只是准备社会主义革命，那就没有什么重大世界意义，何必许多人都在隆重纪念十月革命一百年呢？细读俞教授这篇为纪念十月革命而自我申辩、旧调重弹的文章，我倒发现他又一次暴露出自相矛盾、逻辑混乱的毛病。例如，他对社会主义革命所下的定义，前、后两句话内涵就不同。他这样说："所谓社会主义革命，即以消灭资本主义私有制和建立全社会占有生产资料的公有制为目标的革命。或者说，无产阶级夺取政权，消灭资本主义制度、建立社会主义制度的整个过程的革命，是社会主义革命。"首先，我认为，这里前、后两句话是自相矛盾的、逻辑混乱的。后一句话比前一句话增加了"无产阶级夺取政权"的内容，可见前、后两句话并非恒等式，前后两句话是自相矛盾的。也许俞教授会说："我前一句话是指社会主义革命的目标，后一句话是指社会主义的革命的全过程。"既然前后句内涵不同，你怎么能用"或者说"把二者等同起来呢？这岂不是前后矛盾、逻辑混乱吗？其次，既然你承认无产阶级夺取政权是社会主义革命的头一个历史进程，那么你就必须把夺取政权视为社会主义革命的一个目标。如果无产阶级没有夺取政权，根本就无法消灭资本主义私有制。可是你不把夺取政权列入社会主义革命的目标，这样你就把社会主义革命的目标和过程割裂开来，又显示出自相矛盾和逻辑混乱。再次，既然你承认夺取政权是社会主义革命的开始，那么你就必须承认十月革命是社会主义革命的开始，可是你又断言十月革命是社会主义革命的准备阶段。这岂不又是自相矛盾、逻辑混乱吗？如果列宁领导的布尔什维克党从1917年3月到9月是准备进行社会主义革命，那么十月武装起义就是要夺取政权、实现社会主义革命。十月革命果然成功了，无产阶级夺取了政权，建立了苏维埃社会主义国家。你怎么还说列宁十月革命的战略只是准备社会主义革命呢？这显然是说不通的。你应该有勇气改变自己的观点，把列宁十月革命的战略表述为准备并开始实现社会主义革命的战略。最后，你既然说社会主义革命就是社会革命，并否认有政治革命与社会革命之分，可是你又把夺取政权列入社会主义革命的第一个进程，又承认夺取政权是社会主义革命的开始。这样你不是又承认社会主义革命是从政治革命开始吗？这岂不又暴露出你的论点自相矛盾、逻辑混乱吗？关于马克思、恩格斯、列宁肯定政治革命的语录，杨贵颖、李心华在他们的新著中已引证多条。我在这里还要从列宁《论欧洲联邦口号》一文第三个自然段中再摘引一条。列宁说："政治革命在社会主义革命的过程中是必不可免的，不能把社会主义革命看作一次行动，而要把它看作一个充满剧烈的政治和经济动荡、最尖锐的阶级斗争、国内战争、革命和反革命的时代。"列宁在这里所说的政治革命，显然不只限于无产阶级夺取政权的政治斗争，而且还包括夺取政权后巩固政权的政治斗争。这么一段讲政治革命的言论，白纸黑字，俞教授怎么能视而不见，矢口否认，硬谈什么社会主义革命并不含有政治革命的话语呢？不管俞教授过去怎么说，现在在《关于列宁十月革命的战略思想》一文中他终于把夺取政权列入社会主义革命进程的第一步，终于承认"夺取政权是社会主义革命的开始"，这比起他以往的论述是一个进步。可是他又继续认为十月革命不是社会主义革命而只是"准备阶段"。这样就使他陷入了我如上所述的漏洞四出的尴尬困境。

写到这里，我就停下笔来，与远在杭州的浙江大学边鹏飞老教授通个电话，问他对俞教授及其有关观点的看法。他说："俞良早是我1979—1982年指导的三个硕士研究生之一，他勤奋好学、为人老实正派，是我指导的第一批硕士生中学习最好、后来学术成就最大的。他很尊敬老师，近二三十年来我每次参与学术会议遇到他时，他对我总是特别关照。他最近发表的关于十月革命的文章，我已经从网上看到了。但是，他否认列宁在《论欧洲联邦口号》中首先提出'一国胜利'理论以及他认为十月革命只是社会主义革命准备阶段等观点，我都不同意。他研究列宁主义很深入，成果很多，他做学问有个缺点，非常固执己见，听不进不同意他观点的批评意见。他也已经66岁了，这样很影响他的进步。你今年已经90岁高龄，思想还那么活跃，还那么关心我们学科的发展，你是我们科学社会主义和国际共产主义运动学科的一面旗帜，是我永远的老师。"边教授最后这两句话真正是过分夸张的过头话。我只不过是我们这个学科年龄最大、教龄最长、超期服役的一个"老兵"。边教授今年也已经85岁高龄，他是于1956—1957年在中国人民大学马列主义研究班学习时与我一起最早从苏共党史扩展为国际共产主义运动的共同学习者。他于1959年研究生毕业后长期在杭州大学执教，教学与研究两方面都成就卓著，在理论界具有很高的声望。他曾经担任过浙江省科学社会主义学会会长，现在仍然是该学会的名誉会长，他还是中国国际共运史学会顾问。他对俞教授的全面评价，我想很值得俞教授反思。

俞教授是当代我国学者中研究列宁主义成果最多的学者。恕我直言，他在研究方法上的缺点似乎是视野不够宽阔，未能从世界历史和世界社会主义史、国际共产主义运动史的广度和全局深究马克思列宁主义，同时他有一点主观主义色彩，他主观认定一点之后，不断钻牛角尖，越钻越深，使他的观点就越偏颇。他新出版的两本专著是《东方视阈中的列宁学说》和《马克思主义东方社会主义理论研究》（中共中央党校出版社于2001年和2006年先后出版）。在前一本书中他提出了"东方列宁学"的新概念，并用以给列宁主义下新的定义和构建列宁主义的新的科学体系，这样必然会误解列宁主义。因为列宁不仅是从东方国家而且还从西方国家和世界全局来研究世界社会主义和国际共运问题。后一本书他更扩大为"马克思主义东方学"、"马克思主义东方社会主义理论"等。我认为这是钻牛角尖越钻越深、越钻越偏的理论。俄罗斯和东欧各国，尽管其走上社会主义道路之前资本主义发展程度不及西方发达资本主义国家，但是从地缘政治、经济、文化而言，无疑都是西方国家，把它们都列入东方社会主义，岂不是把"东方"这个概念扩展到"西方"去了吗？马克思、恩格斯从未预言过俄国、印度、中国会比英、法、德等发达国家更早走上社会主义道路，列宁也从未预言苏联能够一国建成完全的社会主义，他深信世界社会主义的最终胜利必须有西方发达国家实现社会主义。马克思、恩格斯和列宁都是从世界发展全局来考察世界社会主义的命运。当今东方国家，尤其是中国特色社会主义的成就对推进世界社会主义有重大意义和示范作用，但是世界社会主义的胜利不可能只由东方国家起决定作用，还必须有西方发达国家的参与才能起决定性作用。

中共中央党校 72 岁高龄的陈文通教授在《中国延安干部学院学报》2013 年第 1 期发表《科学总结后发国家社会主义的历史经验和规律性——对"东方社会理论"的质疑》一文，长达 4 万字，对俞教授这本力作《马克思主义东方社会理论》提出系统质疑。杨贵颖、李心华的新著的最后两章即第九、十章也是专门批驳俞教授的"东方国家决定论"，并且论证后发国家"首先开始"社会主义革命并非由于这些落后性。只是杨、李的新著所批评的俞教授的观点只是针对 1993 年出版的俞著《列宁主义研究》，还没有涉及 2001 年俞著《东方视阈中的列宁学说》和 2006 年俞著《马克思主义东方社会理论研究》。足见 2001 年和 2006 年的俞著是他 1993 年以来越钻越深的理论成果。看来俞教授肯定难以接受这些不同批评意见。因此这个问题还有待争鸣与深探。

我自 1949 年 3 月在华北大学初执教鞭起（时任华大学习助理员，

即助教）就立下"教学相长"的规矩，牢记孔夫子的格言"三人行必有我师"。到80年代我又总结出"三心"教学法，即课前悉心准备，课堂精心讲解，课后倾心交流。我在课后总要征求听课者的意见，特别爱听不同意见，以促使我深入研究问题，修正我的差错。我负责主编的书稿更是在编写组内部时常发生激烈争论，当我不能说服别人时总是按照多数人的意见处理，从未固执己见强加于人。从50—70年代我在教研工作中遭受"左"的路线影响，1978年以来我痛定思改，总想纠"左"防右，客观公正地重新研究诸多历史问题，该翻案的必须纠正，不该翻案的不能轻易标新立异、随意改变。要做一名与时俱进的马克思主义理论工作者，不能仅需要个人艰苦勤奋努力，而且要虚心听取各种不同的意见，共同探讨、互相切磋，取长补短，增进共识，这样才能不断进步，共同繁荣社会科学。我最欣赏的治学格言是清代鸿儒戴震的名句："治学不为媚时语，独寻真知启后人。"在封建主义时代，个人只能独寻真知以启示后人，在当今社会主义时代，我对他后一句话改动两个字，即改为"众寻真知启世人"。现在杨贵颖、李心华的新著阐发了他们的新见解，并且批评了俞教授的观点，看来在社会主义革命"一国胜利论"和"同时胜利论"问题上，学术界还要继续共同探索下去，以求真知。我指导的曹鹏同志撰写的博士论文《列宁社会主义革命一国胜利论的演进》，在修改补充后也将正式出版。他在书中阐发了自己的系统观点，同时也批评了俞教授的观点。

当今认清这个理论问题仍然很有现实意义，它警示我们既要尽力弘扬东方优秀独特的文化传统，又要消除东方专制主义、皇权主义和官僚体制的深远不良影响，普及社会主义核心价值观，才能建成富强、民主、文明、和谐的现代化中国特色社会主义，为世界社会主义起示范作用，并尽力推进世界社会主义发展，同时还要认识到，要达到社会主义在发达资本主义国家共同胜利，这依然是任重道远的渐进的历史进程，不能急于求成，这有待各国劳动人民和社会主义、共产主义政党长期努力探索。

高放

2017 年 11 月 7 日

于中国人民大学寓所顶斋

目　　录

导　论

政治革命和社会革命的区别与联系

　　国际共产主义运动史上的"各国同时胜利论"与"一国首先胜利论"之争，如果从列宁提出"一国首先胜利论"算起，至今整整100年了；如果从联共（布）党内发生"一国社会主义"问题的争论算起，至今也已90年了。纵观这个争论的历史，人们不难发现，论战双方的意见分歧，往往是由对"社会主义革命"的概念理解不同而引起的。因此，搞清"社会主义革命"的含义，对于深入研究"各国同时胜利论"和"一国首先胜利论"本身，对于正确评价二者之间的争论，都有着至关重要的意义。

　　革命，其本义，就是指政治革命，即一个阶级推翻另一个阶级的统治，夺取政权的革命。列宁说："无论从'革命'这一概念的严格科学意义来讲，或是从实际政治意义来讲，国家政权从一个阶级手里转到另一个阶级手里，都是革命的首要的基本的标志。"① 这个以夺取政权为标志的政治革命，是无产阶级革命以前的一切革命的共性。包括资产阶级革命在内的以往的一切革命在开始发生时，新的生产关系

---

　　① 《列宁全集》第29卷，人民出版社1985年版，第137页。

已经在旧社会的内部生长并成熟起来。因此，这些革命的基本任务，就是夺取代表和维护旧的生产关系的国家政权，并以这种政权去适应和加强新的生产关系的发展。换句话说，政治革命的胜利，就标志着这些革命的完成。

但是，无产阶级革命，或曰社会主义革命，与以往的一切革命根本不同；它在开始发生时，旧社会的内部并不具备新的生产关系。因此，社会主义革命面临两个方面的变革任务：一是推翻资产阶级的统治，建立无产阶级的政权，这就是列宁所说的以“无产阶级专政代替资产阶级专政的政治革命”①；二是消灭资本主义的生产关系，建立社会主义的生产关系，这就是列宁所说的“以社会主义生产关系代替资本主义生产关系即进行社会革命”②。可见，“社会主义革命”具有“政治革命”和“社会革命”两个方面的含义。当然，人们在谈到“社会主义革命”时，往往把“政治革命”和“社会革命”看作一个互相联系、不可分割的整体，因为政治革命的胜利就是社会革命的开端。但是，“政治革命”与“社会革命”毕竟是两个不同的概念，具有不同的内涵；二者毕竟是两个不同的革命阶段，而且从前者的胜利到后者的完成之间还隔着一个“过渡时期”，不能混淆起来。

有人断言，马克思、恩格斯和列宁向来未对“政治革命”和“社会革命”这两个概念作过区分。其实不然。1847 年，马克思指出：在资产阶级社会被消灭以前，资产阶级和无产阶级之间的阶级斗争，将必然地发展成为全面的革命。“只有在没有阶级和阶级对抗的情况下，社会进化将不再是政治革命。”③ 1871 年，马克思又指出：“工人

---

① 《列宁全集》第 6 卷，人民出版社 1986 年版，第 45 页。
② 《列宁全集》第 29 卷，人民出版社 1985 年版，第 483 页。
③ 《马克思恩格斯选集》第 1 卷，人民出版社 1972 年版，第 161 页。

阶级这样组织成为政党是必要的，为的是保证社会革命获得胜利和实现这一革命的最终目标——消灭阶级。"① 可见，马克思是将"政治革命"和"社会革命"作为两个不同的概念看待的。恩格斯也是如此。早在 1845 年，恩格斯就指出："社会革命完全不同于以往的政治革命，它的矛头不是对着垄断权的所有，而是对着所有权的垄断。"② 1874 年，恩格斯又指出：布朗基是一个政治革命家，他企图夺取政权，但没有关于改造社会的确定的实际方案。③ 在这些地方，恩格斯不仅严格区分了"政治革命"和"社会革命"的概念，而且对二者的含义的解释更加明确。在这个问题上，列宁与马克思恩格斯的观点完全一致。1905 年，列宁指出："从马克思主义观点来看，革命究竟是什么意思呢？这就是用暴力打碎陈旧的政治上层建筑，即打碎那种由于同新的生产关系发生矛盾而到一定的时候就要瓦解的上层建筑。"④ 他这里所说的"革命"，就是指政治革命。而在某些地方，他又提到社会革命。比如 1902 年，列宁指出："工人阶级要获得真正的解放，必须进行从资本主义生产方式的全部发展中自然产生的社会革命，即消灭生产资料私有制，把它变为公有制，组织由整个社会承担的社会主义的产品生产代替资本主义商品生产，以保证社会全体成员的充分福利和自由的全面发展。"⑤ 由上可见，在马克思、恩格斯和列宁眼里，"社会主义革命"包含"政治革命"和"社会革命"这两个不同的概念。

　　同时，马克思、恩格斯和列宁又把政治革命和社会革命视为两个

---

①　《马克思恩格斯选集》第 2 卷，人民出版社 1972 年版，第 138 页。

②　《马克思恩格斯全集》第 2 卷，人民出版社 1957 年版，第 624 页。

③　参见《马克思恩格斯选集》第 2 卷，人民出版社 1972 年版，第 588—589 页。

④　《列宁全集》第 11 卷，人民出版社 1987 年版，第 111 页。

⑤　《列宁全集》第 6 卷，人民出版社 1986 年版，第 413 页。

不同的革命阶段。1852 年 3 月，马克思在致约·魏德迈的信中说："我的新贡献就是证明了下列几点：（1）阶级的存在仅仅同生产发展的一定历史阶段相联系；（2）阶级斗争必然要导致无产阶级专政；（3）这个专政不过是达到消灭一切阶级和进入无阶级社会的过渡。"① 在这里，马克思把政治革命看作阶级斗争的必然产物，而无产阶级专政作为政治革命的成果，又是实现社会革命的过渡阶段。1846 年 8 月，恩格斯在同"真正社会主义者"的论战中，提出了共产主义的三点宗旨，这就是："（1）维护同资产者利益相反的无产者的利益；（2）用消灭私有制而代之以财产公有的手段来实现这一点；（3）除了进行暴力的民主的革命以外，不承认有实现这些目的的其他手段。"② 他把夺取政权和消灭私有制看作实现解放无产者这一最终目标的两个最基本的手段，而夺取政权又是实现消灭私有制这一未来目标的手段。在这里，恩格斯明确地把政治革命和社会革命作为两个不同的阶段划分开来。1921 年 11 月，列宁在《论黄金在目前和在社会主义完全胜利后的作用》一文中，将俄国革命的任务归结为三个主要方面：第一，通过革命手段退出世界帝国主义战争，揭露两个世界性的资本主义强盗集团的大厮杀并使这场战争打不下去；第二，建立苏维埃制度这一实现无产阶级专政的形式；第三，从经济上建设社会主义制度的基础。他说，第一方面的工作"已经完全做到了"；第二方面的工作"有世界意义的转变已经完成"；第三方面的工作"最主要最根本的工作还没有完成"。③ 可见，列宁是将政治革命和社会革命作为不同的阶段和任务看待的。

---

① 《马克思恩格斯选集》第 4 卷，人民出版社 1972 年版，第 332—333 页。
② 同上书，第 319 页。
③ 参见《列宁全集》第 42 卷，人民出版社 1987 年版，第 247—248 页。

尽管马克思主义的创始人未对"社会主义革命"下一个十分规范的定义，但是从他们的著作中，人们不难领会作为整体的"社会主义革命"的含义。这就是：无产阶级领导劳动人民推翻资产阶级统治，建立无产阶级专政，消灭以私有制为基础的资本主义制度，建立以公有制为基础的社会主义制度。理论界和学术界对这一概念的表述可能有不尽相同之处，但对其基本含义的理解并无多大分歧。问题在于，马克思主义的经典作家们在使用这一概念时，是否一贯地赋予它作为整体的"社会主义革命"的含义。而事实上，他们在谈到"社会主义革命"时，有时指包括社会革命在内的整个无产阶级革命，有时则仅指无产阶级政治革命。这就需要我们做具体的分析和认真的鉴别。

无产阶级政治革命，是社会主义革命中具有决定意义的环节和阶段。在社会主义革命过程中，争取变革资本主义经济制度的斗争，必然集中地表现为夺取资产阶级国家政权的政治革命。因为资产阶级国家政权是上层建筑的核心，是维护资本主义生产关系的最根本最直接的力量；无产阶级只有通过政治革命，推翻资产阶级的国家政权，建立无产阶级的政治统治，才能变革资本主义经济制度，建立社会主义经济制度，从而实现社会形态的转变。所以列宁说"一切革命的根本问题是国家政权问题"①。

鉴于政治革命在社会主义革命中的决定意义，马克思、恩格斯和列宁都十分重视政治革命。他们在使用"革命""社会主义革命""社会主义"等概念时，也往往仅赋予它们政治革命的含义。马克思说："为了把社会生产变为一种广泛的、和谐的自由合作劳动的制度，必须进行全面的社会变革，社会制度基础的变革，而这种变革只有把

---

① 《列宁全集》第 29 卷，人民出版社 1985 年版，第 131 页。

社会的有组织的力量即国家政权从资本家和大地主手中转移到生产者本人的手中才能实现。"① 他认为，政治革命是实现社会主义的先决条件；只有无产阶级掌握国家政权，才能进行全面的社会主义变革。恩格斯说："在各文明国家，民主主义的必然结果就是无产阶级的政治统治，而无产阶级的政治统治是实行一切共产主义措施的首要前提。"② 他认为，争取政治革命的胜利，建立无产阶级专政，这是共产主义新社会的首要前提和唯一入口。列宁则说："要完成这个社会革命，无产阶级应当夺取政权，因为政权会使他们成为生活的主宰，使他们能够排除走向自己伟大目的的道路上的一切障碍。在这个意义上说来，无产阶级专政是社会革命的必要政治条件。"③ 他认为，政治革命对于经济变革具有决定意义；政治革命的胜利是完成社会革命的必要的政治条件。

总之，不管现在人们如何给"社会主义革命"下定义，马克思、恩格斯和列宁都将"政治革命"和"社会革命"视为两个不同的概念，把它们看作社会主义革命过程中的两个不同的阶段。他们在使用"社会主义革命"的概念时，经常赋予它不同的含义。这就要求后人在考察和研究他们的革命理论时，不能忽视这一点；否则，将误入歧途，曲解他们的思想。

笔者认为，国际共运史上"各国同时胜利论"与"一国首先胜利论"之争的发生，一个重要的原因在于人们混淆了"政治革命"和"社会革命"这两个不同的概念。因此，区分这两个含义不同的概念，是正确理解"各国同时胜利论"和"一国首先胜利论"的关键。

---

① 《马克思恩格斯全集》第 16 卷，人民出版社 1964 年版，第 219 页。
② 《马克思恩格斯全集》第 4 卷，人民出版社 1958 年版，第 306 页。
③ 《列宁全集》第 6 卷，人民出版社 1986 年版，第 413 页。

传统观点认为，马克思、恩格斯坚持的是社会主义革命"各国同时胜利论"。可是，马克思明明说过"先于其他任何国家解决问题和消灭矛盾是英国的使命"；恩格斯明明说过"德国有可能成为欧洲无产阶级第一次伟大胜利的舞台"。这不矛盾吗？传统观点认为，列宁在新的历史条件下，修正了马克思、恩格斯的"过时的"旧结论，于第一次世界大战期间提出了社会主义革命"一国首先胜利论"。可是，十月革命胜利后，列宁明明说过"如果其他国家不发生革命运动，那么毫无疑问，我国革命的最后胜利是没有希望的"；国内战争结束后，列宁明明说过"要取得社会主义的胜利，必须有几个先进国家的工人的共同努力"。这不矛盾吗？

　　如果区分了"政治革命"和"社会革命"这两个不同的概念，那么，这些观点和说法都不矛盾。实际上，马克思、恩格斯坚持的是无产阶级社会革命的"各国同时胜利论"，他们并不否认无产阶级政治革命可以在一国内首先取得胜利；列宁提出的是无产阶级政治革命的"一国首先胜利论"，而他始终认为社会主义的最终胜利即建成完全的社会主义社会必须是"各国同时胜利"。关于这个问题，笔者将在下面的有关章节里作比较详细的论述，这里只简单地做个引子。

第一章

关于马克思恩格斯的"同时胜利论"

一 马克思恩格斯的"同时胜利论"是就社会革命而言的

马克思、恩格斯主张社会主义革命"各国同时胜利论",人们经常引以为据的,是下面的几段话。

1846年,马克思、恩格斯在《德意志意识形态》一书中说:"共产主义只有作为占统治地位的各民族'立即'同时发生的行动才可能是经验的,而这是以生产力的普遍发展和与此有关的世界交往的普遍发展为前提的。"[①]

1847年,恩格斯在《共产主义原理》一文中,在回答第19个问题即"这种革命能不能单独在某个国家内发生"的问题时说:"不能。……共产主义革命将不仅是一个国家的革命,而将在一切文明国家里,即至少在英国、美国、法国、德国同时发生。"[②]

要准确理解马克思、恩格斯关于"各国同时发生"的提法,首先

[①] 《马克思恩格斯选集》第1卷,人民出版社1972年版,第40页。
[②] 同上书,第221页。

需要搞清楚的是，他们在这些地方所说的"共产主义"或"共产主义革命"的含义。他们在《德意志意识形态》中，即上文引用的那段话的后面说："我们所称为共产主义的是那种消灭现存状况的现实的运动。"恩格斯在《共产主义原理》中，在回答第 18 个问题即"这个革命的进程将是怎样的"问题时，从建立无产阶级的政治统治一直谈到消灭私有制。他们在以《共产主义原理》为基础写成的《共产党宣言》中指出："共产主义革命就是同传统的所有制关系实行最彻底的决裂；毫不奇怪，它在自己的发展进程中要同传统的观念实行最彻底的决裂。"① 在《共产党宣言》发表的同时，马克思在《论波兰问题》的演说中说："共产主义否认阶级存在的必要性；它要消灭任何阶级，消除任何阶级的差别。"② 可见，他们所说的共产主义革命，不仅包括无产阶级政治革命，而且包括无产阶级社会革命；而他们认为的包括共产主义经济变革在内的社会革命，是实现消灭私有制和商品生产，消灭阶级和阶级差别，国家逐渐消亡的社会主义制度的革命。

要准确理解马克思、恩格斯关于"各国同时发生"的提法，其次需要搞清楚的是，他们在这些地方所说的"同时发生"究竟是什么意思。他们认为，随着生产力的普遍发展，人们之间的普遍交往建立起来，资本主义越过了民族的和国家的界限，形成了世界体系，致使每一国家的人民都受着另一国家事变的影响，每一民族同其他民族的变革都有了依存关系；同时，随着资本主义的发展，贸易自由的实现和世界市场的建立，工业生产以及与之相适应的生活条件的趋于一致，各国人民之间的民族隔绝和对立日益消失了，资产阶级和无产阶级成为世界性的至少是所有文明国家内的两大对抗阶级，它们之间的斗争

---

① 《马克思恩格斯选集》第 1 卷，人民出版社 1972 年版，第 271—272 页。
② 同上书，第 292 页。

成了资本主义时代的主要斗争。这种资本主义体系的世界性和工人阶级利益的共同性，决定了无产阶级解放事业的国际性。正如恩格斯于1847年11月指出的："既然各国工人的状况是相同的，既然他们的利益是相同的，他们又有同样的敌人，那么他们就应当共同战斗，就应当以各民族的工人兄弟联盟来对抗各民族的资产阶级兄弟联盟。"① 马克思、恩格斯正是在这个意义上，认为各先进国家的共产主义变革将在同一个历史时期内"发生"。尽管无产阶级革命在各国的发动有早有迟，在各国的发展有快有慢，但革命最终必然是"同时胜利"。因为任何一个国家都无法单独实现消灭私有制，消灭阶级和国家的共产主义变革；共产主义的变革只有在至少是各主要资本主义国家的无产阶级都掌握政权以后才能得以实现，只有在至少是各主要国家的变革都完成以后才能得到保证。因此，马克思、恩格斯关于共产主义革命各国"同时发生"的提法，依笔者看来，不是无产阶级政治革命各国"同时发动"的意思，而是无产阶级社会革命各国"同时胜利"的意思。

马克思、恩格斯是以工人阶级的彻底解放为出发点，来论述社会主义革命胜利这一问题的。他们认为，要实现工人阶级的彻底解放即全人类的解放，必须彻底消灭资本主义。正是从这一立场出发，他们反复强调社会主义胜利的世界性和无产阶级国际团结的重要性。他们在《共产党宣言》中指出："联合的行动，至少是各文明国家的联合的行动，是无产阶级获得解放的首要条件之一。"② 1850年，马克思在《法兰西阶级斗争》中指出：只有在"欧洲的舞台"上，"才能够

---

① 《马克思恩格斯选集》第1卷，人民出版社1972年版，第289—290页。
② 同上书，第270页。

实现十九世纪的社会革命"。① 1893 年，恩格斯在致拉法格的一封信中也指出："无论是法国人、德国人或英国人，都不能单独赢得消灭资本主义的光荣。如果法国——可能如此——发出信号，那么，斗争的结局将决定于受社会主义影响最深、理论最深入群众的德国；虽然如此，不管是法国还是德国，都不能保证最终的胜利，只要英国还留在资产阶级手中。无产阶级的解放只能是国际的事业。"② 马克思、恩格斯认为，无产阶级的解放，必须依靠各文明国家的联合的行动；只有欧洲各国的革命，才能保证社会主义的胜利。而要实现无产阶级的彻底解放，要保证社会主义的最终胜利，就必须彻底消灭资本主义；这就不仅需要欧洲各国工人的联合行动，而且需要全世界人民的共同努力。无产阶级的解放，只能是国际的事业；社会主义的最终胜利，只能是全球性的胜利。

总之，马克思、恩格斯认为，完成无产阶级的社会革命，即完成共产主义的各项变革；实现无产阶级的彻底解放，即实现全人类的彻底解放。从社会主义最终胜利的意义上讲，无产阶级革命必然是在全世界的"同时胜利"。但是，这并不意味马克思、恩格斯主张无产阶级的政治革命也必须是在各国"同时胜利"，各国无产阶级必须同时掌握政权。恰恰相反，1848 年《共产党宣言》发表，特别是欧洲革命爆发以后，虽然他们也多次强调社会主义的事业是国际的事业，强调各国无产阶级团结战斗的重要性，但是，他们再也没有关于无产阶级革命将在各国"同时发生"之类的提法。他们更加重视的是各国无产阶级反对本国资产阶级的斗争，重视的是各国争取建立无产阶级政权的革命。这就是说，他们主张无产阶级社会革命的"各国同时胜

---

① 《马克思恩格斯选集》第 1 卷，人民出版社 1972 年版，第 418 页。
② 《马克思恩格斯全集》第 39 卷，人民出版社 1974 年版，第 87 页。

利"，但并不否认无产阶级政治革命的"一国首先胜利"。

即使在 1848 年以前，马克思、恩格斯提出共产主义革命将在各国"同时发生"的观点时，他们也并未否认一国无产阶级能够首先夺取政权。就在《共产主义原理》中，恩格斯在共产主义革命将在英、美、法、德"同时发生"这句话的后面，紧接着说："在这些国家的每一个国家中，共产主义革命发展得较快或较慢，要看这个国家是否工业较发达，财富积累较多，以及生产力较高而定。因此，在德国实现共产主义革命最慢最困难，在英国最快最容易。"在这篇文章中，恩格斯还指出："如果现在英国或法国的工人在解放自己，这必然会引起其他一切国家的革命，并迟早会使这些国家的工人也获得解放。"[1] 这就是说，各国共产主义革命的发展和实现有快有慢，各国工人阶级的解放或早或迟；英国将先于德国和其他欧美国家首先取得革命的胜利，英、法等国的工人阶级将先于世界其他一切国家的工人阶级获得解放。无产阶级夺取政权、开始共产主义变革的社会主义革命，不是在欧美各主要国家，更不是在全世界所有国家"同时胜利"的。

那么，究竟如何理解马克思、恩格斯关于"联合行动"和"共同努力"之类的提法呢？在《共产党宣言》中，马克思、恩格斯一方面说无产阶级要获得解放就必须采取"联合的行动"，另一方面又说："如果不就内容而就形式来说，无产阶级反对资产阶级的斗争首先是一国范围内的斗争。每一个国家的无产阶级当然首先应该打倒本国的资产阶级。"[2] 在《法兰西阶级斗争》中，马克思在说"只有在欧洲的舞台上才能够实现 19 世纪的社会革命"这句话之后，紧接着说巴

---

① 《马克思恩格斯选集》第 1 卷，人民出版社 1972 年版，第 214 页。
② 同上书，第 262 页。

黎六月起义的失败,"造成了所有那些使法国能够担起欧洲革命首倡作用的条件"。由此可以看出,马克思、恩格斯强调共产主义革命胜利的世界性和无产阶级解放斗争的国际性,但绝不是否定无产阶级在一国内夺取政权的必要性,绝不是否定无产阶级政治革命在一国内首先取得胜利的可能性。

传统观点认为,马克思、恩格斯的"各国同时胜利论",反映了资本主义上升时期即自由资本主义时代无产阶级革命的客观规律,因而在19世纪是正确的;但是到了20世纪,到了资本主义衰落时期即帝国主义时代,历史条件改变了,因而他们的理论就变得"不合时宜"了。通过以上分析,我们可以看出,这种观点是不对的。马克思、恩格斯关于共产主义革命胜利的理论,不管是在当时,还是在当代,都是正确的。他们的这一理论,反映了整个资本主义历史条件下无产阶级革命的客观规律,因而适用于整个无产阶级革命的历史时代,至今仍然没有"过时"。

传统观点认为,马克思、恩格斯的"各国同时胜利论"是就政治革命而言的;有人甚至找到了马克思、恩格斯提出"同时发生"和"同时胜利"的"客观依据",这是不对的。前文已经表明,马克思、恩格斯的"各国同时胜利论"是就社会革命而言的;现在,我们再来分析一下这些"客观依据"是否成立。

有人说,马克思、恩格斯主张社会主义革命"各国同时胜利"的原因,在于他们没有发现也不可能发现资本主义发展不平衡的规律。的确,马克思、恩格斯没有把资本主义发展不平衡作为规律提出来,但是,这并不意味他们没有发现资本主义发展的不平衡性。他们在许多场合曾多次指出过这种不平衡性。恩格斯在《〈英国工人阶级状况〉1892年德文第二版序言》中指出:"如果说英国现在已度过了我所描写的这个资本主义剥削的青年时期，那么其他国家则刚刚踏进这个时期。法国、德国尤其是美国，这些可怕的敌手，它们如同我在 1844 年所预见的一样，正在日益摧毁英国的工业垄断地位。它们的工业比英国的工业年轻，但是其成长却迅速得多，现在已经达到与 1844 年英国工业大致相同的发展阶段。拿美国来比较，情况特别明显。”① 后来，恩格斯又指出：法国工业的发展落后于德国，德国从 1860 年以来进步迅速，已经变成了一个真正第一流的工业国。② 在恩格斯看来，法、德、美等国在发展速度上大大超过了英国，而德、美两国的进步比法国更为迅速。可见，马克思、恩格斯已经发现了资本主义在各国的发展是不平衡的。更为重要的是，恩格斯通过分析这种不平衡的现象，得出了德国可能先于英法等国首先夺取革命胜利的结论。他指出，正是因为法国工业的发展落后于德国，所以法国的工人运动已不能同德国的工人运动相比；法国无产阶级还远没有成熟到夺取政权的程度，而德国社会党人 10 年内就要取得政权。同时，我们不要忘记，列宁是把发展不平衡规律作为“资本主义的绝对规律”看待的，认为“在商品生产下也只能是这样”。所以，他认为从发展不平衡这个规律中得出的社会主义革命“一国首先胜利”的结论，适用于整个资本主义历史时代。在《无产阶级革命的军事纲领》一文中，在被人们作为主张“一国首先胜利”的证据经常引用的那段著名论断的后面，列宁指出：“恩格斯在 1882 年 9 月 12 日给考茨基的信中直接承认已经胜利了的社会主义有进行‘自卫战争’的可能性，他说得完全正确。他指的正是胜利了的无产阶级进行自卫以反对其他各国的资产阶级。”③

---

① 《马克思恩格斯选集》第 4 卷，人民出版社 1972 年版，第 275 页。

② 参见《马克思恩格斯全集》第 39 卷，人民出版社 1974 年版，第 87 页；第 22 卷，人民出版社 1965 年版，第 598 页。

③ 《列宁全集》第 28 卷，人民出版社 1991 年版，第 88 页。

在列宁看来，马克思、恩格斯跟自己一样，都发现了资本主义发展不平衡的规律，都认为社会主义革命能够在一国或几国内首先取得胜利。他认为马克思、恩格斯关于社会主义胜利的观点"完全正确"；因此，他向来没有认为自己用"一国首先胜利"的新结论"修正了"马克思、恩格斯"已经过时"的旧观点。

有人说，马克思、恩格斯主张社会主义革命"各国同时胜利"的理由，是资本主义大工业的发展，使主要资本主义国家的政治、经济的发展水平趋向一致，走上了社会历史的同一发展阶段，即资本主义发展阶段。这样，这些国家无产阶级社会主义革命的客观条件会同时成熟，无产阶级革命具有同时发生、同时胜利的可能性。这种理由是不能成立的。因为进入帝国主义时代以后，各主要资本主义国家的政治、经济的发展水平更加趋向一致，而且它们仍然处于同一资本主义发展阶段即帝国主义阶段。但是，为什么这些国家无产阶级社会主义革命的客观条件不会同时成熟？为什么无产阶级革命就不具有同时发生、同时胜利的可能性呢？

有人说，马克思、恩格斯主张社会主义革命"各国同时胜利"的理由，是由于资本主义大工业的发展，资本的国际化，已经把世界各国，特别是西欧北美各国彼此紧紧地联系在一起，以致一个国家发生的事变必然影响到另一个国家中去，一个国家发生的革命必然波及另一些国家，影响他国的革命。诚然，恩格斯也说过类似的话。但是，恩格斯说这类话的意思，是指在这种历史条件下，要完成包括废除私有制，消灭阶级和阶级对立，消除城乡之间的差别和旧的社会分工等一系列任务的"共产主义革命"，必须依靠一切文明国家，至少几个主要国家社会主义革命的胜利，单靠一国无产阶级的努力是不行的。这绝不等于否定一国可能首先爆发无产阶级革命并且取得胜利。

笔者认为，只有这样理解才是准确的。否则，我们将无法解释列宁的"一国首先胜利论"。因为在帝国主义时代，资本主义大工业的发展水平比过去更高了，资本的国际化程度比过去更高了，世界各国，特别是西欧北美各国彼此之间的联系比过去更加紧密。但是，在这个时代，为什么一个国家发生的事变不能必然影响到另一个国家中去？为什么一个国家发生的革命不能必然波及另一些国家，影响他国的革命，从而导致"同时发生"和"同时胜利"呢？可见，这种理由是站不住脚的。如果承认它的成立，就等于宣布列宁社会主义胜利理论的塌台！

有人说，马克思、恩格斯主张社会主义革命"各国同时胜利"的理由，是由于资本主义的发展，使得资产阶级和无产阶级成了资本主义社会两个起决定作用的阶级。一国的资产阶级是国际资产阶级的一个组成部分。无论哪一个国家、哪一个民族的无产阶级，他们既受本国资产阶级的剥削和压迫，又受国际资产阶级的剥削和压迫。因此，无产阶级不仅要消灭本国资产阶级，而且要消灭国际资产阶级。在这种情况下，单独一个国家的无产阶级如果发动革命，往往会因遭到国际反动势力的联合镇压而失败。因此，无产阶级革命必须同时发生、同时胜利，这种理由是不能成立的。进入帝国主义时代以后，资产阶级和无产阶级仍然是资本主义社会两个起决定作用的阶级；一国的资产阶级仍然是国际资产阶级的一个组成部分；一国的无产阶级仍然是既受本国资产阶级的剥削和压迫，又受国际资产阶级的剥削和压迫；无产阶级的历史使命仍然是不仅要消灭本国资产阶级，而且要消灭国际资产阶级；在这种情况下，单独一个国家的无产阶级如果发动革命，也会遭到国际反动势力的联合镇压。既然上述一切历史条件都未改变，那么，为什么在自由资本主义时代，无产阶级革命就只能在各国同时发生、同时胜利，而到了帝国主义时代，无产阶级革命就能够在一国首先发生、首先胜利呢？至于有人将巴黎公社的失败作为资本主义上升时期各国资产阶级能够采取联合行动把单独一个国家发生的革命镇压下去的例证，也是没有说服力的。且不说巴黎公社只是一个城市的起义，且不说公社并未同任何外国军队作过战，即使把它看作一个国家的革命，即使把梯也尔军队在俾斯麦政府支持下的镇压算作国际资产阶级的联合进攻，也不足为据。因为在帝国主义时代，各国资产阶级也是能够采取联合行动来镇压一个国家的革命的。十月革命胜利后，14 个帝国主义国家武装干涉苏维埃俄国，妄图扼杀新生的无产阶级政权。但是，帝国主义的这场残酷围剿遭到了彻底失败，苏维埃政权却得以生存下来。可见，遭到各国联合镇压的一国革命未必失败。因此，单独一个国家的无产阶级如果发动革命，往往会遭到国际反动势力的联合镇压，绝不能成为马克思、恩格斯主张"各国同时胜利论"的理由。当然，各国资产阶级采取联合行动把单独一个国家发生的革命镇压下去的事实是有的，然而，这些事实却偏偏出现在帝国主义时代。1918 年的芬兰革命和 1919 年的匈牙利革命，就是在建立了社会主义共和国之后，被国际帝国主义联合绞杀了，这又怎样解释呢？

有人说，马克思、恩格斯认为社会主义革命将在世界最先进的资本主义国家首先发生，但这个国家的革命会因遭到国际反动势力的联合镇压而失败；列宁认为社会主义革命将在世界比较落后的资本主义国家首先发生，但这个国家的革命可能取得胜利。且不说马克思、恩格斯曾认为英国这个资本主义世界的"心脏"得到补救的可能性要大些，英国工人阶级因为在一定程度上分沾过英国工业垄断地位的利益而放弃争取社会主义的斗争，而法、德这些资本主义世界的"四肢"

国家将先于英国发生革命；且不说列宁在提出社会主义可能在一国或几国首先胜利的理论时，曾设想将首先取得社会主义革命胜利的，是西欧比较发达的资本主义国家，而落后的俄国面临的任务，不过是完成资产阶级民主革命。单就这一点来讲，一个最先进的资本主义国家的革命，容易被不发达的国家的资产阶级联合镇压下去，而一个比较落后的资本主义国家的革命，却能够在发达的资本主义国家的包围之中取得胜利，就已经令人费解了。

二　马克思恩格斯关于政治革命"一国胜利"的思想

马克思、恩格斯的"各国同时胜利论"，是无产阶级社会革命意义上的"各国同时胜利论"，并不否认一国的无产阶级可能首先夺取政权。确切些说，马克思、恩格斯具有无产阶级政治革命"一国首先胜利"的思想。

首先，马克思、恩格斯关于革命重心转移的论述中，就包含了"一国首先胜利"思想。

马克思、恩格斯起初认为英国已经具备了建立新社会的物质前提，预言英国即将发生社会主义革命并在世界上最先取得胜利。1847年，马克思指出："同别的国家比较起来，英国是一个无产阶级和资产阶级之间的对立最为尖锐的国家。因此，英国无产阶级对英国资产阶级的胜利对一切被压迫者战胜他们的压迫者具有决定意义。"[①]同时，恩格斯也指出："英国的宪章主义者将进行首次具有决定意义的打击，促使民主主义获得胜利，欧洲各国求得解放。"[②]1848年，马

---

① 《马克思恩格斯全集》第4卷，人民出版社1958年版，第410页。
② 同上书，第411页。

克思更加明确地指出：英国是现代资产阶级社会的矛盾，即资产阶级和无产阶级之间的阶级斗争充分发展和极端尖锐的国家。"先于其他任何国家解决问题和消灭矛盾是英国的使命。"①

但是，1848年欧洲革命爆发以后，欧洲革命的重心移到了法国。1852年，恩格斯指出："决定性的斗争已经临近了。它只能在法国爆发；因为在英国没有参加革命战斗而德国仍然四分五裂的时候，法国由于国家的独立、文明和中央集权，是唯一能够给周围各国以有力推动的国家。"② 1871年3月18日，法国首都爆发工人起义，建立了巴黎公社。马克思说："这终究是工人阶级被公认为能够发挥社会首倡作用的唯一阶级的第一次革命""巴黎公社就是工人阶级夺取政权——关于这一点不可能有任何异议。"③ 他认为，法国无产阶级革命的客观条件已经成熟，公社如果采取正确的斗争策略，就有可能取得胜利；他把公社的失败，归咎于公社领袖们的"过分老实"和"仁慈"。

巴黎公社失败以后，欧洲革命的重心又移到了德国。1874年，恩格斯指出："一方面由于德国工人具有这种有利的地位，另一方面由于英国工人运动具有岛国的特点，而法国工人运动又受到暴力的镇压，所以现在德国工人运动是处于无产阶级斗争的前列。"④ 1891年，恩格斯估计：德国无产阶级政党在1898年前后就能取得政权。⑤ 1892年，恩格斯又指出：在德国，工人运动的胜利甚至指日可待了；德国可能成为欧洲无产阶级第一次伟大胜利的舞台。⑥

与此相反，这个时期的恩格斯，对英、法等国社会主义革命的近

①　《马克思恩格斯全集》第6卷，人民出版社1961年版，第89—90页。
②　《马克思恩格斯选集》第1卷，人民出版社1972年版，第550页。
③　《马克思恩格斯选集》第2卷，人民出版社1972年版，第379、443页。
④　同上书，第301页。
⑤　参见《马克思恩格斯全集》第38卷，人民出版社1972年版，第147—148页。
⑥　参见《马克思恩格斯选集》第3卷，人民出版社1972年版，第403页。

期胜利却不抱什么希望。1885年，恩格斯指出："从欧文主义灭绝以后，英国再也没有过社会主义了。"① 1892年，恩格斯指出："在法国，我们的人远没有成熟到夺取政权的程度。"② 1893年，恩格斯又在致劳拉·拉法格的一封信中说："当你离开英国和它的分散孤独的工人阶级，当你多年来从法国、意大利和美国听到的只是一些无谓的争吵和谩骂，而今来到讲德语的人们中间，看到目标一致、组织极好、热情洋溢以及由必胜信心产生的无穷尽的幽默时，你不能不深深感动并说：工人运动的重心就在这里。"③ 在晚年的恩格斯看来，英、法、意、美等国的社会主义革命是不能与德国的社会主义革命"同时胜利"的。

马克思、恩格斯关于革命重心转移的论述，关于英国能够"先于其他任何国家解决问题和消灭矛盾"，巴黎公社作为"第一个工人政府"和"新社会的光辉先驱"有可能取得胜利，德国可能"成为欧洲无产阶级第一次伟大胜利的舞台"等论述，不是充分地证明他们具有社会主义革命"一国首先胜利"思想吗？

其次，马克思、恩格斯的"不断革命"思想中，也包含了"一国首先胜利"思想。

1850年3月，马克思、恩格斯在《中央委员会告共产主义者同盟书》中，明确提出了"不断革命"的思想。他们指出："民主主义的小资产者至多也不过是希望实行了上述要求便赶快结束革命，而我们的利益和我们的任务却是要不间断地进行革命，直到把一切大大小小的有产阶级的统治都消灭掉，直到无产阶级夺得国家政权，直到无产

---

① 《马克思恩格斯选集》第4卷，人民出版社1972年版，第283—284页。
② 《马克思恩格斯全集》第38卷，人民出版社1972年版，第562页。
③ 《马克思恩格斯全集》第39卷，人民出版社1974年版，第122页。

者的联合不仅在一个国家内而且在世界一切占统治地位的国家内都发展到使这些国家的无产者间的竞争停止，至少是直到那些有决定意义的生产力集中到了无产者手里的时候为止。"①

这是什么意思呢？

第一，无产阶级要在资产阶级民主革命中争得领导权并进行独立的政治斗争，逐个推翻地主阶级、大资产阶级和民主派小资产阶级的统治，即及时地把民主革命转变为社会主义革命，直到夺得国家政权，在一国内不间断地进行革命。

第二，争取使社会主义革命在一国内的胜利发展到在世界一切主要资本主义国家内的胜利，使这一个国家内的无产者间的竞争停止发展到这一些国家内的无产者间的竞争停止，至少是直到实行社会主义的经济变革为止，在全世界不间断地进行革命。

从马克思、恩格斯的"不断革命"思想中，我们不难看出，他们在1848年欧洲革命时期，就已经设想了一条社会主义革命从一国胜利再到几国胜利直至全世界胜利的基本道路，并不认为社会主义革命将在各国"同时胜利"。

第三，马克思、恩格斯关于英、美等国工人阶级将采取不同于法、德等国工人阶级的革命手段夺取政权的设想，恩格斯关于德国革命将通过不同于法国革命的道路取得胜利的设想，是他们否定"各国同时胜利论"的一个佐证。

1872年，马克思指出：考虑到各国的制度、风俗和传统，有个别国家，比如美国和英国，工人可能用和平手段达到自己的目的。但是，在大陆上的大多数国家中，为了最终建立无产阶级的政治统治，

---

① 《马克思恩格斯选集》第1卷，人民出版社1972年版，第385页。

暴力应当是我们革命的杠杆。① 1886 年，恩格斯也指出："至少在欧洲，英国是唯一可以完全通过和平的和合法的手段来实现不可避免的社会革命的国家。"②

马克思逝世以后，恩格斯对于无产阶级革命道路的认识又有了新的突破。1887 年，他指出：由于德国与英、法两国的资本主义发展形式不同，德国工业发展的水平较低，所以德国革命的具体道路将有别于法国而先取中小城市和广大农村，最后攻克首都和其他大城市。③ 1894 年，他又指出：德国"社会党夺取政权已成为最近将来的事情。然而，为了夺取政权，这个政党应当首先从城市跑到农村，应当成为农村中的力量"。④

显然，渐进性的和平革命与突发性的暴力革命，不可能同时发生，也不可能同时胜利；先夺取首都和中心城市，后将革命扩展到全国各地的革命，与先取中小城市和广大农村，最后攻克首都和中心城市的革命，不可能同时发生，也不可能同时胜利。可见，马克思、恩格斯是否定社会主义革命"各国同时胜利论"的。

第四，恩格斯关于社会主义国家有进行自卫战争的可能性的观点，是他否定"各国同时胜利论"的又一个佐证。

1882 年 9 月 12 日，恩格斯在致考茨基的信中说："胜利了的无产阶级不能强迫任何异族人民接受任何替他们造福的办法，否则就会断送自己的胜利。当然，这决不排除各种各样的自卫战争。"⑤ 在马克思主义的创始人看来，社会主义国家之间是根本不可能发生战争的。既

---

① 参见《马克思恩格斯全集》第 18 卷，人民出版社 1964 年版，第 179 页。
② 《马克思恩格斯全集》第 23 卷，人民出版社 1972 年版，第 37 页。
③ 参见《马克思恩格斯选集》第 2 卷，人民出版社 1972 年版，第 467—468 页。
④ 《马克思恩格斯选集》第 4 卷，人民出版社 1972 年版，第 296 页。
⑤ 《马克思恩格斯全集》第 35 卷，人民出版社 1971 年版，第 353 页。

然恩格斯认为社会主义国家有进行自卫战争的可能性,那么这就是承认社会主义国家之外还仍然存在着"资产阶级的或资产阶级以前的国家",因而也就否定了社会主义革命在全世界的"同时胜利"。

1891年10月,恩格斯在致倍倍尔和左尔格的几封信中指出:当德国受到东方和西方的侵犯时,德国无产阶级必须把政权掌握在自己手里,设法采取一切革命的手段来进行战争,把俄国人和法国资产阶级及其他同盟者驱逐出去。①

如果说,恩格斯在1882年给考茨基的信中所说的"自卫战争",指的是"欧洲和北美"的社会主义国家对世界上其他国家可能进行的自卫战争,因而并未否认社会主义革命在各主要资本主义国家"同时胜利"的话,那么,恩格斯在1891年给倍倍尔和左尔格的几封信中,却认为社会主义的德国有可能单独进行反对俄法新联盟及其同盟者的自卫战争,因而也就否认了社会主义革命在欧洲各主要资本主义国家的"同时胜利"。

总之,在马克思、恩格斯看来,欧美各主要资本主义国家无产阶级革命的客观条件已经具备,各国经济的发展已经达到向社会主义社会过渡的程度。这就要求各国无产阶级积极争取掌握政权,由一国胜利到多国胜利,然后在共同胜利的基础上完成社会主义的经济变革和向共产主义社会的过渡。巴黎公社革命发生后,马克思在《〈法兰西内战〉初稿》中指出:工人阶级知道,他们必须经历阶级斗争的几个不同阶段。他们知道,以自由的联合的劳动条件去代替劳动受奴役的经济条件,需要相当一段时间才能逐步完成。但是,工人阶级同时也知道,通过公社的政治组织形式,可以立即向前大步迈进,他们知

---

① 参见《马克思恩格斯全集》第38卷,人民出版社1972年版,第172、180—181、185—186页。

道，为了他们自己和为了人类开始这一运动的时刻已经到来了。① 这就是说，社会主义经济变革的完成和共产主义社会的实现，需要经过一个漫长的发展过程和几个不同的斗争阶段。但是，无产阶级在一国或几国掌握政权，首先开始这一变革，就可以向着解放自己和解放人类的最终目标大步迈进。马克思、恩格斯的确认为社会主义的最终胜利需要一切国家，至少几个主要国家的联合行动才能实现，但绝不是主张各国无产阶级必须同时掌握政权，必须同时开始社会主义变革。

那么，究竟如何理解恩格斯所说的"欧洲工人阶级的胜利，不是只依靠英国一个国家。它至少需要英、法、德三国的共同努力，才能得到保证"？又如何理解他所说的"无论是法国人、德国人或英国人，都不能单独赢得消灭资本主义的光荣"？有人将这些话作为马克思、恩格斯主张"各国同时胜利论"的证据，这是不妥当的。实际上，恩格斯在这些地方所说的意思，也只是要保证欧洲工人阶级的胜利，至少需要英、法、德三国的共同努力；要彻底消灭资本主义，彻底解放无产阶级，则必须依靠全世界无产阶级和劳动人民的联合奋斗；社会主义的最终胜利，只能是全球性的胜利。这些话绝不能成为否定马克思、恩格斯具有"一国首先胜利思想"的证据。众所周知，列宁在1915—1916年就提出了"一国首先胜利论"，但是在十月革命胜利以后，甚至在国内战争结束以后，他仍然认为社会主义的事业是国际的事业，要想在一个国家内彻底战胜资本主义是不可能的；要取得社会主义的最终胜利，至少需要几个最先进国家社会主义革命的完成。1919年，列宁指出："不言而喻，能够获得最终胜利的，只有全世界先进国家的无产阶级。我们俄国人开创的事业，将由英国、法国或德

---

① 参见《马克思恩格斯选集》第2卷，人民出版社1972年版，第416—417页。

国的无产阶级来巩固"。① 1921 年，列宁又指出："按事情本质来说，要想在一个国家内彻底战胜资本是不可能的。资本是一种国际力量，要想彻底战胜它，工人在国际范围内也必须共同行动起来。……我们根本的、主要的任务和取得胜利的基本条件就是至少要把革命扩展到几个最先进的国家中去。"② 这些话与恩格斯的那些话是何等相似啊！难道我们能够根据列宁讲过这些话而断定他直到十月革命胜利后，甚至国内战争结束后仍然坚持"各国同时胜利论"而否定"一国首先胜利论"吗？

综上所述，马克思、恩格斯认为，要取得社会主义的最终胜利，需要全世界一切文明国家至少几个主要国家无产阶级革命的完成；但是，一国可以首先取得以建立无产阶级专政为标志的社会主义革命的胜利。恩格斯在"欧洲工人阶级的胜利，不是只依靠英国一个国家。它至少需要英、法、德三国的共同努力，才能得到保证"这句话的后面，紧接着说："在德国，工人运动的胜利甚至指日可待了""依目前的形势来判断，德国难道不可能同样成为欧洲无产阶级第一次伟大胜利的舞台吗？"③ 由前、后两部分组成的这一整段话，准确无误地表达了马克思、恩格斯关于社会主义胜利问题的基本观点。

三　马克思恩格斯关于不大发达国家首先开始革命的思想

传统观点认为，马克思、恩格斯主张在世界最发达的资本主义国家首先开始社会主义革命。笔者认为，这同用"各国同时胜利论"来

---

① 《列宁全集》第 37 卷，人民出版社 1986 年版，第 324 页。
② 《列宁全集》第 40 卷，人民出版社 1986 年版，第 318—319 页。
③ 《马克思恩格斯选集》第 3 卷，人民出版社 1972 年版，第 403 页。

概括马克思、恩格斯关于社会主义革命胜利的思想一样，也是没有准确地反映他们关于社会主义革命发生的思想。

马克思、恩格斯认为，社会主义革命发生的根源，在于资本主义社会的基本矛盾，即生产的社会性和生产资料的资本主义私人占有形式之间的矛盾。马克思指出："只有在现代生产力和资产阶级生产方式这两个要素互相矛盾的时候，这种革命才有可能。"① 他们通过对资本主义社会的透彻分析得出结论：随着资本主义的发展，生产力将强大到生产资料私有制的生产关系所不能适应的程度。也就是说，资本主义生产关系将容纳不下它本身所创造的巨大生产力而成为生产力继续发展的障碍和桎梏；这时，社会主义革命就要发生了。他们认为，在通常情况下，资本主义社会基本矛盾的激化，是生产力的巨大发展造成的；但是，这并不排除另外一种情况，即生产力发展水平不高，却与资本主义生产关系发生矛盾并可能导致矛盾激化。这就是说，资本主义社会生产力与生产关系矛盾的激烈程度，并不与生产力的发展水平成正比。他们在《德意志意识形态》中指出：一切历史冲突都根源于生产力和生产关系之间的矛盾。但是，对于某一国家内冲突的发生来说，完全没有必要等这种矛盾在这个国家本身中发展到极端。由于同工业比较发达的国家进行广泛的国际交往引起的竞争，就足以使工业比较不发达的国家内产生类似的矛盾。② 他们认为，在生产力发展水平不如英、法的德国，资本主义生产方式固有的内在矛盾同样存在。而且，在资本主义发展程度较低的专制制度下的德国，比在资本主义发展程度较高的民主制度下的英国，这种矛盾更容易激化，这就为社会主义革命准备了客观条件。

---

① 《马克思恩格斯选集》第1卷，人民出版社1972年版，第488页。
② 同上书，第81页。

具体地说，社会主义革命能否发生，取决于资本主义社会基本矛盾的阶级表现，即资产阶级和无产阶级之间的阶级斗争的激烈程度。而这种阶级斗争激化的原因，却不一定是生产力的高度发展。1848 年欧洲革命以前，马克思、恩格斯曾经预测英国将首先爆发社会主义革命。他们指出，英国是现代资产阶级社会的矛盾，即资产阶级和无产阶级之间的阶级斗争充分发展和矛盾极端尖锐的国家。因此，英国将先于其他任何国家解决问题和消灭矛盾。大家知道，虽然英国是当时世界上最先进的资本主义国家，但其生产力也不是很发达，根本不能与当今世界上的先进资本主义国家（如美国、日本）相比，甚至不能与当初发生胜利的社会主义革命的俄国相比。

更为重要的是，1848 年欧洲革命失败以后，马克思、恩格斯认为英国在一个时期内将不会发生革命了。相反，1858 年，马克思指出，欧洲大陆上即将发生社会主义性质的革命。而当时欧洲大陆各国，都没有完成工业革命，都还是小资产阶级主要是农民占优势的国家，生产力不能说是发达的。但是，起初在法国，后来在德国，无产阶级反对资产阶级的斗争却十分激烈。马克思、恩格斯在不同的时期和不同的场合，曾预言过这些国家社会主义革命的胜利。

特别应该指出的是，人们在谈论马克思、恩格斯对社会主义革命客观条件的认识时，往往忽视了他们的一个十分重要的思想，即阶级斗争在大工业的发展时期比较剧烈，而在向大工业的过渡大体完成以后却平稳下来的思想。1892 年，恩格斯指出："阶级斗争在英国这里也是在大工业的发展时期比较剧烈，而恰好是在英国工业无可争辩地在世界上占统治地位的时候沉寂下去的。在德国也是随着 1850 年开始的大工业的发展出现了社会主义运动的高涨，美国的情况大概也不会有什么两样。"① 还在 1884 年，恩格斯就对德国和英、法两国的资本主义发展情况和阶级斗争形势作了对比分析。他指出：英国和法国向大工业的过渡大体已经完成。无产阶级所处的境况现在已经稳定；农业区和工业区，大工业和家庭工业已经分离，并且按现代工业一般容许的程度固定下来了。甚至每 10 年一次的周期性危机引起的波动，也已成为习以为常的生存条件。工业变革时期出现的政治运动或直接社会主义运动遭到了失败，遗留下来的与其说是鼓舞，不如说是沮丧；资本主义的发展显得比革命的反抗更有力量。相反，德国大工业的发展在 1848 年才开始。工业变革仍然在继续，而且是在极其不利的条件下继续着。家庭工业仍然在同机器大工业竞争。以家庭工业为辅助的小农经济的存在，使得资本家可以把全部正常的剩余价值赠送给外国买主，以保持住在世界市场上的竞争能力，资本家自己的全部利润则通过降低正常工资榨取。无产阶级的处境更加悲惨。同时，由于整个德国都卷入社会革命，大工业突飞猛进地发展，使小农被拉入工业，最守旧的地区也被卷进这个运动，因而整个德国的革命化比英国或法国彻底得多。恩格斯的结论是："你看看多有趣。正是德国的工业落后，特别促进我们事业的胜利。"② 他认为，正是因为德国的大工业还处在发展时期，德国的工业落后，所以阶级斗争异常激烈，特别促进革命的胜利。当然，他并不认为英、法两国再不会有革命了，但是，再要反对资本主义生产，就需要新的更强大的推动力。1887年，恩格斯还指出：德国的家庭工业转化为工厂生产，农民经济转化为大农业和小地产转化为大农场的变革，不一定要在旧的社会条件下完成，确切些说，不可能在旧的社会条件下完成。因为在旧的社会条

---

① 《马克思恩格斯选集》第 4 卷，人民出版社 1972 年版，第 497 页。
② 《马克思恩格斯全集》第 36 卷，人民出版社 1975 年版，第 230 页。

件下实现这样的变革，势必引起千百万被断绝生计的农民"英勇援助"的无产阶级革命。①

可见，只有在资本主义充分发展，生产力高度发达的条件下才能出现革命形势，才能进行社会主义革命，不是马克思、恩格斯的本来思想，至少不是他们在无产阶级革命条件问题上的唯一的和一贯的思想。

另外，马克思、恩格斯认为，社会主义革命能否发生，无产阶级能否夺取政权，除了看是否具有革命形势之外，还要看无产阶级的准备程度。他们把无产阶级的准备成熟看作社会主义革命的一个必要的先决条件。而无产阶级准备成熟的主要标志，一是先进思想的武装，二是先进政党的领导。但是，由于社会意识的相对独立性，生产力发展水平不高，经济不发达的国家，有可能比生产力发展水平较高，经济较发达的国家更早地产生先进思想和先进政党。19 世纪 40 年代，在经济比英、法都落后的德国，却产生了马克思主义；继而，在 60 年代末，德国诞生了世界上第一个在一个民族国家范围内组织起来的、马克思主义理论指导之下的无产阶级政党——德国社会民主工党。马克思、恩格斯后来之所以认为德国工人运动处于欧洲工人运动的前列，德国在"其他任何一国的工人阶级都还没有首先发动"时，就"一定会开始攻击"②，并可能成为欧洲无产阶级第一次伟大胜利的舞台，就是因为德国工人阶级比英、法工人阶级更懂得科学社会主义，德国无产阶级政党有着英国人和法国人从来没有过的革命纲领。

总之，经济不大发达国家的无产阶级，在具有革命形势和本身准备成熟的情况下，应该积极发动社会主义革命，争取夺得国家政权，

---

① 参见《马克思恩格斯选集》第 2 卷，人民出版社 1972 年版，第 468 页。
② 同上。

这是马克思主义的一个基本观点。

无产阶级夺取政权的必要性，是由建设社会主义的可能性决定的。马克思、恩格斯正是从不大发达国家走向社会主义的可能性出发，来论述这些国家无产阶级夺取政权的必要性的。

马克思、恩格斯认为，社会主义的物质基础是机器大工业，是社会化大生产；创造巨大的生产力，是建成社会主义社会的前提条件。他们指出：生产力的这种发展之所以是绝对必需的实际前提，是"因为如果没有这种发展，那就只会有贫穷的普遍化；而在极端贫困的情况下，就必须重新开始争取必需品的斗争，也就是说，全部陈腐的东西又要死灰复燃"①。在这种情况下，就不会有真正的社会主义。那么，如何获取这个物质条件呢？的确，马克思、恩格斯曾设想过，生产力在资本主义制度下发展到了很高的水平，在这种条件下，无产阶级夺得了国家政权，也许在经过一个短暂的、有些艰苦的过渡时期以后，就可能实现新的社会制度。但是，他们并不认为，建立社会主义生产关系所需要的生产力，一定要在资本主义制度下创造出来；否则，就不应该进行社会主义革命。马克思说过，社会主义的物质条件已经存在的时候，当然应该进行社会主义革命，但是，社会主义的物质条件"在形成过程中的时候"，也可以进行社会主义革命。只要在随着资本主义生产的发展，工业无产阶级在人民群众中"占有重要地位的地方"，社会主义革命就有可能取得胜利。恩格斯则说："我们无须等到资本主义生产发展的后果到处都以极端形式表现出来的时候，等到最后一个小手工业者和最后一个小农都变成资本主义大生产的牺牲品的时候，才来实现这个变革。"② 甚至可以说，建立社会主义社会

---

① 《马克思恩格斯选集》第1卷，人民出版社1972年版，第39页。
② 《马克思恩格斯选集》第4卷，人民出版社1972年版，第312页。

需要的生产力，不可能在资本主义制度下全部创造出来；无产阶级在掌握政权以后，需要完成一个发展和扩大生产力的艰巨任务，才能实现社会主义。因为世界上任何地方都没有，也不可能有向纯粹社会主义过渡的纯粹资本主义。恩格斯指出，资本主义不可能创造立即消灭阶级和私有制所需要的一切物质条件，共产主义者将通过由历史发展进程造成的中间站和妥协，才能达到消灭阶级和私有制的社会制度。

　　那么，不大发达国家在无产阶级掌握政权以后，能不能建设社会主义呢？通过什么途径建设社会主义呢？马克思、恩格斯的回答是，不大发达国家能够过渡到社会主义，但是，这个过渡不能是全面的和直接的。恩格斯在《共产主义原理》中指出："现在废除私有制不仅可能，而且完全必要。"但是，又不能一下子就把私有制废除，"正像不能一下子就把现有的生产力扩大到为建立公有经济所必要的程度一样。因此，征象显著即将来临的无产阶级革命，只能逐步改造现在社会，并且只有在废除私有制所必需的大量生产资料创造出来之后才能废除私有制"。① 不大发达国家在无产阶级夺取政权以后，实现生产资料公有制的变革，绝不是一蹴而就的，必须有分别有步骤地去进行。对于大土地占有者和工厂主，无产阶级在掌握了国家权力以后，就应该"干脆地"实行剥夺，变资本主义农场为公有农场，变资本主义工厂为国有企业。但是，对待农民不能采用暴力去剥夺。1875 年，马克思指出：在西欧大陆各国农民还占据多数，革命胜利后，无产阶级将以政府的身份采取措施，直接改善农民的状况，从而把他们吸引到革命方面来；这些措施，一开始就应当促进土地私有制向集体所有制的过渡，让农民自己通过经济的道路来实现这种过渡；但是不能采取得

---

　　① 《马克思恩格斯选集》第 1 卷，人民出版社 1972 年版，第 219 页。

罪农民的措施，如宣布废除继承权或废除农民所有权。① 1894 年，恩格斯更加明确地指出："当我们掌握了国家权力的时候……我们对于小农的任务，首先是把他们的私人生产和私人占有变为合作社的生产和占有，但不是采用暴力，而是通过示范和为此提供社会帮助""逐渐把农民合作社转变为更高级的形式，使整个合作社及其个别社员的权利和义务跟整个社会其他部分的权利和义务处于平等的地位"②，从而使小农经济同社会主义的大工业结合起来，并进一步使小农经济过渡到使用机器的社会主义大农业，实现农业的社会主义变革，最终使整个社会过渡到社会主义。

总之，马克思、恩格斯认为，不大发达国家过渡到社会主义，是一个漫长的、艰难的历史过程，但是，无产阶级夺取政权以后，立即剥夺"剥夺者"，建立国有经济，控制国家经济命脉，然后通过长期的、耐心的工作，引导小农走合作化的道路，建立巩固的工农联盟，迅速发展社会生产力，就一定能够达到最终目的。马克思指出，社会主义的经济变革需要经过几个不同阶段和相当一段时间才能逐步完成，但是，无产阶级掌握政权之后，就可以立即开始这一变革，朝着最终目标大步迈进。

有人认为，马克思、恩格斯是坚持生产力标准的；生产力水平不是很高，经济不发达的国家，无产阶级能够掌握政权并进而过渡到社会主义，违背了生产力标准。这是不对的。这种观点坚持的不是生产力标准，而是庸俗经济决定论。它的错误在于：把社会历史发展的动力仅仅归结为经济因素，把社会历史发展看作一个纯粹自发的过程。

马克思、恩格斯认为，生产力是一切社会发展的最终决定力量。

---

① 参见《马克思恩格斯选集》第 2 卷，人民出版社 1972 年版，第 634—635 页。
② 《马克思恩格斯选集》第 4 卷，人民出版社 1972 年版，第 310 页。

生产力发展到一定程度，必将引起生产关系的变革。生产关系一定要适合生产力状况的规律，是人类社会发展的一条根本规律。但是，他们在强调生产力对社会历史发展的最终决定作用时，同时承认其他因素的作用。社会主义革命的客观条件，不能单纯归结为生产力水平，归结为经济因素。经济因素是历史过程的决定性因素，但不是唯一的决定性因素。革命的发生和社会的变革是由多种因素的合力推动的。正如恩格斯1890年9月在给布洛赫的一封信中告诫的："如果有人在这里加以歪曲，说经济因素是唯一决定性的因素，那么他就是把这个命题变成毫无内容的、抽象的、荒诞无稽的空话。经济状况是基础，但是对历史斗争的进程产生影响并且在许多情况下主要是决定着这一斗争的形式的，还有上层建筑的各种因素……这里表现出这一切因素间的交互作用。"① 社会的变革，就是包括经济、政治以及思想文化等等各种因素交互作用的结果。因此，把革命的发生仅仅归结于生产力的发展水平，是对马克思、恩格斯思想的一个误解。正像马克思所说的，认为他主张一切民族都必须达到生产力极高发展的水平才能实行社会主义革命，是对他的过多的侮辱。

另外，马克思、恩格斯认为，生产关系的根本变革，不是通过生产力的单纯发展就能够自发实现的，而是通过人的自觉的革命活动实现的。即使到了必须改变旧的生产关系才能适应生产力发展水平的时候，代表这种生产关系的反动统治阶级，也会竭力利用自己手中掌握的物质的和精神的力量来维护这种腐朽的生产关系。在这种情况下，如果没有代表生产力发展要求的先进阶级和人民群众的自觉革命活动，就不可能使新的生产关系代替旧的生产关系。以一种剥削制度代

---

① 《马克思恩格斯选集》第4卷，人民出版社1972年版，第477页。

替另一种剥削制度尚且如此,何况创立旨在消灭剥削和消灭阶级的社会主义制度呢? 恩格斯说过: 即使资本主义社会实际上已经过期,已经达到灭亡的境地,但是如果风平气稳,没有革命冲击,这样一个腐朽陈旧的建筑物也还可以支撑数十年。① 马克思、恩格斯之所以要求无产阶级必须组织以科学社会主义为指导思想的独立的革命政党,就是因为只有在这样的政党的领导下,无产阶级经过英勇斗争,才能取得社会主义革命的胜利。

笔者认为,产生只有在生产力高度发达的条件下才能进行社会主义革命这种观点的一个重要根源,在于混淆了无产阶级政治革命和无产阶级社会革命这两个不同的概念。政治革命,当然是需要一定的资本主义发展程度的。因为只有随着资本主义的发展,资本主义社会的基本矛盾才能发展,也只有社会基本矛盾及其所引起的社会主要矛盾的发展和激化,才能导致无产阶级革命的爆发;因为只有随着资本主义的发展,无产阶级才能发展并成为一个独立的阶级,也只有无产阶级作为一个自为的阶级来行动,才能推翻资产阶级,夺取国家政权。但是,政治革命不需要资本主义生产力高度发展,也不需要无产阶级在人口中占多数。只要全国性的政治经济危机为无产阶级造成革命形势,无产阶级革命就可能爆发;只要无产阶级成为革命的领导阶级,并在其政党的领导下团结农民和其他劳动群众,形成广泛的革命统一战线,就能够在力量对比上压倒资产阶级和其他剥削阶级,即使在主要是一个小资产阶级的国家里,也能够取得政治革命的胜利。

无产阶级社会革命,即包括社会主义经济变革在内的革命,则是与较高的生产力发展水平紧密相关的。那么,怎样才能获取这个物质

---

① 参见《马克思恩格斯全集》第38卷,人民出版社1972年版,第186页。

条件呢？对于社会主义的生产关系不能在资本主义社会内部建立起来的观点，现在大概很少有人提出反对了；但是，至今还有人认为，建立社会主义社会需要的生产力，即实现无产阶级社会革命的物质条件，必须在资本主义制度下创造出来。这是不符合马克思主义的革命理论的，也是不符合世界无产阶级革命的实际情况的。既然经济不大发达国家的无产阶级，在具备了革命形势的情况下有可能夺取政权，那么，这些国家的无产阶级就能够利用国家政权的力量，打碎资本主义生产关系的束缚，促使生产力以较快的速度向前发展，从而为实现社会革命创造必要的物质条件。认识不到这一点，就有陷入机会主义泥潭的危险。孟什维克的"万里长城论"和陈独秀的"二次革命论"的错误根源，就在于将无产阶级政治革命和无产阶级社会革命混为一谈，否定无产阶级专政下创造社会主义社会需要的生产力的可能性，从而否定在资本主义不发达的国家无产阶级夺取政权的必要性。

笔者认为，产生只有在生产力高度发达的条件下才能进行社会主义革命这种观点的另一个重要根源，在于混淆了"社会主义国家"和"社会主义社会"这两个不同的概念。列宁和斯大林都曾严格区分过这两个概念。1918年1月，列宁指出："我并不抱幻想，我知道我们才开始进入向社会主义过渡的时期，我们还没有达到社会主义。但如果你们说我们的国家是社会主义的苏维埃共和国，那你们是正确的""我们甚至远没有结束从资本主义到社会主义的过渡时期。我们从来没有幻想过，不靠国际无产阶级的帮助就能结束这个过渡时期。我们从来没有在这方面产生过错觉，我们知道，从资本主义到社会主义的这条道路，是多么艰难，但是我们必须说，我们的苏维埃共和国是社会主义的共和国，因为我们已经走上了这条道路，而这些话绝不是空活。"① 1928 年 12 月，斯大林也指出："我们常常说，我们的共和国是社会主义共和国。这是不是说我们已经实现了社会主义，消灭了阶级，并废除了国家（因为社会主义的实现意味着国家的消亡）？或者，这是不是说在社会主义制度下还会有阶级、国家等存在？显然不是这个意思。既然如此，我们有没有权利把我们的共和国叫作社会主义共和呢？当然有。这是从什么样的观点来看的呢？这是从我们决心和准备实现社会主义、消灭阶级等的观点来看的。"② 他们认为，十月革命胜利后建立的苏维埃共和国是社会主义的共和国，因为它已经走上了从资本主义向社会主义过渡的道路；但是，这并不意味苏维埃共和国已经实现了社会主义制度，已经进入了社会主义社会。无产阶级夺取政权以后，可以而且必须立即建立社会主义国家，但不能马上进入社会主义社会，特别是那些经济比较落后的国家。换句话说，建立社会主义国家的条件，可以是无产阶级夺取政权的条件；而进入社会主义社会的条件，却必须高于无产阶级夺取政权的条件。如果按照列宁"社会主义就是消灭阶级"和斯大林"社会主义的实现意味着国家的消亡"的标准，那么，实现社会主义确实需要极高的生产力发展水平。即使建成在生产社会化基础上的生产资料公有制的社会主义，为了不至于阻碍和破坏生产力的发展，也需要较高的生产力发展水平。在这里，笔者无意谈论社会主义是否还分为不同的阶段，都可以分哪些阶段这样一个并非本书要求的问题，只是想提醒人们，不要以为建立了社会主义国家就等于进入了社会主义社会，不要把实现社会主义的客观条件误认为无产阶级夺取政权的客观条件，因而误解马克思、恩格斯关于社会主义革命的前提和条件的思想。

---

① 《列宁全集》第 33 卷，人民出版社 1985 年版，第 271—272 页。
② 《斯大林选集》下卷，人民出版社 1979 年版，第 110—111 页。

第二章

关于列宁的"一国胜利论"

一 列宁的"一国胜利论"是就政治革命而言的

传统观点认为，在社会主义革命胜利问题上，马克思、恩格斯主张"各国同时胜利论"，列宁主张"一国首先胜利论"。但是，马克思、恩格斯和列宁之间，在使用"社会主义革命"的概念时，是否赋予它同样的含义呢？这个问题，人们却往往未给予应有的注意。前文表明，马克思、恩格斯的"各国同时胜利论"，是社会革命意义上的"各国同时胜利论"。那么，列宁的"一国首先胜利论"，是何种革命意义上的"一国首先胜利论"呢？现在，我们就来分析这一问题。

举世公认，列宁在第一次世界大战期间提出了"一国首先胜利论"。它的提出，是有着深刻的政治背景和思想根源的。19世纪末至20世纪初，世界资本主义发展到了帝国主义阶段。此前的30年，是资本主义的相对和平发展时期，资本主义在欧美各国得到迅速发展并开始向垄断过渡；同时，资本主义发展的不平衡异常加剧，英、法等老牌资本主义国家的经济发展速度缓慢，而美、德等后起资本主义国家的经济发展却十分迅速。到 20 世纪初，德国的工业生产总额跃居欧洲第一位，仅次于美国居世界第二位。帝国主义各国之间新的力量对比，同殖民地和势力范围的旧的占有状况极不相称。在这种形势下，后起的力量强大的帝国主义国家企图夺取老牌的力量衰弱的帝国主义国家的殖民地和势力范围，而老牌帝国主义国家却力图保持原有的地位并打垮自己的竞争对手。1914 年 8 月，一场不可避免的帝国主义世界大战终于爆发了。大战爆发后，各交战国社会民主党和第二国际的大多数领袖，背叛社会主义和无产阶级国际主义，站在本国资产阶级一边，追随本国政府，支持帝国主义战争，成为社会沙文主义者。只有以列宁为首的布尔什维克党以及各国社会党内为数极少的左派坚持马克思主义的革命路线，举起无产阶级国际主义的旗帜，反对这场帝国主义大战。列宁批判了资产阶级和社会沙文主义者为支持本国反动政府进行帝国主义战争而宣扬的"保卫祖国"的口号，针锋相对地提出了"变帝国主义战争为国内战争"和"使自己的政府在帝国主义战争中失败"的口号，号召各国无产阶级利用战争造成的革命形势来加速资本主义的崩溃，即利用战争造成的各国政府的困难和人民群众的愤慨来进行社会主义革命。列宁认为，战时的革命就是国内战争；一方面，政府在军事上遭到挫折，会有助于政府间的战争转变为国内战争，另一方面，以实际行动努力实现这种转变也就不能不促使政府失败。只有促使本国政府失败的策略，才能导致社会主义革命，导致无产阶级夺取政权，导致社会主义的持久和平。列宁指出，在先进资本主义国家所进行的国内战争，就是无产阶级反对资产阶级的社会主义革命。但是，由于各国经济、政治发展的不平衡，包括各国无产阶级的革命力量和准备程度的不平衡，所以社会主义革命不能在各资本主义国家内同时获得胜利，只能在少数甚至在单独一个资本主义国家内首先获得胜利。列宁的"一国首先胜利论"，就是在这种政治和思想前提下提出来的。

列宁在第一次世界大战期间提出了"一国首先胜利论"，证据就是人们经常引用的两段最著名的话。

1915 年 8 月，列宁在《论欧洲联邦口号》一文中写道："经济和政治发展的不平衡是资本主义的绝对规律。由此就应得出结论：社会主义可能首先在少数甚至在单独一个资本主义国家内获得胜利。"①

1916 年 9 月，列宁在《无产阶级革命的军事纲领》一文中写道："资本主义的发展在各个国家是极不平衡的。而且在商品生产下也只能是这样。由此得出一个必然的结论：社会主义不能在所有国家内同时获得胜利。它将首先在一个或者几个国家内获得胜利，而其余的国家在一段时间内将仍然是资产阶级的或资产阶级以前的国家。"②

列宁在这两处所说的"一国首先胜利"的"社会主义"，含义是什么呢？它是指以"无产阶级专政代替资产阶级专政的政治革命"。这个以无产阶级夺取政权为标志的革命的胜利，并不包括社会革命的胜利（完成社会主义的经济变革），并不包括社会主义的最终胜利（建成完全的社会主义社会）。

在《论欧洲联邦口号》中，列宁指出：政治革命只是社会主义革命过程中的"必不可免"的"一次行动"，而社会主义革命是包括阶级斗争、国内战争和政治经济变革等一系列内容的"一个时代"。他还指出："无产阶级推翻资产阶级而获得胜利的社会所采取的政治形式将是民主共和国，它将日益集中该民族或各该民族的无产阶级的力

---

① 《列宁全集》第 26 卷，人民出版社 1990 年版，第 367 页。
② 《列宁全集》第 28 卷，人民出版社 1991 年版，第 88 页。

量同还没有转向社会主义的国家作斗争。没有无产阶级这一被压迫阶级的专政，便不可能消灭阶级。没有各社会主义共和国对各落后国家的比较长期而顽强的斗争，便不可能有各民族在社会主义下的自由联合。"① 这就是说，无产阶级政治革命的胜利，还不是社会主义革命的完全胜利；在一国内或几国内首先获得胜利的无产阶级，必须利用无产阶级专政的民主共和国这种社会的政治形式，同非社会主义国家作斗争；只有通过比较长期而顽强的斗争，才能最终消灭阶级，实现社会主义在全世界各民族中的完全胜利。

在《无产阶级革命的军事纲领》中，列宁指出："在一国取得胜利的社会主义决不能一下子根本排除一切战争""这就不仅必然引起摩擦，而且必然引起其他各国资产阶级力图打垮社会主义国家中胜利的无产阶级的直接行动。在这种情况下发生的战争，从我们方面来说就会是正当的和正义的战争。这是争取社会主义、争取把其他各国人民从资产阶级压迫下解放出来的战争""只有在我们推翻、彻底战胜并剥夺了全世界的而不只是一国的资产阶级之后，战争才会成为不可能的。"② 这就是说，"社会主义"在一国内的"首先胜利"，只是推翻本国资产阶级的政治革命的胜利，还不是建成社会主义的社会革命的胜利；它还将进行反击其他各国资产阶级进攻的"自卫战争"，为争取建成社会主义，争取全人类的解放而继续斗争。列宁在与该文同时写成的《论"废除武装"的口号》一文中，表达了同样的思想。他说："在一国取得胜利的社会主义反对其他的资产阶级国家或反动国家的战争是可能的。"③ 在全世界的资产阶级未被推翻、彻底战胜并

---

① 《列宁全集》第 26 卷，人民出版社 1990 年版，第 367—368 页。
② 《列宁全集》第 28 卷，人民出版社 1991 年版，第 88 页。
③ 同上书，第 172 页。

剥夺之前，这种战争就不可避免，因而一国无产阶级政治革命的胜利，还不足以保证社会主义的最终胜利。

十月革命胜利以后，列宁仍然坚持这样的观点，即推翻剥削者、夺取政权意义上的社会主义革命，在几国同时发生是"罕有的例外"，在一国内发生才是"典型的情况"。他认为，十月革命的胜利，就是在一国内获得的推翻资产阶级意义上的社会主义革命的胜利。1917 年 12 月，列宁指出："工人、农民和士兵所完成的十月革命，毫无疑问，是社会主义革命。"① 1918 年 6 月，列宁又指出："在一个最不发达的资本主义国家，工人阶级已经争得了胜利。"② 但是，他同时又认为，在一国内不能全部完成社会主义革命，不能保证消灭国际资本意义上的社会主义的最终胜利。1918 年 4 月，列宁指出："我们只有最后彻底地粉碎凭借技术和纪律的巨大力量支持的国际帝国主义，才能取得最终的胜利。而且我们只有同世界各国的工人一道才能取得胜利。"③ 同年 5 月，列宁又指出："我们单靠自己的力量是不能在一个国家内全部完成社会主义革命的，即使这个国家远不像俄国这样落后，即使我们所处的条件比经过四年空前艰苦、破坏惨重的战争以后的条件要好得多。"④ 1920 年 10 月，列宁还指出："布尔什维克在开始革命时说过：我们可以而且应当开始革命。可是我们同时并没有忘记：不能只限于在俄国一国革命，只有联合其他许多国家战胜国际资本，才能顺利地把革命进行到底，取得绝对的胜利。"⑤

1920 年年底国内战争结束以后，国际形势出现了某种"均势"。

① 《列宁全集》第 33 卷，人民出版社 1985 年版，第 168 页。
② 《列宁全集》第 34 卷，人民出版社 1985 年版，第 446 页。
③ 同上书，第 219 页。
④ 同上书，第 357 页。
⑤ 《列宁全集》第 39 卷，人民出版社 1986 年版，第 347—348 页。

无论是苏维埃共和国还是其余整个资本主义世界，都既没有获得胜利，也没有遭到失败。战争证明，即使在全世界社会主义革命延迟爆发的情况下，无产阶级政权和苏维埃共和国也能够生存下去。这就为"认真地"进行社会主义建设事业提供了政治前提。此后，列宁总结了国内战争的经验，向前发展了"一国首先胜利论"，产生了在俄国一国建成社会主义社会基础的思想。

但是，即使如此，列宁也还是认为，俄国一国不能取得社会主义的"彻底的""最终的"胜利。1921 年 3 月，列宁指出："在俄国这样的国家里，社会主义革命只有具备两个条件才能获得彻底的胜利。第一个条件是及时得到一个或几个先进国家社会主义革命的支援。"① 1922 年 2 月，列宁又指出："我们向来笃信并一再重申马克思主义的一个起码的真理，即要取得社会主义的胜利，必须有几个先进国家的工人的共同努力。"② 这里说的"社会主义的胜利"，即"社会主义的最终的胜利"。

总之，列宁"一国首先胜利论"的含义是：一国可以获得无产阶级夺取政权意义上的社会主义革命的胜利，即无产阶级政治革命的胜利，但是一国不能完成社会主义的经济变革，不能保证社会主义的最终胜利；要完成社会主义的经济变革，要保证社会主义的最终胜利，至少需要几个先进国家的无产阶级的共同努力。当然，这并不意味列宁认为一国不能开始社会革命。在《论欧洲联邦口号》中，他说的在一国获得胜利的无产阶级在本国"剥夺了资本家"并"组织了社会主义生产"的意思，就是一国可以开始社会主义的经济变革。但是，列宁认为，一国不能全部完成社会主义的各项变革，即一国不能获得社

① 《列宁全集》第41卷，人民出版社1986年版，第51页。
② 《列宁全集》第42卷，人民出版社1987年版，第450页。

会革命的"首先胜利"。

传统观点认为,列宁在第一次世界大战期间提出了包括社会革命在内的社会主义革命"一国首先胜利论"。通过以上分析,我们可以看出,这种认识是不准确的。与此相反,当代中国学者俞良早《列宁主义研究》(以下简称《研究》)一书提出了一种新观点,认为列宁在第一次世界大战期间根本没有提出过社会主义革命"一国首先胜利论";1920年年底至1922年3月,即从国内战争结束到党的十一大期间,列宁才逐步形成和提出"一国首先胜利论"。在此,笔者想就这一观点谈一些自己的看法。

这种观点的证据之一是:第一次世界大战期间,"列宁在批判社会沙文主义者'保卫祖国'的口号时,重申了马克思关于'工人没有祖国'的论断,号召重新建立国际无产阶级间的团结和统一,为共同掀起社会主义革命而斗争,从而坚持了'同时胜利论'。""众所周知,'工人没有祖国',是指无产阶级受国际资本的剥削和压迫,他们应该在国际舞台上同资本主义作斗争。国际无产阶级的'团结统一'和'联合的努力',是指各国无产阶级一齐起来推翻资本主义。显然,列宁的这些思想源于马克思主义'同时胜利论',同'同时胜利论'是一致的。"① 反对"保卫祖国",重申"工人没有祖国",就是否定"一国首先胜利论",坚持"同时胜利论"。笔者实在看不出二者之间有着这种必然联系。1916年8月,列宁在致格·季诺维也夫的信中,一方面说:"笼统地谈论'保卫祖国',在理论上是荒谬的,因为保卫祖国=笼统说的战争。症结就在于此。"另一方面又说:"我们绝不是笼统地反对'保卫祖国',笼统地反对'防御战'。不论在哪一个决

---

① 俞良早:《列宁主义研究》,广西人民出版社1993年版,第54—55页。

议中（也不论在我的哪一篇文章中）永远也找不出这种无稽之谈。我们反对保卫祖国和自卫，是就 1914—1916 年的帝国主义战争以及其他对帝国主义时代说来是典型的帝国主义战争而言。但是在帝国主义时代也会有'正义的''防御的'、革命的战争即（1）民族的；（2）国内的；（3）社会主义的等。"① 这就是说，第一次世界大战是帝国主义国家之间为重新瓜分世界而进行的强盗战争。马克思主义者应该反对社会沙文主义者以"保卫祖国"的口号去追随各国资产阶级鼓吹侵略扩张，去煽动各国无产阶级互相残杀的叛徒行径。正是从这个意义上，列宁才说"工人没有祖国"这句话在今天比在过去任何时候都更正确。但是，在帝国主义时代也会有民族战争、国内战争和社会主义战争；在这些战争中，马克思主义者就绝不是一概地反对"保卫祖国"。列宁在解释"工人没有祖国"这句话的含义时说，他们的经济地位是国际的，他们的阶级敌人是国际的，他们的解放的条件是国际的，他们的国际团结比民族团结更为重要。这就是说，由于各国工人阶级受到国际资本的剥削和压迫，所以他们的最终解放的条件是消灭国际资本主义；这就要求各国工人阶级在反对资产阶级的斗争中加强国际团结。但是，这并不意味在任何情况下都必须反对"保卫祖国"。列宁说，绝不能由"工人没有祖国"中得出结论说，当任务是要推翻异族的压迫时，也不应当战斗，也不应当"保卫祖国"。1916 年 11 月 30 日，列宁在致伊·费·阿尔曼德的信中指出："马克思和恩格斯在《共产党宣言》中说：工人没有祖国。可是同一个马克思曾经不止一次地号召进行民族战争：……恩格斯曾直接承认要'保卫祖国'""在民族战争中承认'保卫祖国'完全符合马克思主义。"② 列宁始终

---

① 《列宁全集》第 47 卷，人民出版社 1990 年版，第 401、413 页。
② 《列宁全集》第 47 卷，人民出版社 1990 年版，第 465 页。

认为，对于"祖国"和"保卫祖国"要作具体分析。他指出，在西欧各国民族运动是早已过去的事情，在英、法、德等国，"祖国"已经唱完自己的歌了，已经扮演过自己的历史角色了；但是在东欧情况完全不同，这里的民族运动还没有完成，"祖国"还没有唱完自己的全部历史之歌。因此，当时在西欧，"保卫祖国"是反动的；而在东欧，"保卫祖国"则可能是进步的。对于社会主义的"祖国"，列宁则坚决主张"保卫"。十月革命胜利后，第一次世界大战还没有结束，列宁公开号召俄国人民保卫自己的祖国。1918 年 3 月，列宁指出："从 10 月 25 日起，我们就公开说，我们主张保卫祖国，因为我们有了这个祖国。"① 他还指出："我们从 1917 年 10 月 25 日起已经是护国派了。我们主张'保卫祖国'，不过我们准备进行的卫国战争是保卫社会主义祖国的战争，保卫作为祖国的社会主义的战争，保卫作为世界社会主义大军的一支队伍的苏维埃共和国的战争。"② 可见，列宁对"保卫祖国"并不是在任何情况下都认为是错误的；即使在第一次世界大战期间，他也绝没有笼统地反对"保卫祖国"。既然如此，就不能从列宁反对"保卫祖国"中得出他坚持"同时胜利论"的结论。同样，列宁对"工人没有祖国"也不是在任何情况下都认为是正确的；即使在第一次世界大战期间，他也绝没有笼统地认为"工人没有祖国"。既然如此，《研究》一书关于列宁认为"工人没有祖国"，是指各国无产阶级应该在国际舞台上同资本主义作斗争，应该一齐起来推翻资本主义，实现"同时胜利"的说法，就是无稽之谈。实际上，列宁使用"工人没有祖国"一语的用意，在于号召各交战国的无产阶级团结起来反对帝国主义战争，这与主张社会主义革命"同时胜利

① 《列宁全集》第 34 卷，人民出版社 1985 年版，第 100 页。
② 同上书，第 77 页。

论"风马牛不相及，因此这不能成为否定列宁主张"一国首先胜利论"的证据。

这种观点的证据之二是：第一次世界大战期间，"在批判社会沙文主义者的同时，列宁通过对日益成熟的革命形势的分析，提出了无产阶级革命斗争的正确的策略方针，即'变帝国主义战争为国内战争'的策略方针。不难看出，列宁的这一策略方针是与'同时胜利论'联系在一起的。"① 提出"变帝国主义战争为国内战争"的策略方针，就是坚持"同时胜利论"。这其中的奥秘，《研究》认为"不难看出"，但笔者却百思不解。第一次世界大战爆发后，列宁根据当时帝国主义战争的各种条件和巴黎公社的革命经验，明确提出了"变帝国主义战争为国内战争"的口号。1914 年 10 月，列宁指出："变当前的帝国主义战争为国内战争，是唯一正确的无产阶级口号，这个口号是公社的经验所启示的，由巴塞尔决议（1912 年）所规定的，也是在分析高度发达的资产阶级国家之间的帝国主义战争的各种条件后得出的。"② 列宁认为，帝国主义战争客观上必然异常加速和空前加剧无产阶级反对资产阶级的阶级斗争，必然转变为各敌对阶级间的国内战争。革命的社会民主党号召的国内战争，是无产阶级拿起武器来反对资产阶级，在先进资本主义国家实行社会主义革命，在落后国家实行民主革命。战争无疑带来了最深重的危机，空前加剧了群众的灾难，在客观的革命形势下不可避免地造成群众的革命情绪。革命的社会民主党的责任，就是帮助人们认清这种情绪，加深和巩固这种情绪。能够正确反映这个任务的只有一个口号：变帝国主义战争为国内战争。战时一切彻底的阶级斗争，一切认真执行的群众行动的策略，

---

① 俞良早：《列宁主义研究》，广西人民出版社 1993 年版，第 55 页。
② 《列宁全集》第 26 卷，人民出版社 1990 年版，第 18—19 页。

都必然引向这一步。只有这样，无产阶级才能摆脱对沙文主义资产阶级的依赖，才能以这种或那种形式，以坚定的步伐比较迅速地走上各民族真正自由的道路，走上社会主义的道路。但是，列宁并没有指望无产阶级革命会在各国（即使是各先进国家）同时胜利。他援引巴黎公社革命作为变各国政府间的战争为国内战争的例子。他指出，半个世纪以前，由于实现社会主义的客观条件还不成熟，无产阶级的革命力量还太弱小等原因导致了公社的失败。公社失败已经过去半个世纪了，削弱当时革命的那些条件已经消灭。如果现在社会党人按照巴黎公社社员的精神去斗争，革命就能够取得胜利。众所周知，巴黎公社革命就是"一国革命"，这样的革命取得胜利，就是"一国胜利"。这与"同时胜利论"究竟有何联系呢？

这种观点的证据之三是："列宁关于帝国主义时代的理论告诉我们，世界上有先进的资本主义国家和落后国家之分，即将爆发的革命是先进国家的社会主义革命同落后国家的民族民主革命联合起来进行的世界性的革命。既然列宁设想未来的社会主义革命和民族民主革命将相互呼应，联合进行，既然他把包括落后国家在内的所有国家的革命看成同时进行的革命，并且认为这是革命胜利的最基本的条件，那么可以得出结论：大战期间列宁是'同时胜利论'者，他关于帝国主义时代的理论包含有'同时胜利'的思想。"[1]《研究》认为，列宁关于帝国主义时代的理论告诉人们，列宁不仅主张各先进资本主义国家的社会主义革命"同时进行"和"同时胜利"，而且主张包括落后国家在内的"所有国家"的"世界性的革命""同时进行"和"同时胜利"；列宁不仅仅是"坚持"了马克思恩格斯的"同时胜利论"，

---

① 俞良早：《列宁主义研究》，广西人民出版社1993年版，第59页。

而且大大"发展"了他们的"同时胜利论"。这一说法严重曲解了列宁的思想。19世纪末至20世纪初，世界进入帝国主义时代以后，列宁依据马克思主义的基本原理，对资本主义的新发展作了科学的剖析，指出帝国主义是资本主义的最高阶段，是垄断的、腐朽的和垂死的资本主义，是无产阶级社会革命的前夜，从而创立了关于帝国主义的理论。列宁正是在研究帝国主义的过程中，发现并论证了帝国主义时代资本主义经济政治发展不平衡的规律，得出了社会主义革命可能首先在少数甚至在单独一个资本主义国家内获得胜利的结论，即"一国首先胜利论"。他明确指出，幻想各国无产者用"联合的行动"来完成社会主义革命，就是将它束之高阁，使社会主义永无实现之日。《研究》的此项证据的荒谬性不必多言了，这里只将它的前后论述作一比较，观其自相矛盾。它在论述列宁主张"同时胜利论"的第二项证据时，引用了列宁"不是各国无产者，而是少数达到先进资本主义发展阶段的国家的无产者，才会用联合的行动实现社会主义"的话证明列宁只主张少数先进国家而不包括多数落后国家的革命"同时胜利"。最后，《研究》得出结论说："列宁对当时革命形势的估计和对未来革命的设想是：欧洲各先进资本主义国家的革命形势成熟了，这些国家的无产阶级将一齐行动起来，用'联合的行动'夺取社会主义革命的胜利。不言而喻，这种设想同马克思恩格斯的设想是完全一样的，是'同时胜利'的设想。"然而，在这里，《研究》又认为列宁主张包括先进国家和落后国家在内的"所有国家"的"世界性的革命""同时进行"和"同时胜利"。我们将其前后的说法作一对照，不难发现，《研究》为了给列宁戴上这顶"同时胜利论"者的帽子，有点强词夺理了。

二　列宁关于"最终胜利"必然是"同时胜利"的思想

前文已经谈到，列宁的"一国首先胜利论"，是无产阶级政治革命意义上的"一国首先胜利论"。那么，列宁关于无产阶级社会革命胜利的观点是什么呢？现在，我们就来研究这一问题。

首先，我们必须弄清的是，列宁是如何看待"社会革命"这一概念的。列宁认为，无产阶级社会革命的完成，即以社会主义生产关系代替资本主义生产关系，亦即社会主义社会的建成。而在对待"什么是社会主义社会"这一问题上，起初，列宁与马克思、恩格斯的认识是完全一致的。马克思、恩格斯曾把社会主义革命的任务概括为一句话：消灭私有制。而消灭私有制的结果是什么呢？恩格斯在《共产主义原理》中指出："由社会全体成员组成的共同联合体来共同而有计划地尽量利用生产力；把生产发展到能够满足全体成员需要的规模；消灭牺牲一些人的利益来满足另一些人的需要的情况；彻底消灭阶级和阶级对立；通过消除旧的分工，进行生产教育、变换工种、共同享受大家创造出来的福利，以及城乡的融合，使社会全体成员的才能能得到全面的发展；——这一切都将是废除私有制的最主要的结果。"① 列宁在这方面继承了马克思、恩格斯的思想。1905 年 11 月，列宁指出："社会主义要求消灭货币的权力、资本的权力，消灭一切生产资料私有制，消灭商品经济。社会主义要求把土地和工厂交给按照总计划组织大生产（而不是分散的小生产）的全体劳动者。"② 1917 年 4 月，列宁又指出："无产阶级的社会革命一经以生产资料和流通手段

---

① 《马克思恩格斯选集》第 1 卷，人民出版社 1972 年版，第 223—224 页。
② 《列宁全集》第 12 卷，人民出版社 1987 年版，第 75 页。

的公有制代替私有制，有计划地组织社会生产过程来保证社会全体成员的福利和全面发展，定将消灭社会的阶级划分，从而解放全体被压迫的人们，因为它将消灭社会上一部分人对另一部分人的一切形式的剥削。"① 列宁认为，在无产阶级社会革命完成后建立的社会主义社会里，消灭了一切生产资料的私有制，实现了公有制，社会有计划地组织生产，实行按劳分配原则，消灭了剥削，消灭了货币，消灭了商品经济，消灭了阶级和阶级差别，国家逐渐消亡，社会全体成员得到全面发展。他认为，建立这样的社会制度，是一个无比困难和长期的任务。

然后，我们再来研究列宁是如何看待"社会革命"的进程与胜利问题的。

列宁认为，俄国十月革命的胜利，意味着无产阶级政治革命在一国内的胜利。但是，他同时认为，实现无产阶级社会革命，即获得社会主义的最终胜利，不能单靠一国工人阶级的力量，必须依靠至少几个主要资本主义国家工人阶级的共同努力；如果没有欧洲主要国家社会主义革命的胜利，俄国的苏维埃政权就难以长期存在下去，俄国社会主义建设事业的胜利也无从设想。他指出，社会主义革命在俄国一国的胜利，只是世界社会主义革命事业的开始。俄国无产阶级的榜样，将鼓舞各国无产阶级奋起革命；苏维埃社会主义共和国的范例，将成为国际社会主义的火炬。1918 年 3 月，列宁指出："从全世界历史范围来看，如果我国革命始终孤立无援，如果其他国家不发生革命运动，那么毫无疑问，我国革命的最后胜利是没有希望的。……我再说一遍，能把我们从所有这些困难中拯救出来的，是全欧洲的革

---

① 《列宁全集》第 29 卷，人民出版社 1985 年版，第 483 页。

命。"① 1919 年 4 月，列宁又指出："要在世界范围内取得彻底的最终的胜利，单靠俄国一国是不行的，这至少需要一切先进国家或者哪怕几个先进大国的无产阶级取得胜利。"② 1921 年 7 月，列宁还指出："我们懂得，没有国际上世界革命的支持，无产阶级革命是不可能取得胜利的。"③

总之，列宁认为，无产阶级社会革命的胜利，只能是世界性的胜利。换句话说，如果从社会主义最终胜利的意义上讲，那么，列宁自始至终也未提出"一国首先胜利论"。列宁的真实思想是：一国可以取得夺取政权意义上的社会主义革命的胜利，一国可以开始社会主义的经济变革，但不能完全建成社会主义社会，不能取得社会主义的最终胜利；要取得社会主义的最终胜利，只有在全世界范围内，只有靠各国工人的共同努力。1918 年 5 月 14 日，列宁在《关于对外政策的报告》中指出："我知道，当然有一些自以为很明智、甚至自称为社会主义者的聪明人，他们硬说在一切国家爆发革命以前不应夺取政权。他们没有料到他们这样说就是脱离革命而转到资产阶级方面去了。要等待劳动者阶级完成国际范围的革命，那就是要大家在等待中停滞不前。这是荒谬的。革命的困难是大家都知道的。革命在一个国家虽以辉煌的成就开始，但以后可能要经历痛苦的时期，因为只有在全世界范围内，只有靠各国工人的共同努力，才能够最终取得胜利。"④ 这段话，准确无误地表达了列宁关于社会主义胜利问题的完整思想。

《列宁主义研究》一书否认列宁的"一国首先胜利论"是政治革

① 《列宁全集》第 34 卷，人民出版社 1985 年版，第 8—9 页。
② 《列宁全集》第 36 卷，人民出版社 1985 年版，第 36 页。
③ 《列宁全集》第 42 卷，人民出版社 1987 年版，第 40 页。
④ 《列宁全集》第 34 卷，人民出版社 1985 年版，第 313 页。

命意义上的"一国首先胜利论",否认列宁于第一次世界大战期间提出了"一国首先胜利论",认为俄国国内战争结束后,列宁形成和提出了包括社会革命在内的社会主义革命"一国首先胜利论",因而违背了列宁的思想,也使自己的研究陷入了困境。

《研究》认为,列宁关于落后的俄国容易开始社会主义革命的观点,是"一国首先胜利论"的萌芽和内容之一;这一观点提出于十月革命刚刚胜利后不久。首先,《研究》将时间搞错了。列宁关于落后的俄国容易开始社会主义革命的观点,并不是在十月革命胜利以后才提出来的,而是在十月革命以前就已经提出来了。《研究》为了判定十月革命以前列宁一直坚持马克思、恩格斯的"同时胜利论",所以只好将列宁这一观点的提出推到十月革命胜利以后,但这违背了历史事实。1917年5月7日,列宁在《四月代表会议开幕词》中指出:在19世纪,马克思和恩格斯观察了各国的无产阶级运动,研究了社会革命的可能的前途,将自己的思想简要地表述如下:法国工人开始,德国工人完成。但是"现在,开始革命的巨大光荣落到了俄国无产阶级的头上"。① 同一天,列宁又在《关于目前形势的报告的总结发言》中指出:"李可夫同志说,社会主义应当从其他工业比较发达的国家产生。这是不对的。不能说谁来开始和谁来结束。这不是马克思主义,而是对马克思主义的拙劣的模仿""马克思说过,法国开始,德国人完成。可是现在俄国无产阶级的成就比谁都大。"② 列宁在十月革命以前明确阐述这一观点的诸多事实,使列宁在十月革命胜利以后才提出落后的俄国容易开始社会主义革命的说法显然站不住脚。其次,将社会主义革命"容易开始",当成社会革命"首先胜利",不符合

---

① 《列宁全集》第29卷,人民出版社1985年版,第339页。
② 同上书,第361页。

列宁的思想。《研究》引用了列宁的两段话，来说明列宁关于落后的俄国比西方国家容易发生革命的观点，但两段话引用得都不完整，被其删去的后半段话，恰恰表达了列宁关于俄国的社会革命不能"首先胜利"的思想。《研究》引用的第一段话是，1918 年 1 月，列宁在《人民委员会工作报告》中说的："现在的形势与马克思和恩格斯所预料的不同了，它把国际社会主义革命先锋队的光荣使命交给了我们——俄国的被剥削劳动阶级。"被其删去的，紧接着这句话的后半段，列宁说的是什么呢？"我们现在清楚地看到革命的发展会多么远大；俄国人开始了，德国人、法国人、英国人将去完成，社会主义定将胜利。"① 列宁在这里说，俄国人开始的社会主义革命，将由德国人、法国人、英国人去完成。他否定俄国的社会革命会"首先胜利"。《研究》引用的第二段话是，1919 年 4 月，列宁在《第三国际及其在历史上的地位》中说的："我屡次说过：与各先进国家相比，俄国人开始伟大的无产阶级革命是比较容易的。"被其删去的，紧接着这句话的后半段，列宁说的是什么呢？"但是把它继续到获得最终胜利，即完全组织起社会主义社会，就比较困难了。"② 在这里，列宁再一次否定了俄国会获得社会革命的"首先胜利"。1920 年 5 月，列宁又在《共产主义运动中的"左派"幼稚病》中指出："俄国在 1917 年那种历史上非常独特的具体形势下，开始社会主义革命是容易的，而要把革命继续下去，把革命进行到底，却要比欧洲各国困难。我还在 1918 年年初就指出了这个情况，此后两年来的经验也完全证实了这种看法是正确的。"③ 可见，《研究》曲解了列宁的本意。列宁关于落后的俄

① 《列宁全集》第 33 卷，人民出版社 1985 年版，第 279 页。
② 《列宁全集》第 36 卷，人民出版社 1985 年版，第 293—294 页。
③ 《列宁全集》第 39 卷，人民出版社 1986 年版，第 43— 44 页。

国容易开始社会主义革命的观点，并不包含俄国会获得社会革命“一国首先胜利”的意义。所以，《研究》关于这一观点是列宁“一国首先胜利论”的萌芽和内容之一的说法，没有历史根据。

《研究》认为，列宁“一国首先胜利论”的内容之二，是列宁在俄国国内战争结束之时即 1920 年 11 月提出的苏维埃俄国能够单独一国巩固政权的观点。首先，《研究》将时间搞错了。列宁关于苏维埃俄国能够单独一国巩固政权的观点，并不是在 1920 年年底国内战争结束之时才提出来的，而是在十月革命以前就已经提出来了。《研究》为了判定十月革命胜利以后列宁仍然坚持马克思、恩格斯的“同时胜利论”，所以只好将列宁这一观点的提出推到国内战争结束之时，但这又违背了历史事实。1917 年 9 月，列宁在《俄国革命和国内战争》一文中指出：“资产者叫喊道，即使无产阶级夺取了政权，俄国公社的失败，即无产阶级的失败也是必然的。这是骗人的出于阶级私利的叫嚣。俄国无产阶级一旦夺得政权，就完全有可能保持政权，并且使俄国一直坚持到西欧革命的胜利。”[1] 与此同时，列宁又在《布尔什维克能保持国家政权吗？》一文中指出：“如果布尔什维克不让别人吓倒而能夺得政权，那么，地球上就没有一种力量能阻挡他们把政权一直保持到全世界社会主义革命的胜利”[2] “担心布尔什维克的政权，即保证能得到贫苦农民全力支持的无产阶级政权会被资本家先生们‘消灭’！这是多么近视！这是多么可耻的害怕人民的心理！这是多么虚伪！”[3] 十月革命胜利后至国内战争结束前，列宁也反复强调这一观点。1918 年 2 月，列宁在《谈谈不幸的和约问题的历史》一文中指

---

① 《列宁全集》第 32 卷，人民出版社 1985 年版，第 179 页。
② 同上书，第 324 页。
③ 同上书，第 321—322 页。

出："目前俄国革命的形势是这样的：几乎全体工人和绝大多数农民无疑都拥护苏维埃政权和它开始进行的社会主义革命。所以俄国社会主义革命的成功是有保证的。"在国内战争中，"苏维埃政权的胜利是有把握的"。① 同年 8 月 2 日，列宁又在《在霍登卡红军战士大会上的讲话》中指出："敌人包围着我们，他们为了推翻苏维埃政权而结成神圣同盟，但他们是得不到政权的。"② 1919 年 8 月 28 日，列宁还在《给西尔维娅·潘克赫斯特的信》中指出："俄国苏维埃政权的将近两年的经验不仅证明，甚至在一个农民国家里，无产阶级专政也能存在，也能靠建立一支强大的军队（这是有组织有秩序的最好证明）而在难以想象的空前困难条件下坚持下来。"③ 可见，《研究》把关于苏维埃俄国能够单独一国巩固政权的观点，说成列宁在 1920 年年底国内战争结束之时才提出来的，并把它作为列宁"一国首先胜利论"形成的标志，没有历史根据。其次，我们应该看到，即使在国内战争结束以后，列宁在谈到俄国一国能够保持政权的问题时，也没有从中引申出社会革命会在俄国"一国首先胜利"的结论。他谈论保持政权，并不是从归根结底的意义上来谈论社会主义胜利这一问题的。1920 年 12 月 6 日，即在《研究》认为列宁提出苏维埃俄国能够单独一国巩固政权的观点之后，列宁还在《关于租让的报告》中说："我们现在已由战争转向和平，但是我们并没有忘记，战争还会死灰复燃。只要存在着资本主义和社会主义，它们就不能和平相处，最后不是这个胜利，就是那个胜利；不是为苏维埃共和国唱挽歌，就是为世界资本主义唱挽歌。这是战争的延期。资本家是会找借口来打仗

① 《列宁全集》第 33 卷，人民出版社 1985 年版，第 247—248 页。
② 《列宁全集》第 35 卷，人民出版社 1985 年版，第 26 页。
③ 《列宁全集》第 37 卷，人民出版社 1986 年版，第 158 页。

的。"① 可见，列宁提出俄国一国能够保持政权的观点，并不意味他形成了俄国能够获得社会革命胜利意义上的"一国首先胜利论"。

《研究》认为，列宁"一国首先胜利论"的内容之三，是1921年5月列宁"首次"提出的苏维埃俄国应趁国际关系上的"均势"展开经济建设的观点；在此之前，"列宁和党的其他领导人对于俄国单独一国进行经济建设的可能性是持否定态度的"。《研究》的这种说法是站不住脚的。事实上，列宁的一贯思想是，无产阶级夺取政权之后，随着剥夺和镇压剥削者的任务大体上和基本上解决，党的工作重心必须转上经济建设的轨道，经济任务、经济战线就成为最主要的任务和基本的战线。1918年3月初，《布列斯特－里托夫斯克和约》签订后，苏维埃政府赢得了喘息时机来巩固无产阶级政权，调整国民经济。随后，列宁在《苏维埃政权的当前任务》一文中，向全党和全国人民提出了医治战争创伤，恢复和发展国民经济的任务。他说："在任何社会主义革命中，因而也在我们于1917年10月25日所开始的俄国社会主义革命中，无产阶级和它所领导的贫苦农民的主要任务，却是进行积极的或者说创造性的工作，就是要把对千百万人生存所必需的产品进行有计划的生产和分配这一极其复杂和精密的新的组织系统建立起来。"② 在列宁领导下，苏维埃俄国积极开展了社会主义建设事业。1920年4月，高尔察克、邓尼金和尤登尼奇匪帮刚刚被击溃，波兰地主军队和弗兰格尔白卫分子的进攻尚未开始，苏维埃俄国又获得了短暂的喘息时机。列宁《在全俄工会第三次代表大会上的讲话》中说："当前时期的基本特点，就是从迄今苏维埃政权全力以赴的军事任务向和平的经济建设任务转变。首先应当指出，苏维埃政权和苏维

---

① 《列宁全集》第40卷，人民出版社1986年版，第78页。
② 《列宁全集》第34卷，人民出版社1985年版，第154页。

埃共和国并不是第一次经历这种时期。我们已是第二次回过来解决这个问题了——在无产阶级专政时期，历史第二次把和平建设任务提到了首要地位。"① 可见，国内战争结束以后，列宁提出把和平建设任务放到首位，就更不是"首次"了。《研究》认为，1921 年 5 月以前，列宁是否定俄国一国进行经济建设的可能性的。然而，1922 年 3 月，列宁在俄共（布）十一大的政治报告中回顾苏维埃政权的斗争时却说：十月革命胜利后，"我们不顾一切旧事物，完全按照新的方式开始建设新经济。如果我们不开始建设新经济，那我们在头几个月或头几年就被打垮了。"② 由此看来，《研究》的说法违背了列宁的思想。另外，"一国可以进行社会主义建设"与"一国能够建成社会主义社会"不是一个意思。列宁即使在国内战争结束以后，也没有断言"一国能够建成社会主义社会"，这是《研究》也公开赞同的观点。因此，《研究》把列宁提出的苏维埃俄国应趁国际关系上的"均势"展开经济建设的观点，作为列宁社会革命意义上的"一国首先胜利论"的一项内容，是没有道理的。

《研究》认为，列宁"一国首先胜利论"的内容之四，是 1921 年 12 月列宁"首次"提出的苏维埃俄国能够同资本主义国家建立经济联系的观点。《研究》引用列宁的一段话作为证据："只要能获得强大的先进资本主义的帮助，我们便不惜从我们的无限财富当中，从我们丰富的资源当中，拿出几亿以至几十亿的资财。花掉的这一切我们以后收回时是可以获得很大的利润的。在一个经济遭到空前破坏的国家里，如果没有资本的帮助，要保持无产阶级政权是不可能的。"③ 遗憾

---

① 《列宁全集》第 38 卷，人民出版社 1986 年版，第 328 页。
② 《列宁全集》第 43 卷，人民出版社 1987 年版，第 75 页。
③ 《列宁全集》第 41 卷，人民出版社 1986 年版，第 60—61 页。

的是，列宁的这段话却使《研究》陷入十分难堪的境地。因为它断言，列宁关于苏维埃俄国能够同资本主义国家建立经济联系的观点，是1921年12月"首次"提出来的，然而它引以为证的这段话，却是列宁在1921年3月15日所作的《关于以实物税代替余粮收集制的报告》中说的。而事实上，十月革命胜利以后，列宁就曾多次提出过这一观点。1919年9月23日，列宁在《致美国工人》的信中说："常常有人问我：有些美国人（不仅是工人，而且主要是资产者）不赞成同俄国打仗。他们希望在缔结和约后不仅同我们恢复贸易关系，而且能够从俄国获得一定的承租权，他们这样想对不对呢？我再说一遍，他们这样想是对的。持久和平会大大改善俄国劳动群众的处境。毫无疑问，俄国劳动群众是会同意给予一定的承租权的。在社会主义国家和资本主义国家共存的时期，我们也愿意在合理的条件下给予承租权，作为俄国从技术比较先进的国家取得技术帮助的一种手段。"[1] 1920年2月，列宁在同美国世界新闻社驻柏林记者卡尔·维干德和美国《世界报》记者林肯·埃尔的谈话中，一再表示苏维埃政权愿意同各国人民和平共处，主张一无例外地同所有的国家都建立经济联盟，愿意同一切国家进行贸易，同一切国家有生意往来，愿意向外国资本提供最慷慨的租让和保障。[2] 1921年4月11日，列宁又在《关于租让问题的报告》中指出："社会主义共和国不同世界发生联系是不能生存下去的，在目前情况下应当把自己的生存同资本主义的关系联系起来。"[3] 可见，在1921年12月以前，列宁曾反复强调过苏维埃俄国必须而且能够同资本主义国家建立经济联系的观点。但是，列宁向来

---

① 《列宁全集》第37卷，人民出版社1986年版，第188页。
② 参见《列宁全集》第38卷，人民出版社1986年版，第158—160、165页。
③ 《列宁全集》第41卷，人民出版社1986年版，第167页。

没有以此作为俄国一国能够彻底完成社会主义革命的依据。1920年11月21日,列宁在《我国国内外形势和党的任务》一文中指出:"有一个极大的因素,使我们能够在这种复杂而又十分特殊的情况下存在下去,这一因素就是一个社会主义国家开始同各资本主义国家建立贸易关系""那些曾经因为我们采取的恐怖手段或者因为我们的整个制度而对我们发动战争的列强,明知同我们建立贸易关系会增强我们的力量,现在却不得不违心地走上这条道路,这正是俄罗斯苏维埃共和国在物质上和精神上战胜了全世界资本家的最好不过的证明。如果我们曾经保证或幻想用俄国一国的力量来改造全世界,那倒可以拿这一点来证明共产主义的破产。然而,我们从来没有这种狂想,我们总是说,我们的革命只有在得到全世界工人支持的时候才能取得胜利。"① 由此可见,列宁与《研究》的作者不同,他明确表示,能够同资本主义国家建立经济联系,并不说明俄国能够获得社会革命的"一国首先胜利"。

《研究》认为,列宁"一国首先胜利论"的内容之五,是1922年3月俄共(布)十一大期间列宁形成的苏维埃俄国在国内具备了建设社会主义的经济条件的观点。《研究》所说的"建设社会主义的经济条件",是一个含混不清的概念。前文已经说过,十月革命胜利以后,列宁就提出了在俄国建设社会主义的任务。如果说列宁是在俄国具备了"经济条件"的情况下提出这一建设任务的,那岂不是说列宁在十月革命胜利以后就形成了《研究》所谓的"一国首先胜利论"?如果说列宁是在俄国不具备"经济条件"的情况下提出这一建设任务的,那岂不是说列宁在毫无根据地讲呓语和瞎指挥?正像列宁所说的,建

---

① 《列宁全集》第40卷,人民出版社1986年版,第25—26页。

设社会主义需要有一定的文化水平，而这个一定的"文化水平"谁也说不清一样，建设社会主义需要有一定的经济条件，而这个一定的"经济条件"谁又能说得清？更为重要的是，《研究》的这一说法是自相矛盾的。它在论述所谓"列宁的政治过程转变论与经济过程转变论"时指出，1918年1月全俄工兵农代表苏维埃第三次代表大会期间，列宁提出了社会主义革命经济过程转变论，即明确提出了在俄国消灭资本主义和建设社会主义的任务。它引用了列宁的几段话："消灭人对人的任何剥削，完全消除社会的阶级划分，无情地镇压剥削者的反抗，建立社会主义的社会组织""俄国由于自己的经济政治状况的特点，现在第一个做到了国家管理权转归劳动人民自己。现在我们将在已经清除了历史垃圾的道路上建设光辉灿烂的社会主义社会大厦。"然后，它概括说，列宁分析了俄国当时建设社会主义的条件，提出了在俄国消灭资本主义私有制和建设社会主义公有制的任务，因为消灭资本主义剥削与压迫以及建设社会主义社会大厦实质上就是要完成这一任务。这一任务的提出，意味着列宁关于俄国社会主义战略思想发生了重大转变，即他已经肯定地认识到了在经济领域里实施社会主义措施的必要性。这说明，列宁这时形成和提出了经济过程转变论。最后，《研究》又引用了列宁的一段话："必须完全公正地肯定这次代表大会在国际革命史上、在人类历史上所起的巨大作用。我们有无可辩驳的理由说，苏维埃第三次代表大会开辟了世界历史的新时代……这次大会巩固了十月革命建立起来的新的国家政权组织，为全世界、为各国劳动人民画出了未来的社会主义建设的路标。"它说，用这一论断来评价列宁的思想转变，即他形成和提出了经济过程转变论的历史意义，也是十分恰当的。在这里，《研究》明确肯定，1918年1月全俄苏维埃第三次代表大会期间，列宁根据俄国当时建设社会主义的条件，提出了在经济领域里实施社会主义措施的必要性；而这一观点的提出，标志着列宁关于俄国社会主义战略思想的重大转变，即由俄国不具备建设社会主义经济条件的思想，转变为俄国具备了建设社会主义经济条件的思想。《研究》的这一观点，使它自己关于1922年3月俄共（布）十一大期间列宁才形成苏维埃俄国在国内具备了建设社会主义经济条件的观点的说法不攻自破。即使依照《研究》的说法，也不能证明列宁在俄共（布）十一大期间形成了社会革命的"一国首先胜利论"。大家知道，1923年1月，列宁在《论合作社》一文中，明确指出俄国国内具备了建成社会主义社会必需而且足够的一切条件，并且说单是合作社的发展就等于社会主义的发展，但同时强调，这是把国际关系撇开不谈，只就国内经济关系来说的，而苏维埃俄国又不能摆脱国际关系，必须在国际范围内的阵地进行斗争。可见，列宁始终没有产生过无须国际无产阶级革命的支持，苏维埃俄国就能建成社会主义社会的思想。因此，把列宁形成了苏维埃俄国在国内具备了建设社会主义经济条件的观点，作为列宁社会革命意义上的"一国首先胜利论"形成的标志，是没有道理的。

三 列宁关于比较落后国家首先开始革命的思想

前文已经说过，列宁在政治革命意义上提出了"一国首先胜利论"，而从社会革命意义上讲，他仍然认为社会主义革命必须是"各国同时胜利"。那么，列宁是如何看待世界社会主义革命的进程的？他认为社会主义革命将在哪种类型的国家首先开始呢？

早期的马克思、恩格斯曾经强调高度发展的生产力是社会主义革命的"物质条件"，认为不具备这种物质条件，社会主义革命是不会成功的。因此，他们设想革命将在当时最先进的资本主义国家英国发生。1847年，马克思指出："当使资产阶级生产方式必然消灭、从而也使资产阶级的政治统治必然颠覆的物质条件尚未在历史进程中、尚未在历史的'运动'中形成以前，即使无产阶级推翻了资产阶级的政治统治，它的胜利也只能是暂时的，只能是资产阶级革命本身的辅助因素，如1794年时就是这样。"① 毋庸置疑，马克思的这一思想，起初是被列宁接受过来了。1911年，列宁在《纪念公社》一文中指出："胜利的社会革命至少要具备两个条件：生产力高度发展和无产阶级的充分准备。但是在1871年，这两个条件都不具备。法国的资本主义还不够发达，法国当时主要是一个小资产阶级（手工业者、农民、小店主等）的国家。"② 从这种认识出发，列宁在一个时期内也认为社会主义革命将在西方先进的资本主义国家首先发生。但是后来，列宁的思想开始发生变化，一是在革命的客观条件上，他更注重的是"政治危机"而不是"经济因素"；二是在革命的主观条件上，他更注重的是无产阶级的"革命行动"而不是它的"数量"。1915年6月，列宁在《第二国际的破产》一文中指出："在马克思主义者看来，毫无疑问，没有革命形势，就不可能发生革命，而且并不是任何革命形势都会引起革命。一般说来，革命形势的特征是什么呢？如果我们举出下面三个主要特征，大概是不会错的：（1）统治阶级已经不可能照旧不变地维持自己的统治；'上层'的这种或那种危机，统治阶级在政治上的危机，给被压迫阶级的不满和愤慨的迸发造成突破口。要使革命到来，单是'下层不愿'照旧生活下去通常是不够的，还需要'上层不能'照旧生活下去。（2）被压迫阶级的贫困和苦难超乎寻常

---

① 《马克思恩格斯选集》第1卷，人民出版社1972年版，第171页。
② 《列宁全集》第20卷，人民出版社1989年版，第222页。

地加剧。（3）由于上述原因，群众积极性大大提高，这些群众在'和平'时期忍气吞声地受人掠夺，而在风暴时期，无论整个危机的环境，还是'上层'本身，都促使他们投身于独立的历史性行动。"但是，"不是任何革命形势都会产生革命，只有在上述客观变化再加上主观变化的形势下才会产生革命，即必须再加上革命阶级能够发动足以摧毁（或打垮）旧政府的强大的革命群众行动，因为这种旧政府，如果不去'推'它，即使在危机时代也绝不会'倒'的"①。在这里，列宁在谈到革命的客观条件时只强调了"政治危机"，虽然"政治危机"与"经济危机"有一定的联系，但是"政治危机"毕竟不是"经济危机"；他认为，"上层"出现"政治危机"，革命就有可能发生。列宁在谈到革命的主观条件时只强调了革命阶级的强大的"革命群众行动"，虽然革命阶级的"行动"与无产阶级的"数量"有一定的联系，但是革命"行动"的强弱与无产阶级"数量"的大小并不成正比；他认为，革命阶级能够发动足以打倒旧政府的"革命群众行动"，革命就可以取得胜利。列宁从第一次世界大战爆发后开始发生的这一思想转变，到俄国二月革命胜利后趋于完成。这一转变具有十分重要的意义。它改变了以往列宁关于世界社会主义革命进程的观点，产生了比较落后国家首先开始社会主义革命的思想。

二月革命胜利以后，在布尔什维克的四月代表会议上，李可夫说，社会主义应当从其他工业比较发达的国家产生。列宁反驳说：这是不对的。人们常常根据这个前提做出以下的结论：俄国是一个落后的、农民的、小资产阶级的国家，因此根本谈不上社会革命。但是他们忘记了，战争使俄国处于特殊的境地。② 列宁认为，正是由于俄国

---

① 《列宁全集》第 26 卷，人民出版社 1990 年版，第 230 页。
② 参见《列宁全集》第 29 卷，人民出版社 1985 年版，第 361、436 页。

是一个最落后的帝国主义国家，所以战争带给它的困难就特别大，统治阶级的政治危机就特别严重，革命阶级反抗旧政府的革命群众运动就特别强烈，使得俄国首先开始了革命。

十月革命胜利以后，列宁又反复论证了落后的俄国首先开始社会主义革命的原因和首先取得政治革命胜利的条件。这主要是：第一，俄国是一个军事封建帝国主义国家，沙皇君主制的专制统治使它在经济上和政治上都非常落后，社会各种矛盾异常尖锐，群众的革命攻击力量异常强大，这就为俄国无产阶级首先进行革命的发动创造了客观条件。第二，俄国的落后使得无产阶级反对资产阶级的社会主义革命与农民反对地主的民主革命独特地结合起来，使苏维埃革命同结束使工农痛苦万分的帝国主义战争联结起来。布尔什维克从 1905 年革命起，就坚持无产阶级和农民的革命民主专政思想。无产阶级同农民的这种特殊关系有利于从资产阶级民主革命过渡到社会主义革命，有利于城市无产者去影响农村半无产的贫苦劳动阶层。无产阶级掌握了革命的领导权，夺取政权后立即实现了农民的革命要求。无产阶级和农民的这种紧密联盟是社会主义革命胜利的重要保证。第三，俄国资产阶级特别落后和软弱，既缺乏统治经验，又没有力量。与此相反，俄国无产阶级经过长期罢工斗争以及 1905 年和 1917 年两次民主革命的锻炼，受到了非常多的政治教育；同时布尔什维克既吸取了欧洲社会主义运动的经验，又总结了西欧各国社会民主党的教训，成为理论上先进和政治上成熟的马克思主义政党。这样，在阶级力量的对比上，无产阶级对资产阶级占据了优势，使俄国无产阶级能够战胜本国资产阶级，取得社会主义革命的胜利。第四，俄国的地理条件使它比其他国家更能长久地对抗资本主义先进国家的军事优势；俄国幅员广大和交通不便使无产阶级有可能坚持比较长期的国内战争。第五，十月革命是在帝国主义战争的特殊的历史条件下发生的，这使得俄国无产阶级有可能在一定时期内利用全世界两个最强大的帝国主义强盗集团之间的生死斗争；当时这两个集团不能联合起来反对它们的苏维埃这个敌人，使新生的无产阶级政权得以生存下来。根据以上分析，列宁得出结论："在这样一个国家里，开始革命是很容易的，是轻而易举的事情。"①

与此相反，列宁认为，"世界社会主义革命在各先进国家不可能像革命在俄国这个尼古拉和拉斯普廷统治的国家那么容易开始"②。这是因为：第一，巴黎公社失败以后，世界资本主义进入相对的和平发展时期，资本主义经济的迅速发展，增强了资产阶级的力量，巩固了资产阶级的政治统治；同时，在资本主义和平发展时期诞生和成长起来的各先进国家的工人政党，逐渐由主张社会革命的无产阶级政党蜕变为主张社会改良的机会主义政党，丧失了对资产阶级的攻击力量，特别是在第一次世界大战爆发后，各先进国家的工人政党先后投入资产阶级的怀抱，同本国资产阶级同流合污，成为无产阶级的叛徒，彻底丧失了革命性。第二，西方先进国家是些"易于进行掠夺和有力量收买本国工人上层分子的剥削国家"，它们都拥有大量的殖民地，各国的垄断资本家都可以从大量的超额利润中拿出一小部分来在国内培养一个影响极坏的工人贵族阶层；这个工人贵族阶层是修正主义的阶级基础，是腐蚀各先进资本主义国家革命运动的毒瘤。第三，第一次世界大战之后，西欧一些先进的资本主义国家利用它们在世界大战中获得的胜利，向本国被压迫阶级作一些不大的让步；这些在经济上和政治上的让步，造成某种类似"社会和平"的局面，延迟了这些国家

---

① 《列宁全集》第34卷，人民出版社1985年版，第13页。
② 同上书，第12页。

无产阶级革命的发生。

列宁通过对俄国和西方先进国家社会主义革命条件的比较分析，认为俄国具备了首先开始社会主义革命的国内的和国际的各方面条件。在这种情况下，俄国无产阶级应该积极利用革命形势，在可能取得政权的时候努力争取夺得政权，然后再通过一定的过渡阶段和过渡措施逐渐走向社会主义。1917 年 9 月，列宁在《布尔什维克能保持国家政权吗?》一文中指出：“任何政党，特别是先进阶级的政党，如果在可能取得政权的时候拒绝夺取政权，那它就没有权利存在下去，就不配称为政党，就任何意义上来说都是渺小的无用之辈。”①

但是，列宁所说的俄国开始社会主义革命比较容易，只是说俄国夺取无产阶级政治革命的胜利比较容易，并不是说俄国一国可以夺取无产阶级社会革命的胜利。他反复强调，俄国开始社会主义革命比较容易，但是要将革命继续下去，进行到底，实现社会主义，却比西欧任何先进国家都困难。这就是说，从列宁关于俄国开始革命比较容易的观点中，得不出列宁具有俄国可以夺取社会革命“一国首先胜利”思想的结论。1921 年 7 月 5 日，列宁在《关于俄共策略的报告》中指出：“当初国际革命是由我们来开头的，我们这样做，并不是由于我们相信我们能够使国际革命的发展提前，而是因为有许多客观情况促使我们这样做。我们曾这样想：或者是国际革命将会援助我们，那我们的胜利就有充分的保证；或者是我们将做我们自己的一份小小的革命工作，即使遭到失败，我们为革命事业仍然尽了力量，我们的经验可供其他国家的革命借鉴。我们懂得，没有国际上世界革命的支持，无产阶级革命是不可能取得胜利的。还在革命以前，以及在革命

---

① 《列宁全集》第 32 卷，人民出版社 1985 年版，第 283 页。

以后，我们都是这样想的：要么是资本主义比较发达的其他国家立刻爆发或至少很快爆发革命，要么是我们灭亡。尽管有这种想法，我们还是尽力而为，做到不管出现什么情况无论如何都要保住苏维埃制度，因为我们知道，我们的工作不仅是为了自己，而且是为了国际革命。这一点我们是知道的，我们在十月革命以前、在十月革命刚胜利的时候以及在签订《布列斯特－里托夫斯克和约》时期，都一再表示了这种信念。这样想总的说来是正确的。"①

总之，俄国二月革命胜利以后，列宁形成了如下的思想：在比较落后的资本主义国家，无产阶级和资产阶级之间的阶级斗争比在先进资本主义国家更加尖锐，更加容易造成革命形势；在具备了革命形势的情况下，如果比较落后国家的无产阶级准备成熟，革命阶级能够发动足以打倒资产阶级政府的强大的革命群众行动，那么，夺取政权的社会主义革命就能够比较容易地取得胜利。但是，要在落后国家将革命继续下去，进行到底，却比在任何先进国家都困难；社会主义变革的全面完成，社会主义的最终胜利，还有待于其他国家至少几个主要资本主义国家社会主义革命的胜利。

---

① 《列宁全集》第42卷，人民出版社1987年版，第39—40页。

第三章

关于列宁的"一国建成思想"

一　列宁从"一国胜利"到"一国建成"的思想发展

十月革命的胜利，为俄国走向社会主义开辟了道路。列宁在十月革命胜利后立即指出："这次革命是社会主义革命。消灭土地私有制、实行工人监督和银行国有化，这一切都是导向社会主义的措施。"① 而走向社会主义的政治前提，就是无产阶级的革命政权。

十月革命推翻了资产阶级的统治，建立了世界上第一个社会主义国家。俄国无产阶级成了统治阶级，布尔什维克党成了执政党，在极端困难和复杂的条件下，着手建设苏维埃国家。但是，当时第一次世界大战还在继续进行，苏维埃俄国受到帝国主义国家的敌视和包围，同德国仍处于交战状态，这对苏维埃政权是极大的威胁；国内被打倒的地主和资产阶级不甘心自己的失败，向工农政权进行疯狂的反扑，在各地发动反革命势力进行武装叛乱，企图推翻新生的无产阶级政

---

① 《列宁全集》第 33 卷，人民出版社 1985 年版，第 95 页。

权。因此，巩固苏维埃政权，保持社会主义的前提，就成为十月革命胜利后布尔什维克党的头等重要的任务，也是列宁最为关心的头等重大的问题。

列宁认为，在俄国爆发的社会主义革命，仅仅是世界社会主义革命的开始。他最初指望，俄国的社会主义革命发生后，将在一个不太长的时期内，西方先进国家的社会主义革命相继发生，至少是几个主要国家的革命胜利后，俄国才能"认真地"进行社会主义建设；如果没有西方先进国家社会主义革命的支持，那么，俄国的无产阶级政权就难以长期生存下去，社会主义建设事业的胜利就更是无从设想。列宁当初的估计是，落后俄国的无产阶级政权，很难抵挡住西方先进资本主义国家的联合进攻；在强敌的围攻之下，苏维埃政权将难以避免失败。1918 年 3 月 7 日，列宁在《中央委员会政治报告》中指出："你们曾经希望德国革命照顾你们，而历史给你们上了一课。这是一个教训。因为，没有德国的革命，我们就会灭亡——灭亡的地方也许不在彼得格勒，不在莫斯科，而在符拉迪沃斯托克，或更远的地方，我们也许不得不迁到那里去，到那里的距离可能比从彼得格勒到莫斯科的距离要远，但不管怎样，无论发生什么可能设想的情况，如果德国革命不爆发，我们就会灭亡，这是绝对的真理。然而，这丝毫动摇不了我们的信心：我们一定能够踏踏实实地渡过最困难的关头。"①
1919 年 3 月 18 日，列宁在《中央委员会的总结报告》中又指出："我们不仅生活在一个国家里，而且生活在许多国家组成的体系里，苏维埃共和国和帝国主义国家长期并存是不可思议的。最后不是这个胜利就是那个胜利。在这个结局到来之前，苏维埃共和国和资产阶级

---

① 《列宁全集》第 34 卷，人民出版社 1985 年版，第 12 页。

国家间的一系列最可怕的冲突是不可避免的。"①

　　但是，列宁的这些话只是说，从"根本的"意义上讲，"只要社会主义革命还没有在一切国家内取得胜利，苏维埃共和国就有沦为奴隶的可能"②，绝不能从中引申出列宁在十月革命胜利以后，认为苏俄不能保持无产阶级政权，不能进行社会主义建设的结论。1918 年 2 月，列宁指出："毫无疑问，欧洲的社会主义革命应该到来，而且一定会到来。我们对社会主义取得最终胜利的一切希望，都是以这种信心和科学预见为基础的。……但是，如果把俄国社会主义政府的策略建立在预测欧洲的尤其是德国的社会主义革命会不会在最近半年内（或大致这样短的时间内）爆发这种基础上，如果这样做，那就错了。因为这是根本无法预测的，所以一切类似的做法在客观上都是盲目的赌博。"现在我们策略的基础，应当是这样的原则，"即如何才能更加稳妥可靠地保证社会主义革命在一个国家能够巩固起来，或者至少可以支持到其他国家也起来响应"③。同年 8 月，列宁又指出："我们指望国际革命必然发生，但这绝不是说，我们像傻瓜一样指望它在某个短时期内必然发生""我们知道，在国际革命爆发之前，一些国家的革命遭到失败还是可能的""虽然如此，我们还是坚定地认为我们是不可战胜的。"④ 1919 年 10 月，列宁还指出："从无产阶级专政的基本经济问题来看，共产主义战胜资本主义在我国是有保证的。全世界资产阶级之所以疯狂地拼命地反对布尔什维主义，组织军事进攻，策划阴谋活动等来反对布尔什维克，正是因为他们十分清楚，若不用武力把我们压倒，我们就必然会在改造社会经济方面获得胜利。但资

　　① 《列宁全集》第 36 卷，人民出版社 1985 年版，第 126 页。
　　② 《列宁全集》第 34 卷，人民出版社 1985 年版，第 20 页。
　　③ 《列宁全集》第 33 卷，人民出版社 1985 年版，第 248—251 页。
　　④ 《列宁全集》第 35 卷，人民出版社 1985 年版，第 62 页。

产阶级要想这样把我们压倒是办不到的。"① 他认为，苏俄在军事上不会被压倒，在社会主义经济建设上也必然获得胜利。

可见，列宁曾多次说过的俄国社会主义革命的胜利有赖于欧洲革命胜利的话，只是从归根结底的意义上说，从社会主义最终胜利的意义上说，俄国革命必须同欧洲革命联系起来。但是，列宁并没有把全部希望寄托在欧洲革命的胜利上，更没有放弃巩固苏维埃政权的斗争和社会主义经济建设的事业，去消极地等待欧洲革命的到来。他认为，俄国能够依靠本国人民的力量巩固无产阶级政权并进行社会主义建设。事实正是如此，十月革命胜利后，苏维埃俄国就已经开始了改造旧经济、建设新经济的工作。这正像 1918 年 3 月列宁指出的，"我们建立了为贫苦农民所拥护的无产阶级专政，开始了一系列宏伟的社会主义改造"②；也正像 1918 年 12 月列宁指出的，"我们在消灭了君主制和中世纪的地主权力以后，现在正着手进行真正的社会主义建设事业"③。

列宁曾反复指出，随着剥夺和镇压剥削者的任务大体上和基本上解决，党的工作重心必须转上经济建设的轨道，积极开展社会主义建设，以巩固新生的无产阶级政权。《布列斯特－里托夫斯克和约》签订后，苏维埃政权获得了短暂的喘息时机，列宁首次提出把经济建设的任务提到首要地位。1918 年 3 月下旬，列宁在《〈苏维埃政权的当前任务〉一文初稿》中指出："从说服人民群众这一过去列为首位的任务和夺取政权并对反抗的剥削者进行武力镇压的任务，过渡到管理国家这一现在列为首位的任务，正是这种过渡构成我们所处的时期的

---

① 《列宁全集》第 37 卷，人民出版社 1986 年版，第 270 页。
② 《列宁全集》第 34 卷，人民出版社 1985 年版，第 74 页。
③ 《列宁全集》第 35 卷，人民出版社 1985 年版，第 352 页。

主要特点。"① 在《苏维埃政权的当前任务》一文中，列宁指出："一个社会主义政党能够做到大体上完成夺取政权和镇压剥削者的事业，能够做到直接着手管理任务，这在世界历史上是第一次。我们应该不愧为完成社会主义革命的这个最困难的（也是最能收效的）任务的人，应该考虑到，要有成效地进行管理，除了善于说服，除了善于在内战中取得胜利，还必须善于实际地进行组织工作。这是一项最困难的任务，因为这是要用新的方式去建立千百万人生活的最深刻的经济的基础。这也是一项最能收效的任务，因为只有解决（大体上和基本上解决）这项任务以后，才可以说，俄国不仅成了苏维埃共和国，而且成了社会主义共和国。"② 1920 年年初，高尔察克、邓尼金和尤登尼奇匪帮被击溃后，苏维埃政权又获得了短暂的喘息时机，列宁再次提出把经济建设的任务提到首要地位。2 月 2 日，列宁《在第七届全俄中央执行委员会第一次会议上的报告》中指出："我们刚刚大体上和基本上完成了作战任务，虽然还没有彻底完成""从战争转向和平建设的任务提出来了，但是我们要在非常特殊的情况下进行和平建设：我们不能解散军队，因为必须估计到波兰或哪一个强国可能进攻我们，估计到协约国还在继续怂恿它们打我们。我们不能削弱自己的军事力量，但是同时必须把全力从事战争的整个苏维埃政权机器转上和平经济建设的新轨道。"③ 国内战争尚未彻底结束，列宁就及时提出了由解决战争的任务过渡到和平经济建设的任务，并且强调必须把整个苏维埃政权机器转到和平经济建设的新轨道上来。

1920 年年底，国内战争结束，苏维埃俄国战胜了国内外敌人的联

---

① 《列宁全集》第 34 卷，人民出版社 1985 年版，第 122 页。
② 《列宁全集》第 34 卷，人民出版社 1985 年版，第 155 页。
③ 《列宁全集》第 38 卷，人民出版社 1986 年版，第 113—114 页。

合进攻，取得了反武装干涉斗争的伟大胜利，进入了和平发展的新时期。这时，列宁第三次提出把经济建设的任务提到首要地位。12 月22 日，列宁在《关于对外对内政策的报告》中指出："经济任务、经济战线现在又作为最主要的、基本的任务和战线提到我们面前来了。"① 苏维埃俄国虽然战胜了国际帝国主义的武装干涉，争得了和平，但仍处于整个资本主义世界的包围之中，随时都有遭受各种侵袭和进攻的危险。因此，列宁指出，为了对付帝国主义可能把战争灾难重新强加给俄国，苏维埃政权首先应该恢复经济，应该使它牢固地站稳脚跟。列宁认真总结了国内战争的经验，分析了国内战争结束后的国际形势，11 月 21 日，在《我国的国内外形势和党的任务》一文中指出："三年前当我们提出关于俄国无产阶级革命的任务及其胜利的条件的问题时，我们总是明确地说：没有西欧无产阶级革命的支持，这个胜利就不可能巩固；只有从国际的观点出发才能正确估价我们的革命。为了取得巩固的胜利，我们必须使无产阶级革命在一切国家或者至少在几个主要的资本主义国家取得胜利。经过三年残酷而激烈的战争，我们看到，我们的预言在哪些方面没有得到证实，在哪些方面已经得到证实。我们没有能迅速而轻易地解决这个问题，在这方面我们的预言没有得到证实。当然，我们谁也没有想到，俄国抗击世界资本主义强国这样一场力量悬殊的斗争竟能延续三年之久。结果，无论这一方还是那一方，无论俄罗斯苏维埃共和国还是整个资本主义世界都没有获得胜利，也没有遭到失败；其次，虽然我们的预言没有轻易地、迅速地、直接地实现，但是主要的一点我们办到了，就这方面说预言实现了，因为主要之点就在于：即使全世界的社会主义革命推迟

---

① 《列宁全集》第 40 卷，人民出版社 1986 年版，第 137 页。

爆发，无产阶级政权和苏维埃共和国也能够存在下去。所以在这方面应该说，共和国现在所处的国际形势，最好地最确切地证实了我们的一切估计和我们的整个政策都是正确的。"① 他认为，关于西方先进国家的无产阶级革命将迅速获得胜利的预言没有得到证实；而"即使全世界的社会主义革命推迟爆发，无产阶级政权和苏维埃共和国也能够存在下去"的预言却得到了证实。这就为"认真地"进行社会主义建设事业提供了可能。

十月革命胜利之初，列宁曾提出把无产阶级管理国家列为首要任务。所谓"管理"，主要的意义不是政治而是经济。他在《〈苏维埃政权的当前任务〉一文初稿》中指出："管理国家的任务现在首先是归结为纯粹经济的任务：医治战争给国家带来的创伤，恢复生产力，调整好对产品的生产和分配的计算和监督，提高劳动生产率——总之，归结为经济改造的任务。"② 列宁把在产品的生产和分配上建立最严格的全民计算和监督，看作向社会主义过渡的"有决定意义的事情"。他认为，只要在资本家已被剥夺的那些企业和其余一切企业中组织计算和监督，就能在全国范围内提高劳动生产率，使生产在事实上社会化，从而建立新的生产和分配的经济制度。

国内战争开始后，苏俄转向实施战时共产主义政策。它的主要措施是：在农业中，实行余粮收集制，实行国家对粮食贸易的垄断，禁止私人买卖；在工业中，国家把所有工业企业收归国有，由国家按严格的集中制管理一切工业生产，所需生产资料由国家供给，产品交由国家直接分配；禁止自由贸易，实行主要消费品的配给制度；实行强制性和普及性的义务劳动制，使劳动军事化等。战时共产主义政策，

---

① 《列宁全集》第 40 卷，人民出版社 1986 年版，第 22 页。
② 《列宁全集》第 34 卷，人民出版社 1985 年版，第 122—123 页。

是在战争时期经济困难的特定历史环境中提出来的，但同时反映了列宁通过直接过渡走向社会主义的思想。

国内战争结束后，一方面，由于国际形势中出现的某种"均势"，新生的苏维埃政权终于战胜了外国帝国主义的武装干涉和国内白卫分子的武装叛乱，给自己争得了独立生存的权利，不仅有了喘息的机会，而且有了比较长期地进行经济建设的机会；另一方面，由于战时共产主义政策的实践造成的1921年春的严重的经济危机和政治危机，使列宁认识到要维持和巩固苏维埃政权，就必须全力抓好经济建设，同时，在一个小农占优势的国家里，直接向社会主义过渡又是行不通的，这就促使以列宁为首的布尔什维克党，实行从战时共产主义政策向新经济政策的转变，采用新的迂回的方法向社会主义过渡。新经济政策用粮食税代替余粮收集制，农民纳税后剩余的粮食可以在市场上自由出卖；国家帮助私人小工业、小商业生产合作社的恢复和发展，充分发挥地方小工业的作用；允许一定范围内的贸易自由，并把一部分收归国有的企业交给资本家经营，准许私人资本家开设小企业。列宁指出："新经济政策的实质是无产阶级同农民的联盟，是先锋队无产阶级同广大农民群众的结合。"① 它的基本任务"就是使我们开始建设的新经济……同千百万农民赖以为生的农民经济结合起来"②。列宁认为，在落后国家建设社会主义的进程中应该利用国家资本主义，作为小生产和社会主义之间的中间环节，作为提高生产力的手段、途径、方法和方式。实行新经济政策就是为了探索"怎样在一个小农国家里进一步建设社会主义大厦"③，探索"建设社会主义经济、建立

---

① 《列宁全集》第42卷，人民出版社1987年版，第347页。
② 《列宁全集》第43卷，人民出版社1987年版，第75页。
③ 《列宁全集》第42卷，人民出版社1987年版，第175页。

社会主义经济基础的真正途径"①。

总之，十月革命胜利后，列宁曾经指望，西方先进国家将在一个不太长的时期内，相继发生社会主义革命；俄国将在西方先进国家革命的支持下，从事社会主义的建设事业。但是，列宁并没有把全部希望寄托在西方国家的革命上，并不是消极地等待西方革命的发生。他认为，俄国应该抓住一切可能利用的机会，积极进行社会主义经济建设，巩固新生的无产阶级政权，以迎接西方革命的到来。国内战争结束后，西方各国的革命又相继失败，列宁认真总结了俄国国内战争的经验，考察了世界无产阶级革命运动的状况，最终改变了在各国无产阶级夺取政权的条件下共同开展社会主义建设的观点，产生了俄国一国建成社会主义经济基础的思想。

列宁认为，社会主义是以无产阶级的政权这一能使被压迫群众完成各项事业的政治机构为前提的，否则社会主义便是不可想象的；这是政治方面的保证。同时，社会主义的真正的和唯一的物质基础，就是同时也能改造农业的大机器工业；这是经济方面的保证。国内战争结束后，俄国巩固了无产阶级的政权，为建成社会主义的经济基础提供了政治条件。在这种前提下，如果俄国建立起在现代技术基础上的大机器工业，为社会主义准备了物质条件，那么，俄国就能够建成社会主义的经济基础。

列宁根据当时的世界科学技术水平，指出建立大机器工业就意味着实现电气化。他提出了"共产主义就是苏维埃政权加全国电气化"②的著名论断，号召俄国人民为实现全国电气化而奋斗。他认为，实现了全国电气化，就能够建成社会主义的经济基础。在《论粮食

---

① 《列宁全集》第43卷，人民出版社1987年版，第73页。
② 《列宁全集》第40卷，人民出版社1986年版，第156页。

税》一文中，列宁指出：能不能由在俄国占优势的宗法制度和落后状态，直接过渡到社会主义去呢？"是的，在某种程度上是可能的，但必须有一个条件，现在我们有了一部业已完成的科学巨著，知道这个条件是什么。这个条件就是电气化。"如果我们能实现电气化；"那么从宗法制度到社会主义就不需要或者几乎不需要过渡阶段和中间环节了"。①

苏俄实行新经济政策的目的，就是利用国家资本主义作为提高生产力的手段和途径，为社会主义创造物质前提。列宁高度评价了新经济政策的意义，他指出："新经济政策在经济上和政治上都充分保证我们有可能建立社会主义经济的基础"②"新经济政策的俄国将变成社会主义的俄国。"③ 同时，列宁特别重视合作社的发展，他指出："在我国，既然国家政权操在工人阶级手中，既然全部生产资料又属于这个国家政权，我们要解决的任务的确就只剩下实现居民的合作化了""而在生产资料公有制的条件下，在无产阶级对资产阶级取得了阶级胜利的条件下，文明的合作社工作者的制度就是社会主义的制度。"④ 就完全合作化的条件，即文化革命问题，列宁指出，现在，只要实现了文化革命，我们的国家就能成为完全社会主义的国家了。

综上所述，国内战争结束后，列宁根据国际国内的新形势，分析了社会主义革命的可能的前途，发展了自己在第一次世界大战期间提出的"一国首先胜利论"，产生了"一国建成思想"，即在国际形势出现"均势"的情况下，俄国一国建成社会主义经济基础的思想。这样，列宁事实上把社会主义建设的胜利（建成社会主义的经济基础）

---

① 《列宁全集》第41卷，人民出版社1986年版，第216页。
② 《列宁全集》第43卷，人民出版社1987年版，第63页。
③ 同上书，第302页。
④ 同上书，第361—362页。

和社会主义的最终胜利（建成完全的社会主义社会）区分开来，从而向前推进和发展了自己的思想。

二 列宁"一国建成思想"的历史地位

列宁"一国建成思想"的产生，是列宁思想史上的一个重要里程碑，在马克思主义发展史上也占有十分重要的地位。

第一，列宁"一国建成思想"的产生，标志着列宁社会主义建设理论的新的突破。

前文说过，列宁在第一次世界大战期间提出"一国首先胜利论"时，曾设想首先取得社会主义革命胜利的，可能是西方比较发达的一个或几个资本主义国家；而落后的俄国面临的革命任务，不过是完成资产阶级民主革命。但是，二月革命胜利以后，俄国面临的革命任务，就变成实行社会主义革命了。此后，列宁在批判机会主义和从事革命斗争的实践中，提出了落后国家首先开始社会主义革命的新思想。当时，第二国际和俄国的机会主义者认为，俄国还没有成长到实现社会主义的地步，还没有实现社会主义的客观的经济前提，因此不应该实行社会主义革命。列宁反驳说，既然俄国在第一次帝国主义战争中造成了革命形势，那么，人民在毫无出路的处境下，就应该挺身起来斗争，为进一步发展文明争得并不寻常的条件；既然世界帝国主义战争使俄国的发展纳入一种可以实现工人革命同"农民战争"联合的环境中，那么，在毫无出路的处境中十倍地增强了力量的工农，就应该奋起夺取国家政权，用与西欧其他一切国家不同的方法来创造发展文明的根本条件。这就是俄国革命的特殊性。因为俄国是一个介于西方文明国家和东方落后国家之间的国家，所以俄国可能表现出而且势必表现出某些特殊性，这些特殊性固然并不越出世界发展的一般规律，但是使俄国革命显得有别于以前西欧各国的革命，而且在转向东方国家时这些特殊性又会带有某些局部的新东西。"世界历史发展的一般规律，不仅丝毫不排斥个别发展阶段在发展的形式或顺序上表现出特殊性，反而是以此为前提的。"① 针对苏汉诺夫等人把"俄国生产力还没有发展到足以实现社会主义的水平"的论点当作口头禅，反对俄国实行社会主义革命的错误，列宁指出："既然建设社会主义需要有一定的文化水平（虽然谁也说不出这个一定的'文化水平'究竟是什么样的，因为这在各个西欧国家都是不同的），我们为什么不能首先用革命手段取得达到这个一定水平的前提，然后在工农政权和苏维埃制度的基础上赶上别国人民呢？""你们说，为了建立社会主义就需要文明。好极了。那么，我们为什么不能首先在我国为这种文明创造前提，如驱逐地主，驱逐俄国资本家，然后开始走向社会主义呢？你们在哪些书本上读到过，通常的历史顺序是不容许或不可能有这类改变的呢？"②

列宁批判了那种认为俄国经济力量和政治制度不相适应，因而本来就不应当夺取政权的观点。他指出，经济力量和政治力量的完全"适应"是永远不会有的，无论在自然界发展中或在社会发展中，这样的适应都是不可能产生的，只有经过多次的尝试，才能克服某些片面的和不相适应的毛病，才能从世界各国无产者的革命合作中建立起完整的社会主义。他认为，既然特殊的历史环境创造了俄国无产阶级夺取政权的条件，那么，无产阶级就应该积极争取掌握政权，巩固政权，并积极从事社会主义经济建设，为社会主义奠定坚实的物质基础。正如前文所述，十月革命胜利后不久，在大体上和基本上镇压了

---

① 《列宁全集》第 43 卷，人民出版社 1987 年版，第 370 页。
② 《列宁全集》第 43 卷，人民出版社 1987 年版，第 371—372 页。

剥削者的反抗之后，列宁就及时提出了将党和苏维埃政权的工作重点转到经济建设上来。国内战争结束以后，苏维埃政权争得了一个比较长期的和平环境，列宁又进一步拟订了在俄国建设社会主义的计划和途径，领导全党和全国人民为社会主义事业而奋斗。正是在这个斗争实践中，列宁总结了经验教训，提出了落后国家建设社会主义的新理论。

首先，列宁提出了恢复和发展国民经济，实现国家工业化和电气化，为社会主义奠定物质技术基础的思想。他指出，社会主义的真正的和唯一的物质基础，就是同时能改造农业的大机器工业。没有大机器工业就不会有巩固的国防，就不能长期保持苏维埃政权的生存和独立；没有大机器工业就不能建立起巩固的工农联盟，就不能最终完成农业的社会主义改造；没有大机器工业就不会有更高的劳动生产率，也就不可能最终战胜资本主义，实现社会主义和共产主义。列宁在拟订社会主义经济建设计划时，不仅提出了国家工业化的任务，而且把它具体化为一个具有先进水平的俄罗斯国家电气化计划。列宁高度评价了电气化的全部意义，赞扬全国电气化计划是"第二个党纲"，是一个"把俄国转到共产主义所必需的真正经济基础上去的伟大的经济计划"①。列宁指出，俄国是一个小农占优势的国家，资本主义是靠小农经济来支持的，因而资本主义有比共产主义更牢固的经济基础。要战胜资本主义，摧毁资本主义的经济基础，就必须把包括农业在内的全部经济转到新的现代大生产的技术基础上，而只有电气化才能奠定这一基础。只有当国家实现了电气化，为工业、农业和运输业打下了现代大工业的技术基础的时候，无产阶级才能得到最后的胜利；否则就不能彻底战胜资本主义，最终实现共产主义。正是在这个意义上，

————————

① 《列宁全集》第40卷，人民出版社1986年版，第155页。

列宁提出了"共产主义就是苏维埃政权加全国电气化"的公式。这个公式表达了社会主义的政治前提和经济前提。无产阶级掌握国家政权，消灭剥削阶级和剥削制度，是向社会主义和共产主义过渡的政治保障；列宁根据当时科学技术发展水平所提出的"全国电气化"，即高度发达的社会生产力，是向社会主义和共产主义过渡的物质基础。正如列宁所说："共产主义是以苏维埃政权这一能使被压迫群众完成各项事业的政治机构为前提的，否则共产主义便是不可想象的"；"这是政治方面的保证，但是在经济方面，只有当建立在现代技术基础上的大工业机器的一切脉络真正布满无产阶级的俄国时，才算有了保证。而这就意味着电气化"①。"在苏维埃制度基础上实行电气化，会使共产主义的原则，没有剥削者、没有资本家、没有地主、没有商人的文明生活的原则在我国获得最终的胜利。"②

其次，列宁提出了通过合作社改造小农并引导他们走向社会主义的思想。社会主义的大工业，必然要求社会主义的大农业为基础。国内战争结束以后，列宁总结了1918年以来苏维埃俄国发展合作社运动的经验，提出了在一个小农占优势的国家里，如何通过合作社改造小农并将全体居民引导到社会主义道路的具有远见的战略计划。新经济政策给予小农周转自由，建立在小农经济基础上的商品经济得到了发展，调动了农民的生产积极性，为恢复国民经济和进行社会主义工业建设创造了物质条件。但是，随着小商品经济的发展，小资产阶级自发势力也发展起来。因此，在实行新经济政策以后，如何引导小农过渡到大规模的农业生产并走上社会主义道路，是摆在布尔什维克党和苏维埃政权面前的一项艰巨任务。列宁认为，在这种条件下，发展

---

① 《列宁全集》第40卷，人民出版社1986年版，第31页。
② 《列宁全集》第38卷，人民出版社1986年版，第161页。

各种形式的合作社，引导小商品经济向合作经济过渡，就具有特别重要的意义。他指出，小农具有两重性，个体农民既是劳动者，同时又是私有者。作为劳动者，要求摆脱剥削，倾向革命，接受工人阶级的领导；作为私有者，则要求把自己的产品自由出卖，希望发财致富。在个体经济基础上的资本主义自发倾向的发展，必然导致两极分化，少数人越来越富，成为农村资产者，多数人越来越穷，甚至有人破产。因此，小商品生产是资本主义的一个非常广阔和极其深厚的基础，如果不改变这种小农经济，就谈不上消灭资本主义，建立社会主义。但是，对广大小农来说，既不能驱逐，也不能镇压，无产阶级必须同他们和睦相处，改造他们，教育他们，通过合作经济把他们吸引到社会主义建设中来。列宁还具体制定了实现合作制原则的一系列政策和措施。他指出，在合作化中，应当贯彻自愿原则、典型示范原则，采用暴力就是葬送全部事业；应当既照顾到小农的个人利益，又采取灵活的形式，使小农感到简便易行和容易接受地过渡到社会主义；应当不仅从政治上支持合作社，而且从经济上大力支援合作社，拨出专款帮助它的发展；应当提高农民的文化水平，没有整个的文化革命，要实现合作化是不可能的。

再次，列宁提出了实现文化革命，为建设社会主义的物质文明和精神文明创造条件的思想。社会主义既需要高度发展的物质文明，又需要高度发展的精神文明。因此，列宁在强调社会主义的经济建设的同时，十分重视社会主义的文化建设。1922年3月，列宁指出："新经济政策在经济上和政治上都充分保证我们有可能建立社会主义经济的基础。问题'只'在于无产阶级及其先锋队的文化力量。"① 但是，

---

① 《列宁全集》第43卷，人民出版社1987年版，第63页。

沙俄不仅是一个经济落后的国家，而且是一个文化极端落后的国家。十月革命胜利以后，文盲在全国居民中仍占绝大多数；到1920年，文盲还占居民总数的78%。这对于建设社会主义来说，是一个极其严重的困难。列宁强调指出，应当知道和记住，当俄国有文盲的时候是不能实现电气化的；在一个文盲的国家里是不能建成共产主义社会的。因此，建设社会主义的新文化，就成为苏俄建设社会主义事业的一个重要组成部分。列宁提出的社会主义文化建设的任务包括：大力发展教育事业，扫除文盲，普及文化知识，提高人民的文化水平；造就掌握先进科学技术的经济建设人才和其他方面的专门人才；加强共产主义思想道德风尚的教育，提高人民的政治思想素质；继承和发扬历史上的一切优秀文化遗产，建设无产阶级的文化；吸收外国的科学技术成果和先进的管理经验，为建设社会主义服务；等等。列宁认为，只要完成了社会主义文化建设的这些任务，俄国就能建立社会主义社会的基础。

最后，列宁提出了改善国家机关，建设社会主义民主政治的思想。列宁指出，无产阶级的政权建设，是社会主义建设事业的一项主要内容。苏维埃政权是社会主义建设的前提和工具，不断加强无产阶级的政权建设，才能保证社会主义建设的顺利进行。俄国在十月革命期间，打碎了旧的资产阶级国家机器，而代之以苏维埃政权的新机构。就其性质来说，这些新机构和旧政权是根本不同的，但后来受到了官僚主义的污染和侵蚀。列宁看到，官僚主义已经在苏维埃制度内部部分地复活起来，被派去担任国家机关工作的许多党员，在相当程度上脱离群众，沾染了官僚主义。列宁深切感到这一现象的严重存在，已经影响到国家机关同人民群众的密切联系，有使苏维埃政权由社会公仆变为社会主人的危险，妨碍了社会主义建设事业的顺利进行。因此，列宁反复强调改善国家机关以加强苏维埃政权的重要性。他说："如果没有'机构'，那我们早就灭亡了。如果不进行有步骤的和顽强的斗争来改善机构，那我们一定会在社会主义的基础还没有建成以前灭亡。"[①] 而改善国家机关的一项重要任务，就是同官僚主义祸害作斗争。无产阶级专政下的官僚主义的经济根源是：小生产者的分散性和散漫性，他们的贫困和不开化，交通的闭塞，文盲现象的存在，工农业间的缺乏流转，缺乏联系和协作，等等。苏维埃政权在原则上实行了高得无比的无产阶级民主，在法律上是全体劳动者都参加了国家的管理工作，但是，由于文化落后却贬低了苏维埃政权并使官僚主义复活。列宁指出："只有当全体居民都参加管理工作时，才能把反官僚主义的斗争进行到底，直到取得完全的胜利。……但是直到今天我们还没有达到使劳动群众能够参加管理的地步，因为除了法律，还要有文化水平，而你是不能使它服从任何法律的。"[②] 因此，大力发展生产力，奠定社会主义经济的基础，大力发展文化事业，提高人民群众参与国家管理的能力，是改善无产阶级国家机关，克服官僚主义，建立社会主义民主政治制度的先决条件。同时，改善国家机关，加强国家机关同人民群众的密切联系，提高国家机关的工作效率，又能保证经济建设和文化建设的顺利进行，从而为建立社会主义社会的基础提供保障。

总之，十月革命胜利后，特别是国内战争结束后，列宁领导布尔什维克党和俄国人民为建设社会主义而努力奋斗。在这一斗争实践中，列宁最终产生了在俄国一国建成社会主义基础的思想。列宁指出：只要在一二十年内和农民保持正常的关系，甚至在日益发展的各

---

① 《列宁全集》第41卷，人民出版社1986年版，第376页。
② 《列宁全集》第36卷，人民出版社1985年版，第154—155页。

国无产阶级革命推迟爆发的情况下，俄国也能保证建立社会主义的基础，取得具有世界意义的胜利。① 这一思想的产生，实现了列宁社会主义建设理论的新的突破。

第二，列宁的"一国建成思想"，体现了列宁在"社会主义"认识问题上的灵活性和辩证法。

马克思、恩格斯对未来新的社会制度的科学设想，是基于对资本主义社会的认识和批判之上的。早在 1843 年 9 月，马克思就指出："新思潮的优点就恰恰在于我们不想教条式地预料未来，而只是希望在批判旧世界中发现新世界。"② 1886 年，恩格斯也指出："无论如何应当声明，我所在的党没有提出任何一劳永逸的现成方案。我们对未来非资本主义社会区别于现代社会的特征的看法，是从历史事实和发展过程中得出的确切结论；脱离这些事实和过程，就没有任何理论价值和实际价值。"③ 这就告诉我们，马克思主义创始人的社会主义，是作为资本主义的对立物和创新物，是为了克服资本主义的弊端而提出来的。比如，公有制是针对资本主义的私有制提出来的，按劳分配是针对资本主义的按资分配提出来的，有计划地组织社会生产是针对资本主义生产的无政府状态提出来的。同时，马克思、恩格斯认为，社会主义社会也不是固定僵化的社会，也将不断地变化和发展。1890 年8 月，恩格斯指出："我认为，所谓'社会主义社会'不是一种一成不变的东西，而应当和任何其他社会制度一样，把它看成经常变化和改革的社会。它同现存制度的具有决定意义的差别当然在于，在实行全部生产资料公有制（先是单个国家实行）的基础上组织生产。即

---

① 参见《列宁全集》第 41 卷，人民出版社 1986 年版，第 378 页。
② 《马克思恩格斯全集》第 1 卷，人民出版社 1956 年版，第 416 页。
③ 《马克思恩格斯全集》第 36 卷，人民出版社 1975 年版，第 419—420 页。

使明天就实行这种变革（指逐步地实行），我根本不认为有任何困难。"① 同期，他又指出："分配方式本质上毕竟要取决于可分配的产品的数量，而这个数量当然随着生产和社会组织的进步而改变，从而分配方式也应当改变。"② 总之，马克思、恩格斯认为，未来社会主义社会的生产资料公有制的形式和产品的分配方式，将随着社会和实践的不断发展而不断变化；至于落后国家要经过哪些特殊的社会和政治发展阶段才能同样达到社会主义的组织，他们当时只能作一些相当空泛的假设。

列宁正是从马克思、恩格斯的这一立场出发，来研究未来社会主义社会的。十月革命胜利后，建设社会主义的问题在俄国提到了日程。列宁认为，马克思主义的创始人只是也只能给后人提供未来新社会的基本原则，至于走向社会主义的具体道路，则只能靠各国人民群众的实践来探索；而对于第一个开始社会主义建设的国家俄国来说，只能根据经验来谈论社会主义。1917 年 12 月，列宁指出："现在一切都在于实践，现在已经到了这样一个历史关头：理论在变为实践，理论由实践赋予活力，由实践来修正，由实践来检验。"③ 1918 年 7 月，他又指出："对俄国来说，根据书本争论社会主义纲领的时代也已经过去了，我深信已经一去不复返了。今天只能根据经验来谈论社会主义。"④ 对于社会主义社会的本质与特征的认识，列宁也正是体现了一切从实际出发，一切由实践来检验的作风。前文谈到，列宁也曾与马克思、恩格斯一样，认为社会主义社会是实现全部生产资料的社会所有制，实行按劳分配原则，消灭了剥削和商品生产，消灭了阶级和阶

① 《马克思恩格斯全集》第 37 卷，人民出版社 1971 年版，第 443 页。
② 《马克思恩格斯选集》第 4 卷，人民出版社 1972 年版，第 475 页。
③ 《列宁全集》第 33 卷，人民出版社 1985 年版，第 208 页。
④ 《列宁全集》第 34 卷，人民出版社 1985 年版，第 466 页。

级差别，国家逐渐消亡的社会制度。但是，俄国一国社会主义革命和社会主义建设的实践，使列宁在对社会主义的认识上产生了新的思想。

早在《论欧洲联邦口号》一文中，列宁在提出"一国首先胜利论"时，就把社会主义和共产主义明确地区分开来，认为社会主义社会将存在着国家和民族，而共产主义的完全胜利将导致一切国家的彻底消亡。1916年，列宁又指出："以经济为基础的社会主义决不完全归结于经济""必须有社会主义生产这个基础，但是，在这个基础上还必须有民主的国家组织、民主的军队，等等。"① 他认为："不实现充分的民主，社会主义就不能胜利"。而"民主也是一种国家形式，它将随着国家的消失而消失，但那只是在取得最终胜利和彻底得到巩固的社会主义向完全的共产主义过渡时候的事。"② 在四月代表会议上，列宁还指出，在社会主义社会初期还不可避免地要保留苏维埃国家形式。在《国家与革命》一书中，列宁进一步地明确指出：在社会主义社会，为了保卫生产资料公有制，保卫劳动的平等和产品分配的平等，为了对劳动标准和消费标准实行极严格的监督，为了完成建设共产主义的任务，国家仍然是必要的。国家的存在将是长期的，它的时间长短"将取决于共产主义高级阶段的发展速度""要使国家完全消亡，必须有完全的共产主义"。③ 可见，此时的列宁，在社会主义社会的政治上层建筑方面，已经提出了与马克思、恩格斯有所不同的新观点。十月革命胜利后，特别是国内战争结束后，列宁又从在一个国家内建设社会主义的实际出发，分析了国内和国际的具体条件。他一

① 《列宁全集》第28卷，人民出版社1991年版，第21页。
② 《列宁全集》第27卷，人民出版社1990年版，第255页。
③ 《列宁全集》第31卷，人民出版社1985年版，第91—92页。

方面坚信俄国过渡时期的长期性，另一方面又设想了俄国建成社会主义社会基础的可能性。必须强调指出的是，列宁所说的"社会主义社会的基础"，还不是"完全的社会主义社会"，但他有时也称其为"社会主义社会"。列宁曾经认为，社会主义社会的全部生产资料是社会所有制，全体社会成员作为平等的工作者在社会主义的企业中进行生产，实行按劳分配的产品分配原则。1923 年 1 月，列宁却说："文明的合作社工作者的制度就是社会主义的制度。"按照这种说法，社会主义社会是一个有合作化劳动者的社会。他们在社会主义的合作企业中劳动。而列宁又明确指出合作企业是集体企业，与社会主义的国有企业有所区别。合作企业与国有企业的生产者在劳动与分配上都会有所差别，他们的社会经济地位也必然有所不同。① 列宁曾经认为，社会主义社会消灭了阶级和阶级差别，包括消灭了工农这两个劳动阶级和工农之间的差别。1921 年 12 月，列宁却说："资本主义正在走向灭亡……以工农联盟为基础的新社会必然到来。或早或迟，早 20 年或迟 20 年，它总归会到来。我们努力实现我们的新经济政策，这也就是在帮助这个社会创造工农联盟的形式。我们一定会完成这个任务，一定会建立起一个十分牢固的、世界上任何力量都动摇不了的工农联盟。"② 这就是说，社会主义社会是以工农联盟为基础的社会，社会主义社会还存在着工人和农民这两个不同的阶级。列宁曾经认为，无产阶级专政只是与过渡时期相联系，社会主义社会的建立意味着无产阶级专政的消亡。1921 年 4 月，列宁却说：在小农国家内实现本阶级专政的无产阶级，只有实行正确的政策，"才能巩固社会主义的基

---

① 参见《列宁全集》第 43 卷，人民出版社 1987 年版，第 366 页。
② 《列宁全集》第 42 卷，人民出版社 1987 年版，第 353—354 页。

础，才能使社会主义取得完全的胜利"①。这就是说，建立了社会主义的基础，仍然必须坚持无产阶级专政，才能巩固社会主义的基础，才能过渡到完全的社会主义社会。列宁曾经认为，社会主义社会将废除常备军，而代之以全民的武装。然而，后来他在批评布哈林关于"首先消亡的是最尖锐的外部强制工具——陆军和海军；其次是惩罚机关和镇压机关系统；再次是强迫性的劳动等等"的观点时却说："是不是倒过来说：开头是'再次'，然后是'其次'，最后是'首先'？"②他认为，在建成社会主义社会的基础之后，还必须长期保留军队，以抵御帝国主义国家的武装侵略和颠覆。

总之，列宁所说的"建成社会主义的基础"，就是建立社会主义的基本经济制度和基本政治制度。它的主要标志是：在经济领域，奠定了社会主义必需的高度发达的物质技术基础，建立了以国家所有制和集体所有制为基础的社会主义生产关系，实行了按劳分配原则；在政治领域，在坚持无产阶级专政的条件下，建立了民主的高效的政治制度；在文化思想领域，完成了文化革命的基本任务，建立了以马克思主义思想体系为指导的意识形态。列宁认为，建成社会主义的基础，还不是建成完全的社会主义社会；俄国一国能够建成社会主义的基础，但不能建成完全的社会主义社会；要建成完全的社会主义社会，则有待于世界革命至少是各先进国家革命的胜利。

第三，列宁的"一国建成思想"，估计到了在俄国建成社会主义的基础，是一个相当困难和长期的任务。

首先，在俄国实现工业化和电气化，奠定社会主义的物质技术基础，是一个相当长期的任务。1921 年 3 月，列宁指出："大生产是不

---

① 《列宁全集》第 41 卷，人民出版社 1986 年版，第 209 页。
② 《列宁全集》第 60 卷，人民出版社 1990 年版，第 319 页。

可能在旧的基础上恢复起来的，这需要很多年，至少要几十年，在我们这种遭受破坏的情况下，可能还要更长一些的时间。"① 同年 6 月，列宁又指出：电气化对于俄国这样一个大国来说，还只是一个微不足道的开端。② 其次，在俄国实现合作化，是一个艰巨的长期的任务。列宁反复强调，要改造和影响千百万小农经济，只能采取谨慎的、逐步的办法，只能靠成功的实际例子；要想用某种快速的办法，下个命令从外面、从旁边去强迫它改造，那是完全荒谬的。1923 年 1 月，列宁指出："为了通过新经济政策使全体居民人人参加合作社，这就需要整整一个历史时代。在最好的情况下，我们度过这个时代也要一二十年。"③ 再次，在俄国实现文化革命，是一项十分艰巨和非常困难的任务。1921 年 10 月，列宁指出："文化任务的完成不可能像政治任务和军事任务那样迅速。……从问题的性质看，这需要一个较长的时期，我们应该使自己适应这个较长的时期，据此规划我们的工作，发扬坚韧不拔、不屈不挠、始终如一的精神。"④ 1923 年 1 月，列宁在指出俄国只要实现了文化革命就能成为完全的社会主义国家时说：但是这个文化革命，无论在纯粹文化方面或物质方面，对于我们来说，都是异常困难的。⑤ 最后，在俄国建设社会主义的民主政治，是一项长期的斗争任务。列宁指出，要改善苏维埃国家机关，要建立社会主义的民主政治，必须同官僚主义祸害作斗争。但是，列宁认为："在一个农民的，又是大伤了元气的国家中，同官僚主义作斗争需要很长的时间，要坚持不懈地进行这种斗争，不要一遭到失败就垂头丧

---

① 《列宁全集》第 41 卷，人民出版社 1986 年版，第 22 页。
② 参见《列宁全集》第 42 卷，人民出版社 1987 年版，第 8 页。
③ 《列宁全集》第 43 卷，人民出版社 1987 年版，第 364 页。
④ 《列宁全集》第 42 卷，人民出版社 1987 年版，第 200—201 页。
⑤ 参见《列宁全集》第 43 卷，人民出版社 1987 年版，第 368 页。

气。"① 列宁切齿痛恨官僚主义,同时认为不能一下子消灭官僚主义;因为要消灭官僚主义,需要采取千百个措施,需要每个人都有文化,每个人都能够参加国家的管理。这就要求全体人民学会利用苏维埃的法律去同官僚主义作斗争,要求普遍地提高人民群众的文化水平,普遍地进行参加国家管理工作的教育。这些任务并不是短期内能完成的。因此,改善苏维埃国家机关,建设社会主义民主政治,需要经过俄国党和人民的顽强努力和长期斗争。

总之,列宁认为,俄国社会主义建设的道路是一条漫长的道路,俄国建立社会主义基础的任务是一个需经顽强持久的斗争才能完成的任务。1919 年 12 月,列宁指出:"我们知道现在我们还不能实行社会主义制度,希望我们的儿辈或者孙辈能把这种制度建成就好了。"② 他的这一观点,最终也没有改变。

三 列宁对"社会革命"的新认识

马克思、恩格斯曾经设想,西方各先进资本主义国家,将在一个不太长的时期内,无产阶级相继夺得政权,然后在共同胜利的基础上,各自经过一定的过渡时期,完成社会主义的经济变革,即完成无产阶级的社会革命。他们认为,完成社会主义的经济变革,消灭了私有制,建立了公有制之后,社会即进入社会主义社会。在这个社会里,消灭了剥削制度和剥削现象,消灭了阶级和阶级差别,人们在全部生产资料归全社会所有的条件下,有计划地组织生产,实行按劳分配原则,国家随着阶级的消灭也在逐渐消亡,对人的管理开始变为对

---

① 《列宁全集》第 50 卷,人民出版社 1988 年版,第 333 页。
② 《列宁全集》第 37 卷,人民出版社 1986 年版,第 367 页。

物和生产过程的管理，政治国家的位置将被集中管理经济的职能机构所取代，人们自身也将随着一切社会关系的改变而变化，社会将逐渐创造使社会的每一个成员以及整个社会得到全面自由发展的条件。马克思、恩格斯的科学设想，为人类指明了社会发展的前途，激励无产阶级和劳动人民为争取光辉的未来而斗争。但是，囿于当时的历史条件，特别是没有社会主义建设的实践经验，他们的设想只能为社会主义建设事业提供指导原则，而不能为社会主义建设事业提供具体方案。

列宁在新的历史条件下，在领导俄国人民进行社会主义革命和社会主义建设的过程中，提出了通过实践探索走向社会主义的道路的思想。早在 1917 年 9 月 11 日，列宁就在《政论家札记》中指出："我们并不苛求马克思或马克思主义者知道走向社会主义的道路上的一切具体情况。这是痴想。我们只知道这条道路的方向，我们只知道引导走这条道路的是什么样的阶级力量；至于在实践中具体如何走，那只能在千百万人开始行动以后由千百万人的经验来表明。"① 俄国十月革命的胜利，使无产阶级在一个落后的帝国主义国家内掌握了政权。在这种条件下，如何进行社会主义改造和社会主义建设，就成为马克思主义者需要认真探讨的问题。特别是国内战争结束后，苏维埃政权得以生存和巩固，苏维埃俄国获得了长期和平的环境，建设社会主义就成为更加直接的任务。1922 年 11 月 20 日，列宁《在莫斯科苏维埃全会上的讲话》中指出："目前我们踏上了实干的道路，我们必须走向社会主义，但不是把它当作用庄严的色彩画成的圣像。我们必须采取正确的方针，必须使一切都经过检验，让广大群众，全体居民都来检

---

① 《列宁全集》第 32 卷，人民出版社 1985 年版，第 111 页。

验我们的道路，并且说：'是的，这比旧制度好。'这就是我们给自己提出的任务。"① 在新的历史条件下，列宁正是依据马克思主义的基本原理，从苏俄社会主义建设的实践中吸取新鲜经验，创立了关于社会主义经济变革即无产阶级社会革命的新思想。

起初，列宁坚持了马克思、恩格斯的设想。十月革命胜利后，他预料西方先进国家将很快爆发革命，苏俄将同西方无产阶级夺取政权的国家一起，进行社会主义建设，完成社会主义的经济变革。但是，与列宁的预想不同，俄国革命胜利后，西方各国并没有随即发生革命。在这种情况下，列宁没有消极地等待西方革命，而是积极地领导苏俄人民进行社会主义建设。国内战争结束以后，西方各国的无产阶级革命又相继失败，使得列宁关于俄国同西方先进国家一起进行社会主义建设的设想未能变成现实；而此时的俄国，同帝国主义国家之间又形成了某种"均势"，使俄国一国长期进行社会主义建设成为可能。在这种条件下，列宁认真思考了俄国一国社会主义建设的问题，制订了宏伟的社会主义建设计划，领导苏俄人民积极开展社会主义建设，在此基础上，形成了俄国一国进行社会主义的经济变革，建成社会主义社会的基础的新思想。

列宁在强调加速实现国家工业化和电气化，为社会主义奠定物质基础的同时，十分重视社会制度的变革。他提出了改造旧时代遗留下来的国家机关，创造社会主义政治上层建筑的任务；他提出了通过工业的国有化和农业的合作化，实现社会主义经济变革的任务。列宁认为，俄国面临两个划时代的主要任务。第一个任务就是改造原封不动地从旧时代接受下来的毫无用处的国家机关；第二个任务就是为完全

---

① 《列宁全集》第43卷，人民出版社1987年版，第301页。

实现合作化而在农民中间进行文化工作。有了完全合作化的条件，俄国也就在社会主义基地上站稳了。他针对敌人关于"在一个文化不够发达的国家里推行社会主义是冒失行为"的攻击，尖锐地指出："我们没有从理论（一切书呆子的理论）所规定的那一端开始，我们的政治和社会变革成了我们目前正面临的文化变革，文化革命的先导。"①在列宁看来，无须等到社会主义社会所需要的物质条件全部创造出来之后，才来实行社会主义的经济变革；无须等到具备了完全合作化的条件即实现了文化革命之后，才来实行合作化。社会主义改造是一个历史过程，不是一次行动；向社会主义过渡是逐步完成的，不是一蹴而就的。列宁关于首先建成社会主义社会的基础，然后再过渡到完全的社会主义社会的思想，就是在这种思想基础上产生的。

另外，列宁认为，要取得社会主义的最终胜利，即完全建成社会主义社会，需要一切先进国家至少几个主要国家无产阶级革命的胜利。但是，这并不意味俄国只有在西方先进国家的无产阶级革命取得胜利以后，才能实行社会主义的经济变革。1921 年 3 月 15 日，列宁在《关于以实物税代替余粮收集制的报告》中指出："俄国的情况不同，这里产业工人仅占少数，而小农则占大多数。在俄国这样的国家里，社会主义革命只有具备两个条件才能获得彻底的胜利。第一个条件是及时得到一个或几个先进国家社会主义革命的支援。……另一个条件，就是实现自己专政的或者说掌握国家政权的无产阶级和大多数农民之间达成妥协。"②列宁认为，在其他国家的革命还没有到来的情况下，无产阶级只有同农民达成协议，才能拯救俄国的社会主义革命。苏俄实行新经济政策的目的，就在于建立巩固的工农联盟，以便

---

① 《列宁全集》第 43 卷，人民出版社 1987 年版，第 368 页。
② 《列宁全集》第 41 卷，人民出版社 1986 年版，第 51 页。

于向社会主义的过渡。通过实行新经济政策提高生产力水平，建立工业和农业的联系，建立巩固的工农联盟；通过实行合作制变革生产关系，实现社会主义生产资料集体所有制和按劳分配原则，从而奠定社会主义社会的基础。这就是列宁在国内战争结束以后的设想。

列宁认为，在俄国一国建成社会主义社会的基础，是完全可能的。1922年11月20日，列宁《在莫斯科苏维埃全会上的讲话》中指出："社会主义现在已经不是一个遥远将来，或者什么抽象图景，或者什么圣像的问题了。说到圣像，我们仍持原来那种否定的看法。我们把社会主义拖进了日常生活，我们应当弄清这一点。这就是我们当前的任务，这就是我们当今时代的任务。让我在结束讲话时表示一个信念：不管这个任务是多么困难，不管它和我们从前的任务比起来是多么生疏，不管它会给我们带来多少困难，只要我们大家共同努力，不是在明天，而是在几年之中，无论如何会解决这个任务，这样，新经济政策的俄国将变成社会主义的俄国。"① 在这里，列宁明确表示，在俄国能够建成社会主义社会的基础，而且在俄国建成社会主义社会的基础，已经不是遥远将来的事情了；俄国人民共同努力，在几年之内就可能完成这个经济变革的基本任务。尽管列宁在解决经济变革基本任务的时间的估计上过于乐观，但他关于俄国一国可以基本实现社会主义经济变革的思想却不容否定。1923年1月，列宁在《论合作社》一文中又指出："情况确实如此，国家支配着一切大的生产资料，无产阶级掌握着国家权力，这种无产阶级和千百万小农及极小农结成了联盟，这种无产阶级对农民的领导得到了保证，如此等等——难道这不是我们所需要的一切，难道这不是我们通过合作社，而且仅仅通

---

① 《列宁全集》第43卷，人民出版社1987年版，第302页。

过合作社，通过曾被我们鄙视为做买卖的合作社的——那时在新经济政策下我们从某一方面也有理由加以鄙视的——那种合作社来建成完全的社会主义社会所必需的一切吗？这还不是建成社会主义社会，但这已是建成社会主义社会所必需而且足够的一切。"① 在这里，列宁明确表示，在无产阶级掌握着国家政权，实现了大生产资料的国有化，建立了巩固的工农联盟并实现了无产阶级对工农联盟的领导的条件下，通过合作化的道路，俄国就可以基本完成社会主义变革，建成社会主义社会的基础。如果不考虑国际关系的话，那么甚至可以说，俄国能够建成完全的社会主义社会。

总之，列宁认为，在西方先进国家的无产阶级革命没有及时到来，而苏维埃俄国却获取了长期和平稳定局面的情况下，一方面努力提高生产力水平，另一方面逐步实行社会主义的经济变革，就能够在俄国建成社会主义社会的基础。列宁关于"社会革命"的这一新思想，在马克思主义发展史上具有重大的理论意义。首先，它突破了各先进国家同时完成社会主义经济变革的设想，展望了一国基本实现社会主义经济变革的前景。其次，它突破了只有在生产力高度发达的条件下才能进行社会主义经济变革，而这一变革实现后即进入完全的社会主义社会的设想，开创了在提高生产力水平的同时，逐步进行社会主义改造，即发展生产力和变革生产关系同时并举的道路。列宁关于"社会革命"的这一新思想，在国际共产主义运动史上具有重大的实践意义。现实社会主义国家的社会主义改造，都是沿着列宁的这一思路进行的。各国在无产阶级掌握了国家政权以后，一方面积极发展生产力，另一方面又逐步变革生产关

① 《列宁全集》第43卷，人民出版社1987年版，第362页。

系；各国在基本完成了社会主义改造之后，建成了社会主义社会的基础，即建立了社会主义的基本经济制度和基本政治制度，从而为在社会主义道路上继续前进，为进一步过渡到完全的社会主义社会奠定了基础。但是，需要指出的是，各国在实行社会主义改造时，都忽视了列宁关于社会主义必须建立在高度发达的物质技术基础之上的思想，犯了急于求成和急躁冒进的错误；一些国家在基本完成社会主义改造以后，又忽视了迅速发展科学技术和提高生产力水平，使得国民经济长期处于落后状态，最终导致它们在国内外反动势力的联合进攻之下发生蜕变，给国际共产主义运动留下了深刻的历史教训。

第四章

关于斯大林的"一国建成论"

一　斯大林对列宁"一国胜利论"的阐发

1924 年年初列宁逝世以后，斯大林在与托洛茨基、季诺维也夫和加米涅夫等人围绕苏联一国能否建成社会主义社会的问题进行的论战中，阐发了列宁的"一国首先胜利论"，对捍卫列宁的思想做出了一定的贡献，这一点是应该予以肯定的。

首先，斯大林关于一国可以取得政治革命意义上的社会主义革命胜利的表述，基本上反映了列宁的"一国首先胜利论"。在 1924 年 5 月出版的《论列宁主义基础》一书中，斯大林指出："从前认为革命在一个国家内胜利是不可能的，以为要战胜资产阶级就必须有一切先进国家内或至少要有多数先进国家内无产者的共同发动。现在，这个观点已经不合乎实际情形了。现在必须从这种胜利是可能的出发，因为各种不同的资本主义国家在帝国主义环境内发展的不平衡性和跳跃性，帝国主义内部那些必然引起战争的灾难性矛盾的发展，世界各国革命运动的增长——所有这一切都使无产阶级在个别国家内的胜利不仅是可能的，而且是必然的""可是，在一个国家内推翻资产阶级政权，建立无产阶级政权，还不等于保证社会主义的完全胜利。社会主义的主要任务即组织社会主义生产的任务尚待解决。没有几个先进国家中无产者的共同努力，能不能解决这个任务，能不能在一个国家内获得社会主义的最终胜利呢？不，不能。为了推翻资产阶级，一个国家的努力就够了，这是我国革命的历史给我们说明了的。为了获得社会主义的最终胜利，为了组织社会主义生产，单靠一个国家的努力，特别是像俄国这样一个农民国家的努力就不够了——为了达到这个目的，就必须有几个先进国家中无产者的共同努力。"① 在这里，斯大林关于资本主义发展不平衡的规律使无产阶级革命有可能在个别国家内获得胜利的表述，关于一国获得胜利的社会主义革命是"推翻资产阶级政权，建立无产阶级政权"的政治革命的表述，关于要获得社会主义的最终胜利必须有几个先进国家中无产者的共同努力的表述，基本上反映了列宁"一国首先胜利论"的含义。但是，斯大林为了组织社会主义生产，单靠一个国家的努力就不够了，必须有几个先进国家中无产者的共同努力的说法，却违背了列宁的思想。

1926 年 1 月，斯大林在《论列宁主义的几个问题》中认为，他在《论列宁主义基础》中的说法"有缺点"因而"不正确了""缺点就在于它把两个不同的问题连成一个问题：第一个是可能用一个国家的力量建成社会主义的问题，对于这个问题应当给予肯定的回答；另一个是无产阶级专政的国家是否可以认为它无须革命在其他几个国家内获得胜利就有免除武装干涉、因而免除旧制度复辟的完全保障的问题，对于这个问题应当给予否定的回答。"② 在此之前，1925 年 5

① 《斯大林选集》上卷，人民出版社 1979 年版，第 434—435 页。
② 同上书，第 435 页。

月9日，斯大林在《俄共（布）第十四次代表会议的工作总结》中说："我国有两种矛盾。一种矛盾是内部的矛盾，即无产阶级和农民之间的矛盾。另一种矛盾是外部的矛盾，即我们这个社会主义国家同其他一切资本主义国家之间的矛盾。"① 他指出，苏联一国能够用自身的力量克服无产阶级和农民之间的矛盾，能够用自身的力量建成完全的社会主义社会；但是，第二种矛盾却需要几个国家无产者的共同努力才能解决。他认为，只有在国际范围内，只有通过若干国家无产者的共同努力，或者更好是在几个国家的无产者取得胜利以后，才能够有免除武装干涉的完全保障，才能够取得社会主义的最终胜利。斯大林把"社会主义的胜利"区分为"社会主义建设的胜利"和"社会主义的最终胜利"，认为一国可以取得建成完全的社会主义社会意义上的社会主义建设的胜利，但是一国不能取得免除资本主义制度复辟意义上的社会主义的最终胜利。这种划分，部分地体现了列宁在这一问题上的思想，具有一定的积极意义，它鼓舞苏联人民为建成社会主义社会而斗争。但是，一国能够建成完全的社会主义社会，却不是列宁的思想，因为列宁认为"获得最终胜利，即完全组织起社会主义社会"②。

其次，斯大林关于苏联一国可以建成社会主义的经济基础，虽不能保证社会主义的最终胜利，但不应消极地等待世界革命的表述，基本上反映了列宁的"一国建成思想"。他在《俄共（布）十四次代表会议的工作总结》中指出："在其他国家于相当长的时期内保存资本主义的条件下，在我们这个技术上和经济上落后的国家里，究竟能不能用自身的力量建成社会主义呢？""列宁主义对这个问题的回答是肯

---

① 《斯大林选集》上卷，人民出版社1979年版，第336页。
② 《列宁全集》第36卷，人民出版社1985年版，第294页。

定的：是的，我们能够建成社会主义，而且我们将在工人阶级领导下和农民一起去建设。"① 斯大林认为，无产阶级和农民之间除了有矛盾以外，在发展的根本问题上还有共同的利益，这些共同利益抵得上而且肯定会超过这些矛盾，这些共同利益就是工农联盟的基础。社会主义的道路会使大多数农民的物质生活不断提高，是农民摆脱贫困和半饥半饱的生活的唯一生路。因此，农民会极乐意地走社会主义的道路，这就决定了俄国无产阶级能够和农民一起并且依靠工农联盟来建成社会主义。1926 年 12 月 7 日，斯大林在《再论我们党内的社会民主主义倾向》的报告中又指出："我们争得了无产阶级专政，从而建立了走向社会主义的政治基础。我们能不能用本身的力量建立社会主义的经济基础，即建成社会主义所必需的新的经济基础呢？""党对这个问题的回答是肯定的""列宁对这个问题的回答是肯定的"。② 他认为，无须其他国家无产阶级革命的预先胜利，无须西方胜利了的无产阶级在技术方面和设备方面的直接援助，只要在其他国家无产者的同情和支援下，苏联就可以依靠本身的力量来解决无产阶级和农民之间的矛盾，通过发展农业合作社并把农民经济纳入苏维埃发展的整个体系中的道路，实现农业同社会主义工业的结合，使国民经济中的社会主义成分的比重逐年增加，资本主义成分的比重逐年降低，从而战胜本国的资产阶级，建成社会主义的经济基础。但是，在苏联能否建成社会主义的经济基础，还取决于国际条件。1925 年 6 月，斯大林在《问题和答复》一文中写道："……我们是不是一定能够建成社会主义经济的问题。这不仅取决于我们，这也取决于我们国外的敌人和朋友的强弱。如果让我们建设，如果我们能延长'喘息'时期，如果不发

---

① 《斯大林选集》上卷，人民出版社 1979 年版，第 335—336 页。
② 同上书，第 511—512 页。

生严重的武装干涉,如果武装干涉不能得逞,如果国际革命运动的力量和实力同我们自己国家的力量和实力都强大得足以使重大的武装干涉企图不能实现,我们就能建成社会主义经济。相反,如果武装干涉得逞而我们被击败,我们就不能建成社会主义经济。"① 因此,还不能说苏联一国一定能建成社会主义的经济基础,更不能说苏联一国能保证社会主义的最终胜利;要取得社会主义的最终胜利,至少需要几个国家无产阶级革命的胜利。但是,这丝毫不意味着在一国内夺取政权的无产阶级,只能消极地等待其他国家革命的到来,而不去积极地进行社会主义建设。1925 年 1 月 25 日,在《给德-奥夫同志的信》中,斯大林指出:"我们政治实践中最危险的就是:企图把胜利了的无产阶级国家看作一种被动的东西,以为它在没有得到其他国家胜利了的无产者的援助时只能在原地踏步。假定在俄国苏维埃制度建立以后五年到十年内西方还没有爆发革命,假定我们共和国在这个时期内仍然作为一个在新经济政策条件下建设社会主义经济的苏维埃共和国存在,那么你是否认为我们国家在这五年到十年内只去干些捣水勾当,而不去组织社会主义经济呢?只要提出这个问题,就可以了解否认社会主义在一个国家内可能胜利的理论的全部危险性。"② 这就是说,虽然要保证第一个获得胜利的国家免除武装干涉和资本主义制度复辟的危险,要保证社会主义的最终胜利,至少需要几个国家无产阶级革命的胜利,但是,第一个取得无产阶级革命胜利的国家,绝不应该消极地等待其他国家的革命,而应该积极地开展社会主义建设事业,争取建成社会主义的经济基础。斯大林的这一思想,与列宁的思想基本上是一致的。

---

① 《斯大林选集》上卷,人民出版社 1979 年版,第 390 页。
② 《斯大林全集》第 7 卷,人民出版社 1958 年版,第 18 页。

再次，斯大林对列宁的社会主义革命将在比较落后的帝国主义国家首先开始的思想的表述，基本上反映了列宁的本意。在《论列宁主义基础》中，斯大林指出："革命将在哪里开始呢？资本战线首先会在哪里，会在哪个国家内被突破呢？从前，通常都这样回答：在工业比较发达的地方，在无产阶级占多数的地方，在文化水平较高的地方，在民主成分较多的地方。列宁主义的革命论反驳说：不，不一定在工业比较发达等的地方被突破，因为无产阶级革命是世界帝国主义战线的链条在其最薄弱的地方破裂的结果；而且开始革命的国家，突破资本战线的国家，也许是资本主义不发达的国家，而其他资本主义比较发达的国家却仍然留在资本主义范围内。"① 斯大林对列宁的无产阶级革命理论的重要内容之一，即无产阶级革命将在个别比较落后的帝国主义国家首先开始并取得胜利的理论的解释，是正确的。

最后，斯大林对资本主义发展不平衡规律的含义的解释，对帝国主义战线的链条最薄弱的环节将首先被突破的思想的表述，也基本上反映了列宁的本意。1924 年 12 月，斯大林在《十月革命和俄国共产党人的策略》一文中指出：列宁在研究帝国主义特别是战争时期的帝国主义时，发现了资本主义国家经济和政治不平衡发展，跳跃式发展的规律。按照这个规律的含义说来，各个国家的发展是不平衡的，不是按照既定的秩序，不是一个国家始终走在前面，其他国家依次跟在后面，而是跳跃式的，即一些国家发展停顿，另一些国家在发展中却跳到前面去了。同时，落在后面的国家力图保持旧阵地，而超越到前面的国家却力图夺取新阵地，结果就使帝国主义国家的军事冲突成为不可避免的必然的事情。这个规律的出发点是：第一，资本主义已成

---

① 《斯大林选集》上卷，人民出版社 1979 年版，第 205—206 页。

为极少数"先进"国对世界上大多数居民实行殖民压迫和金融扼制的世界体系。第二，瓜分这种"赃物"的是两三个世界上最强大的从头武装到脚的强盗（美、英、日），他们把全世界卷入为瓜分赃物而进行的战争。第三，金融压迫的世界体系内部的矛盾的增长和军事冲突的必然性使帝国主义战线容易被革命攻破，使这条战线很可能被个别国家突破。第四，这种突破最可能发生在帝国主义战线的链条最薄弱的地方和国家，即在帝国主义防卫最差而革命最容易展开的地方和国家。第五，因此，在其他国家（即使这些国家的资本主义比较发达）还存在着资本主义的情况下，社会主义在一个国家（即使这个国家的资本主义不发达）内胜利是完全可能的，是可以肯定的。最后，他概括说，列宁的无产阶级革命理论的基础就是这样。① 在这里，斯大林的表述与概括是忠实于列宁思想的。

二　斯大林"一国建成论"的贡献与缺陷

列宁逝世后，斯大林在同党内反对派的论战中，提出了"一国建成社会主义"的理论。这一理论，包含了在苏联一国建成社会主义社会的必要性和可能性两个方面的内容。

首先，斯大林论证了在苏联一国建成社会主义社会的必要性。在《问题和答复》一文中，斯大林指出："不知道为什么建设，就不能真正建设。不知道前进的方向，就一步也不能前进。关于前途的问题，是关于有自己明确而肯定的目标的我们党的最重要问题。究竟我们是为了社会主义、指望社会主义建设的胜利而进行建设，还是为了给资

---

① 　参见《斯大林选集》上卷，人民出版社 1979 年版，第 284—285 页。

产阶级民主制度的土壤施肥、'等待全世界的社会主义革命的到来'而碰运气地盲目地进行建设——这就是现在的基本问题之一。如果不对这个很明确的问题作出明确的回答，就不能真正地工作和建设""列宁主义的伟大意义之一，就在于它不认为建设是碰运气，是盲目的，它不认为建设是没有前途的，它对我们工作的前途问题作了明确而肯定的回答，它说，我们具有在我国建成社会主义经济的一切条件，我们能够并且应当建设完全的社会主义社会。"① 在后来发表的一系列文章和讲话中，斯大林进一步论证了在苏联一国建成社会主义社会的必要性。

第一，肯定苏联一国能够建成社会主义的意义，在于为苏联的建设事业指出明确的目标。斯大林指出，不知道应该往哪里走，不知道前进的目标，我们就不能前进。没有前途，没有既已开始建设社会主义经济就能把它建设成功的信心，我们就不能建设。没有明确的前途，没有明确的目标，党就不能领导建设。我们不能按伯恩施坦的"运动就是一切，目的是微不足道的"这一方式来生活。相反地，我们既然是革命者，我们就必须前进，我们的实际工作就要服从社会主义建设的基本阶级目标。不这样，我们就不可避免而且毫无疑问地会陷入机会主义的泥潭。

第二，肯定苏联一国能够建成社会主义的意义，在于坚定人民群众建成社会主义的信心和意志。斯大林指出，没有苏联建设的明确前途，没有建成社会主义的信心，工人群众就不能自觉地参加这种建设，他们就不能自觉地领导农民。没有建成社会主义的信心就不能有建设社会主义的意志。明知不能建成，谁还愿意去建设呢？所以，没

---

① 《斯大林选集》上卷，人民出版社 1979 年版，第 389—390 页。

有苏联建设社会主义的前途，就不可避免而且毫无疑问地会削弱无产阶级从事这种建设的意志。

第三，肯定苏联一国能够建成社会主义的意义，在于克服工人阶级的颓丧和失败情绪，为战胜苏联经济中的资本主义成分而斗争。斯大林指出，削弱无产阶级建设社会主义的意志，就不能不引起苏联经济中资本主义成分的增强。建设社会主义如果不是为了战胜苏联经济中的资本主义成分，又是为了什么呢？工人阶级如果有颓丧和失败情绪，就不能不鼓起资本主义成分对旧制度复辟的希望。谁低估了苏联建设的社会主义前途的决定意义，谁就是帮助苏联经济中的资本主义成分，谁就是培植投降主义。

第四，肯定苏联一国能够建成社会主义的意义，在于推动国际革命在世界各国的展开，履行无产阶级国际主义。斯大林指出，削弱无产阶级战胜苏联经济中资本主义成分的意志，既阻碍苏联的社会主义建设，又势必延迟国际革命在世界各国的展开。不应该忘记，世界无产阶级都在注视着苏联的经济建设和它在这条战线上的成就，期望苏联在这一斗争中取得胜利，期望它能够建成社会主义。无数工人代表团从西方来到苏联，仔细观察了它建设的每一个角落，这说明苏联在建设战线上的斗争就其使世界各国无产阶级革命化的作用来说是有巨大的国际意义的。谁企图贬低苏联建设的社会主义前途，谁就是企图打消国际无产阶级对苏联胜利的希望；而谁打消这些希望，谁就是违背无产阶级国际主义的起码要求。

其次，斯大林论证了在苏联一国建成社会主义社会的可能性。在《问题和答复》一文中，斯大林指出："没有其他国家的社会主义的预先胜利，没有西方胜利了的无产阶级在技术方面和设备方面的直接援助，在我国有没有可能建成社会主义经济呢？有，有可能。不仅有可能，而且有必要，而且是不可避免的。因为我们已经在建设社会主义，我们在发展国有化的工业并且把它同农业结合起来，我们在农村中发展合作社并且把农民经济纳入苏维埃发展的整个体系中，我们在活跃苏维埃并且使国家机关和千百万人民群众打成一片，我们在建设新的文化和建立新的社会生活。"① 在《论列宁主义的几个问题》中，斯大林又指出："社会主义可能在一个国家内胜利是什么意思呢？这就是可能用我国内部力量来解决无产阶级和农民间的矛盾，这就是在其他国家无产者的同情和支援下，但无须其他国家无产阶级革命的预先胜利，无产阶级可能夺得政权并利用这个政权来在我国建成完全的社会主义社会。"② 在其他一系列著作中，斯大林进一步论证了在苏联一国建成社会主义社会的可能性。

第一，在无产阶级专政下，苏联具有克服所有一切困难而建成完全的社会主义社会必需的一切条件。这些条件包括：无产阶级掌握着国家权力，国家机关同千百万人民群众建立了密切联系，国家支配着一切大的生产资料，建立了巩固的工农联盟，无产阶级对农民实现了领导，社会主义工业同农业的结合，农业合作社的发展和农民经济被纳入整个国民经济体系，新的文化和新的社会生活的建立，等等。这些条件使苏联有可能建成完全的社会主义社会。

第二，在苏联，基本农民群众为了摆脱贫困和破产，愿意走社会主义的道路；掌握着国家经济命脉的无产阶级能够吸引基本农民群众来参加社会主义建设事业。无产阶级和农民群众的结合，工农联盟的建立，使苏联能够解决无产阶级和农民之间的矛盾，能够在工农联盟的基础上实现社会主义工业与农业的结合，建成社会主义的经济基础。

---

① 《斯大林选集》上卷，人民出版社1979年版，第387页。
② 同上书，第438页。

第三，在苏联，社会主义化的联合的大生产，对非国有化的分散的小生产占有优势；社会主义化的大生产已在领导并开始控制小生产，无论城市的或乡村的小生产都是一样。社会主义化的大生产将引导小生产的个体经济逐步转上集体经济的轨道，转上社会主义经济的轨道。

第四，在苏联经济中的社会主义成分与资本主义成分作斗争的战线上，前者对后者占有无疑的优势，并在步步前进，国民经济中的社会主义成分的比重在逐年增加，而资本主义成分的比重却在逐步减小，在生产和流通方面将最终战胜国民经济中的资本主义成分。

第五，苏联国民经济对资本主义国家国民经济的依赖，正像其他国家国民经济对苏联国民经济的依赖一样，作用都是相互的，并不意味着苏联因此丧失了或就要丧失自己的经济独立性和政治独立性。

第六，苏联无产阶级能够和世界无产阶级结成联盟来建设社会主义。在世界革命延迟爆发的情况下，西欧无产者和东方被压迫的人民仍然以各种不同的斗争形式支持和援助了苏联无产阶级和劳动人民，使苏联不仅能够巩固无产阶级的政权，而且能够建成社会主义社会。

斯大林指出，苏联获得社会主义建设的胜利，建成社会主义社会的问题的解决，取决于资本主义和社会主义斗争战线上的实际情况，而且只是取决于这种实际情况。他预测了苏联取得社会主义建设的胜利和西方无产阶级夺得政权之间先后顺序的两种可能，在《再论我们党内的社会民主主义倾向》一文中指出："谁有更多的机会迅速获得胜利的问题，是要由现实的国际情况、资本主义和社会主义斗争战线上的实际的力量对比来解决的。可能在我们还没有来得及建成我国经济的社会主义基础时，西方无产者就已战胜自己的资产阶级并夺得政权。这并不是不可能的。但是，也可能在西方无产者还没有推翻自己的资产阶级时,苏联无产阶级就已建成我国经济的社会主义基础。这也不是不可能的。"①

斯大林在同党内反对派的论战中,批判了托洛茨基、季诺维也夫和加米涅夫等人的一些错误观点,捍卫了列宁的"一国首先胜利论"和"一国建成思想",明确提出了苏联一国能够依靠自己的力量建成社会主义社会的理论,即"一国建成论",为苏联人民指明了方向和前途,坚定了苏联人民建成社会主义的信心和意志,对苏联的社会主义建设事业做出了重要贡献。这一点是不能抹杀的。

但是,斯大林的"一国建成论",存在着明显的缺陷。这主要是,对什么是社会主义,苏联一国能够建成什么样的社会主义,斯大林的认识是模糊的,有时甚至是矛盾的。1925 年,在《问题和答复》一文中,斯大林说:"什么是社会主义呢?社会主义就是由无产阶级专政的社会向无国家的社会的过渡。"② 在这里,"社会主义"就是一个模糊的概念。它是一种"过渡",是一种由无产阶级专政的社会向无国家的社会的过渡。而无产阶级专政的社会,既可以理解为从无产阶级夺取政权起到社会主义社会建立止的这样一个过渡时期,又可以理解为社会主义社会本身;而无国家的社会,既可以理解为共产主义社会的高级阶段,又可以理解为共产主义社会的低级阶段即社会主义社会本身。因此,这个概念从本质上看是混乱不清的。

1926 年,在《再论我们党内的社会民主主义倾向》一文中,斯大林在答复"建成社会主义是什么意思"的问题时说:"社会主义在我国的胜利是可能的,可以认为建立社会主义经济基础的可能性是有

---

① 《斯大林选集》上卷,人民出版社 1979 年版,第 528 页。
② 同上书,第 356 页。

保证的。"① 他认为，与反对派"争论的只是我们能不能用自己的力量来打好我国经济的社会主义基础"②。那么，"社会主义的经济实质和经济基础是什么呢？是不是在人间创造'天堂'使大家都富足呢？不，不是这样的。这是对社会主义经济实质的庸俗的、市侩的见解"③。他说，建立社会主义的经济基础，就是把农业和社会主义工业结合为一个整体经济，使农业服从社会主义工业的领导，在农产品和工业品交换的基础上调整城乡关系。可见，斯大林与列宁不同，他要在苏联建成的社会主义，是低层次的社会主义，是"贫穷"的社会主义，而不是"使大家都富足"的社会主义。这种社会主义在一国内能够建成，甚至连反对派的首领季诺维也夫等人也是不否认的。

1928 年 12 月 28 日，斯大林在《答库什特谢夫》的信中说：社会主义的实现意味着阶级的消灭和国家的消亡。④ 这与他在《再论我们党内的社会民主主义倾向》中的说法形成了矛盾。更为重要的是，这种认识并没有成为斯大林和联共（布）要建成的社会主义的目标。他们降低了"社会主义"的标准，急于"建成"社会主义。1929 年，联共（布）指出：社会主义经济形式在整个国民经济中所占比重的提高，说明在无产阶级专政国家内建成社会主义的事业是可以在最短的历史时期内完成的。⑤ 在这种思想指导下，苏联废弃了新经济政策，加快了经济形式变革的步伐。1932 年，联共（布）又指出：苏联已经建成社会主义基础，社会主义已经战胜资本主义，列宁提出的"谁战胜谁"的问题，已经彻底地、永远地解决了。⑥ 1936 年，斯大林宣

---

① 《斯大林选集》上卷，人民出版社 1979 年版，第 512 页。
② 同上书，第 546 页。
③ 同上书，第 511 页。
④ 参见《斯大林选集》下卷，人民出版社 1979 年版，第 110 页。
⑤ 参见《苏共决议汇编》第 4 分册，人民出版社 1957 年版，第 72—73 页。
⑥ 参见同上书，第 289—290 页。

布：苏联社会已经基本上实现了社会主义，建立了社会主义制度，即实现了马克思主义者又称为共产主义第一阶段或低级阶段的制度。这就是说，我们已经基本上实现了共产主义第一阶段，即社会主义。①1938 年，斯大林更加明确地指出：我国的内部关系问题，即战胜本国资产阶级和建立起完全的社会主义的问题，我们已经解决了，因为我国资产阶级已经被消灭，社会主义已经基本上建立起来了。这就是我们所说的社会主义胜利，确切些说，就是社会主义建设在一个国家内的胜利。② 斯大林在当时宣布苏联已经基本上建成了社会主义，已经取得了社会主义建设的胜利，这不是不可以的。但是，斯大林和联共（布）宣布当时苏联已经建立起完全的社会主义，无产阶级已经战胜资产阶级，社会主义已经战胜资本主义，"谁战胜谁"的问题已经彻底地、永远地解决了，这却是不对的。苏联建成的"社会主义"，并不像斯大林所说的那样；实际上，它既不是马克思所称的"共产主义第一阶段"，也不是列宁所称的"共产主义低级阶段"。单就经济方面来说，当时苏联也只是取得了对生产资料私有制的社会主义改造的胜利，还不是实现了马克思所说的社会主义公有制即社会所有制。苏联的生产力水平特别是农村的生产力水平还不高，社会生产还不发达，社会产品特别是轻工业和农业的产品还不丰富，甚至还不能满足人民群众的最低需要。一句话，先进的社会主义生产关系需要的巨大的社会生产力，当时苏联还没有真正创造出来。而且，斯大林忽视了社会主义建设是一个完整过程，是一个系统工程，它包括物质生产和精神生产两个方面；这两个方面只有协同发展，并且都达到相当高的水平，社会主义才能取得胜利。列宁曾反复强调，要在发展生产力的同

---

① 参见《斯大林选集》下卷，人民出版社 1979 年版，第 399 页。
② 参见《斯大林文选》，人民出版社 1962 年版，第 169—170 页。

时，搞好民主政治建设和文化建设。但是，当时苏联的政权建设和党的建设，民主建设与法制建设，都还存在许多问题；苏联人民的文化水平还比较低，农村的文盲还比较多。在这种情况下，斯大林宣布苏联已经建成了完全的社会主义社会并提出开始向共产主义社会过渡的任务，显然是不妥当的。特别需要一提的是，斯大林在正确地指出苏联已经消灭了剥削制度和剥削阶级的同时，没有明确指出苏联剥削阶级残余和阶级斗争的存在。由于他对社会主义制度确立之初的阶级斗争形势估计不足，以致在后来发生的阶级斗争面前惊慌失措，草木皆兵。列宁认为："我们的政权愈趋向稳固，民事流转愈发展，就愈需要提出'加强革命法制'这个坚定不移的口号，就愈要缩小那些对阴谋者的袭击给予回击的机关的活动范围。"① 斯大林却认为，我们的进展愈大，胜利愈多，阶级敌人就愈加凶恶，阶级斗争就愈加尖锐，我们就愈加需要加强军事机关和侦查机关。本来，苏联社会主义的物质基础就不够雄厚，人民的生活水平和文化水平还不够高，加上肃反扩大化等一系列严重的政治错误，就不能不损害社会主义的声誉，削弱人民群众的社会主义信仰。斯大林的不肖后辈用"更好的社会主义"和"人道的民主的社会主义"等诱人的口号来腐蚀苏联人民的思想意识，来否定苏联的全部历史并最终颠覆了社会主义制度，虽不能归咎于斯大林，但又不能不说是对他的"低级的"社会主义及所犯政治错误的一个惩罚。

斯大林对"一国社会主义"的认识，后来又有了新的发展。1939年3月10日，他《在党的第十八次代表大会上关于联共（布）中央工作的总结报告》中，在回答"我们的国家是不是在共产主义时期也

---

① 《列宁全集》第42卷，人民出版社1987年版，第353页。

要保存下来"的问题时说："是的，要保存下来，假如那时资本主义的包围尚未消灭，假如那时外来的武装侵犯危险尚未消除的话。"① 此时的斯大林，虽然没有改变一国不能免除资本主义复辟危险的观点，但是同时提出了"一国共产主义"的问题，因而形成了新的矛盾。第二次世界大战结束后，斯大林又指出，"一国的共产主义"是完全可能的。1946年9月24日，他在《答〈星期日时报〉驻莫斯科记者亚历山大·韦尔特先生问》中认为，"新战争"的实际危险并不存在，英、美等国已不能对苏联造成"资本主义包围"。他"无条件地相信"苏联和西方民主国家能够建立友好的、长期的合作，开展两种制度间的"友好竞赛"。他说：当苏联继续向共产主义迈进时，它同外部世界和平合作的可能性不仅不会减少，甚至能够增加。"'一个国家内的共产主义'，特别是苏联这样的国家的共产主义，是完全可能的。"② 1952年苏共十九大又提出，"建成共产主义社会已成为苏联各族人民的实际任务了"。"一国的共产主义"，错误是十分明显的。在理论上，这一提法是荒谬的。它否定了马克思列宁主义关于共产主义的胜利只能是世界性的胜利的基本原理，陷入了乌托邦式的空想。列宁在俄国国内战争结束以后还仍然认为："只要我们苏维埃共和国还是紧挨着整个资本主义世界的一个孤立地区，那种认为我国经济完全可以独立和各种各样的危险已经消失的想法，就是十分可笑的幻想和空想。当然，只要这种根本对立还存在，危险也就存在，并且不能避免。"③ 只要世界上存在着社会主义和资本主义两种社会制度的斗争，资本主义国家颠覆社会主义国家的企图就不会放弃；只要世界上存在

---

① 《斯大林选集》下卷，人民出版社1979年版，第471页。
② 《斯大林文选》，人民出版社1962年版，第478页。
③ 《列宁全集》第40卷，人民出版社1986年版，第135页。

着无产阶级和资产阶级两大对立阶级的斗争，社会主义国家内部的反社会主义分子也就不会绝迹。在一个社会主义国家与整个资本主义世界对峙的条件下更是如此。因此，"一国的共产主义"是不可设想的。在实践上，这一提法是有害的。第一，它容易使社会主义国家产生"左"倾冒进情绪。离建成没有阶级、没有国家的社会主义社会还相距甚远，就提出向共产主义社会过渡的实际任务，势必导致"左"倾冒进的错误。1961 年，赫鲁晓夫在苏共二十二大上宣称，苏联将在二十年内建成共产主义社会；1958 年，中共中央在关于建立人民公社的决议中认为，共产主义在中国的实现已经不是遥远将来的事情了，我们应该积极地摸索出一条过渡到共产主义的具体途径。在这种思想的指导下，在苏联和中国，产生了"土豆烧牛肉的共产主义""跑步进入共产主义""大跃进"和"穷过渡"等一系列的严重错误，不但没有加速共产主义社会的到来，而且阻碍甚至破坏了社会的发展。当然，这些错误不能由斯大林来负责任，但是，他的"一国共产主义"的提法，确实对后世造成了不良影响。第二，它容易使社会主义国家产生和平麻痹思想。由于不承认"新战争"的实际危险和国际上的阶级斗争的存在，所以往往导致社会主义国家放松对帝国主义国家的武装颠覆与和平演变两种战略的警惕，使社会主义国家在与帝国主义国家"友好相处"和"友好竞赛"的喧闹声中丧失自己的阵地。苏联的演变就是这方面的一个极其沉痛的教训。

三　斯大林对马克思、恩格斯和列宁思想的误解

斯大林在阐发列宁的"一国首先胜利论"和提出自己的"一国建成"论时，对马克思、恩格斯和列宁的思想产生了一些误解，这是应

该予以澄清的。

首先，斯大林误解了马克思、恩格斯的一些思想。

斯大林在《论我们党内的社会民主主义倾向》一文中，引用恩格斯在《共产主义原理》中说的那段关于"同时发生"的话，来证明马克思、恩格斯认为"推翻资产阶级政权，建立无产阶级政权"的社会主义革命在单独一个国家内的胜利是不可能的，要使这种社会主义革命获得胜利，必须在几个国家内，至少在几个最发达的文明的国家内同时爆发革命。① 这是不对的。实际上，恩格斯在《共产主义原理》中所说的将在几个主要资本主义国家"同时发生"的"共产主义革命"，指的是从建立无产阶级的政治统治到废除私有制的整个过程的革命，即不仅包括无产阶级夺取政权的政治革命，而且包括实现共产主义经济变革的社会革命。在以这篇文章为基础写成的《共产党宣言》中，马克思、恩格斯指出："共产主义革命就是同传统的所有制关系实行最彻底的决裂；毫不奇怪，它在自己的发展进程中要同传统的观念实行最彻底的决裂。"② 实行这两个"最彻底的决裂"，绝非政治革命能达到的。他们认为，夺取政权，"使无产阶级上升为统治阶级"，仅仅是共产主义革命的"第一步"。马克思、恩格斯的确认为要实现共产主义的经济变革，至少需要几个主要国家无产阶级的共同努力，但是并不认为无产阶级的政治革命不能在一国内首先获得胜利。就在《共产主义原理》关于"同时发生"的那段话中，恩格斯指出，至少在英、美、法、德几国"同时发生"的共产主义革命，它在各国的"发展"速度是不同的，这要取决于工业发达程度、财富积累多寡、生产力水平高低等因素，因此，它在各国"实现"的难易和

---

① 参见《斯大林全集》第 8 卷，人民出版社 1954 年版，第 218—219 页。
② 《马克思恩格斯选集》第 1 卷，人民出版社 1972 年版，第 271—272 页。

快慢是不同的。这就是说，尽管马克思、恩格斯认为共产主义的最终胜利将是全球性的胜利，但是他们同时认为各国革命的胜利是有先有后的。1848 年 11 月，马克思明确指出，英国将先于其他任何国家解决问题和消灭矛盾。同年年底，马克思又指出：欧洲的解放，取决于法国工人阶级的胜利的起义；首先打倒法国资产阶级，争取法国工人阶级的胜利，然后才能达到整个工人阶级的解放。① 晚年的恩格斯则认为，德国无产阶级政党在 1898 年前后就能取得政权；而法国无产阶级还远没有成熟到夺取政权的程度，英国从欧文主义灭绝以后再也没有过社会主义了。

马克思、恩格斯认为，推翻旧社会，建立新社会必须经过若干历史阶段。他们指出，共产主义变革的最终目的是实现整个社会和社会每个成员的自由、全面发展；要达到这个目的，就必须使社会生产发展到能够创造极为丰富的物质财富和精神财富，能够满足所有社会成员需求的水平；为了保证生产力不受阻碍、更加迅速地发展，就必须使其从资本主义生产关系的束缚下解放出来，这就需要消灭生产资料的私有制并代之以公有制；要实现这一经济变革，无产阶级首先必须夺取政权。反过来说，共产主义的变革大致可分为这样四个主要阶段：第一，无产阶级推翻资产阶级，夺取政权的政治革命时期；第二，在无产阶级专政下剥夺剥夺者，尽快增加生产力的总量，为实行社会主义经济变革创造条件的过渡时期；第三，在生产资料公有制的条件下迅速发展生产力，为实现共产主义创造各种条件的社会主义社会；第四，实现"各尽所能，按需分配"的共产主义社会。马克思恩格斯认为，共产主义变革必须经过的这几个历史阶段，不是一次而是

---

① 参见《马克思恩格斯全集》第 6 卷，人民出版社 1961 年版，第 174—175 页。

逐步完成的，而各国完成同一阶段的革命任务也不会是同时的。由此可见，说马克思、恩格斯认为单独一国不可能取得社会主义革命的胜利，是斯大林对他们思想的一个误解。

斯大林在《论列宁主义基础》中说："从前"认为社会主义革命将"在工业比较发达的地方，在无产阶级占多数的地方，在文化水平较高的地方，在民主成分较多的地方"首先开始和取得胜利。① 这是不对的。如果按照斯大林所说的，对于资本战线首先会在哪个国家内被突破这个问题"通常"做出的回答，那么，"从前"这样的国家只有一个，就是英国。因为"唯有这个国家中的资本主义形式——即劳动大规模地联合在资本主义企业主的统治下——几乎笼罩了整个的生产。唯有这个国家中的绝大多数居民是雇佣工人"②。如前所述，马克思、恩格斯早期委实作过资本主义最发达的英国即将发生社会主义革命的预言，但是后来，他们认为比英国落后的法国能够担起欧洲革命的首倡作用，再到后来，他们认为比英、法都落后的德国，工人运动处于世界无产阶级斗争的前列。

的确，马克思、恩格斯认为，只有在现代生产力和资产阶级生产方式这两个要素互相矛盾的时候，社会主义革命才可能发生。但是，他们同时认为，由于同工业比较发达的国家进行广泛的国际交往引起的竞争，就足以使工业比较不发达的国家内产生类似的矛盾，从而为社会主义革命创造了客观条件。的确，马克思、恩格斯认为，彻底的社会革命是同资本主义的发展和无产阶级的发展紧密联系着的。但是，他们同时认为，只要资本主义经济发展到"一定程度"，工业无产阶级在人民群众中占有"重要地位"，社会主义革命就可能取得胜

---

① 《斯大林选集》上卷，人民出版社1979年版，第205页。
② 《马克思恩格斯全集》第16卷，人民出版社1964年版，第437—438页。

利。由此可见，说马克思、恩格斯认为社会主义革命将在工业比较发达、无产阶级占多数等的地方首先开始和取得胜利，是斯大林对他们思想的又一个误解。

斯大林说："从前，通常都是根据某一个国家的经济状况去分析无产阶级革命的前提。"① 这是不对的。恰恰相反，马克思、恩格斯正是根据大工业建立了世界市场，从而把全球各国的人民尤其是各文明国家的人民彼此紧紧地联系起来，并使所有文明国家内资产阶级和无产阶级之间的斗争成为资本主义时代的主要斗争这一状况，指出共产主义革命将至少在几个文明国家英、美、法、德"同时发生"；马克思、恩格斯正是从分析资本主义已经形成世界体系这一点出发，认为无论是法国人、德国人或英国人，都不能单独赢得消灭资本主义的光荣，无产阶级的解放只能是国际的事业。

斯大林说："从前，通常都是说，在个别国家内，或者确切些说，在某一个发达的国家内，是否已经具备无产阶级革命的客观条件。"② 这是不对的。恰恰相反，马克思、恩格斯正是通过分析世界资本主义整个体系中是否具备革命的客观条件，认为英国这个资本主义机体中的"心脏"得到补救的可能性要大些，而比英国落后的法国、德国等资本主义机体中的"四肢"将先于英国发生革命；马克思、恩格斯正是从全球的观点出发，认为落后国家中国的革命将引起欧洲大陆的政治革命，俄国的革命将成为全世界社会革命的开端。

斯大林说："从前，通常都是说某一个发达的国家内的无产阶级革命，认为这是个别的独立自在的现象，而以个别的民族的资本战线

---

① 《斯大林选集》上卷，人民出版社 1979 年版，第 204 页。
② 同上书，第 205 页。

为敌方。"① 这是不对的。恰恰相反，马克思、恩格斯正是根据世界领域内资本主义社会还在走上坡路这一事实，认为"小小角落里"的欧洲大陆上的社会主义革命有可能被国际资产阶级联合镇压下去；马克思、恩格斯正是把整个资本主义战线看作世界各国革命运动的敌方，认为"工人没有祖国"，无产阶级必须以"联合的行动"来战胜国际资本，求得彻底解放。

斯大林说："从前，总是把无产阶级革命看作纯粹是某一个国家内部发展的结果。"② 这是不对的。恰恰相反，开始，马克思、恩格斯正是通过分析在资本主义世界体系中，英国同别的国家比较起来，是一个无产阶级和资产阶级之间的矛盾最为尖锐的国家，认为英国将首先突破资本战线，然后促使各国求得解放。后来，马克思、恩格斯正是通过分析资本主义世界体系中各种矛盾的发展，认为欧洲革命将起到世界革命的首倡作用，而其中德国的革命将最先取得胜利。

斯大林一方面认为，马克思、恩格斯只是从某一国家的经济状况出发去分析无产阶级革命的前提，把某一发达国家内的无产阶级革命看作独立自在的现象；另一方面又说："从前认为革命在一个国家内胜利是不可能的，以为要战胜资产阶级就必须要有一切先进国家内或至少要有多数先进国家内无产者的共同发动。"③ 从分析一国经济状况出发，却得出"同时胜利"的结论；主张"同时胜利论"，却又不根据世界经济状况去观察问题。斯大林的这种说法在本质上是自相矛盾的。

斯大林在阐发列宁的社会主义革命理论时，不乏精彩之处。但

① 《斯大林选集》上卷，人民出版社 1979 年版，第 205 页。
② 同上。
③ 同上书，第 212 页。

是，他为了强调列宁的贡献，却将马克思、恩格斯的思想与列宁的思想完全对立起来，这既不符合历史事实，又不符合列宁的本意。这种做法容易给人们造成一种错觉，似乎到了帝国主义时代，马克思、恩格斯的社会主义革命理论已经过时，因而可能造成否定马克思主义对于各国革命的指导作用的危险。

其次，斯大林也误解了列宁的一些思想。

斯大林在《论列宁主义的几个问题》中说：列宁在 1915 年 8 月《论欧洲联邦口号》中说的这句话——"'在本国组织了社会主义生产'是什么意思呢？这就是说，获得了胜利的那个国家的无产阶级，在夺得政权以后，能够而且应当在本国组织社会主义生产。'组织社会主义生产'又是什么意思呢？这就是建成社会主义社会。未必用得着证明：列宁的这个明确的原理是无须再加解释的。否则，列宁在 1917 年 10 月对无产阶级发出的夺取政权的号召就会是不可理解的了。"① 由于斯大林对列宁"一国组织了社会主义生产"的提法产生了误解，认为列宁在 1915 年就具有"一国建成社会主义"的思想，所以他在阐述列宁的"一国首先胜利论"时出现了混乱。

开始，斯大林在《论列宁主义基础》中，把"组织了社会主义生产"理解为"建成社会主义社会"，并将其与"社会主义的完全胜利"和"社会主义的最终胜利"同等看待，认为"为了组织社会主义生产"，就必须有几个先进国家中无产者的共同努力。② 为了建成社会主义社会，就必须有几个先进国家中无产者的共同努力，这是符合列宁思想的；但是，"组织了社会主义生产"就是"建成社会主义社会"，不是列宁的本意。列宁认为，一国可以组织社会主义生产，但

---

① 《斯大林选集》上卷，人民出版社 1979 年版，第 441 页。
② 参见同上书，第 435 页。

一国不能取得社会主义的最终胜利，即一国不能完全组织起社会主义社会。国内战争结束以后，列宁产生了一国可以建成社会主义基础的思想，从而在事实上将"建成社会主义社会的基础"与"社会主义的最终胜利"区分开来。实际上，列宁在《论欧洲联邦口号》中所说的在一个国家内获得胜利的无产阶级"剥夺了资本家并在本国组织了社会主义生产"，是指无产阶级利用国家政权的力量，夺取资本家的生产资料，建立国有经济，掌握国家经济命脉，在生产资料公有制的基础上组织生产。这种在社会主义国家的国有企业中组织的生产，它的性质当然不是资本主义的，而是社会主义的；但这只是向社会主义社会的过渡，还不是社会主义社会的建成。这就是说，列宁所说的"组织了社会主义生产"，是指在过渡时期为实现社会主义所组织的生产。由于斯大林对列宁的这一提法产生了误解，所以他在阐述列宁的思想时不免出现悖谬。列宁认为一国获得胜利的无产阶级可以在本国组织社会主义生产，而斯大林却说："不，不能。"

斯大林说：如果不把"组织了社会主义生产"解释为"建成社会主义社会"，那么，"列宁在1917年10月对无产阶级发出的夺取政权的号召就会是不可理解的了"。他还说："谁否认社会主义在一个国家内建成的可能性，谁也就一定要否认十月革命的合理性。"① 这个判断也是不正确的。列宁在十月革命胜利以后，还仍然认为一国不能建成社会主义社会，但这能证明列宁否认了十月革命的合理性吗？二月革命胜利以后，列宁认为，战争环境既然造成了俄国社会主义革命的客观形势，那么，无产阶级就应该积极争取夺得政权，努力巩固无产阶级政权并开展社会主义建设事业；这必将引起欧洲各先进国家尤其是

① 《斯大林选集》上卷，人民出版社1979年版，第341页。

德国的革命，然后在各国社会主义革命胜利的基础上共同建成社会主义社会。而且，斯大林的这个判断本身就是矛盾的。斯大林在 1924 年以前也曾否认过一国建成社会主义社会的可能性，难道他自己也否认十月革命的合理性吗？斯大林后来认为一国能够建成社会主义社会，同时反复强调一国不能免除资本主义制度复辟的危险，按照他的逻辑，这岂不是否认了一国建成社会主义社会的合理性？

后来，斯大林在《论列宁主义的几个问题》中，认为自己在《论列宁主义基础》中的说法"有缺点"了，所以对此作了"改变"和"纠正"。他把"社会主义的胜利"问题分成两个问题：一个是可能在一个国家内建成完全的社会主义社会的问题，另一个是免除资产阶级制度复辟的完全保障的问题。他解释说：社会主义可能在一个国家内获得胜利是什么意思呢？"这就是可能用我国内部力量来解决无产阶级和农民间的矛盾，这就是在其他国家无产者的同情和支援下，但无须其他国家无产阶级革命的预先胜利，无产阶级可能夺得政权并利用这个政权来在我国建成完全的社会主义社会。"而没有其他国家革命的胜利，社会主义就不可能在一个国家内获得完全的最终胜利，又是什么意思呢？"这就是说，没有至少几个国家革命的胜利，就不可能有免除武装干涉因而不可能有免除资产阶级制度复辟的完全保障。"① 斯大林的这一明确划分，有一定的积极意义，它鼓舞苏联人民为争取建成社会主义社会而斗争。但是，这里仍然存在着模糊不清的东西，即所谓的"完全的社会主义社会"究竟是什么含义。它是指基本完成了生产资料所有制的社会主义改造，初步建立了社会主义经济基础的社会，还是指阶级和国家消亡的社会主义社会？如果指的是前

---

① 《斯大林选集》上卷，人民出版社 1979 年版，第 438 页。

者，那么斯大林的说法是讲得通的，因为建立起社会主义的经济基础，还不能免除资本主义制度复辟的危险；如果指的是后者，那么斯大林的说法就讲不通了，因为没有阶级、没有国家的社会主义社会要么根本建不成——处在资本主义包围中的一国不可能最终消灭阶级和国家，要么建成后就一定能够免除资本主义制度复辟的危险——阶级消灭和国家消亡的社会是不会存在资产阶级复辟与无产阶级反复辟的斗争的。

斯大林在批判反对派的过程中，曾引用过列宁的一些话，其中引用次数最多的，是列宁 1922 年在莫斯科苏维埃全会上所说的"新经济政策的俄国将变成社会主义的俄国"和 1923 年在《论合作社》一文中所说的苏联具有"建成完全的社会主义社会所必需的一切"。斯大林引用这些话来批驳反对派倒是无可厚非的，但是，他用这些话来证明列宁具有一国建成完全的社会主义社会的思想是不准确的。的确，俄国国内战争结束后，列宁认为可以利用国际局势出现的敌我双方都既没有取得胜利，也没有遭到失败的"均势"，抓住"喘息"时机，积极开展社会主义建设事业，为争取建成社会主义社会的基础而奋斗。但是，列宁并不认为俄国当时已经具备了建成社会主义社会所必需的一切条件，俄国一国能够建成完全的社会主义社会。列宁认为，社会主义的真正的唯一的物质基础，就是同时能改造农业的大机器工业，是社会化大生产；这对于俄国来说，并不是短期内所能达到的。1921 年 3 月，列宁指出：大生产是不可能在旧的基础上恢复起来的，这至少需要几十年，在我们这种遭受破坏的情况下，可能还要更长一些的时间。① 正因为如此，所以俄国不能用直接的正面攻击的方

---

① 参见《列宁全集》第 41 卷，人民出版社 1986 年版，第 22 页。

式来解决消灭资本主义的任务，而必须用迂回的改良主义的办法实现向社会主义的过渡。苏俄由战时共产主义政策转变到新经济政策的目的，就是利用国家资本主义作为提高生产力的手段和途径，为社会主义创造物质条件。列宁正是从实行新经济政策有利于发展生产力和无产阶级学会管理的意义上，才说“新经济政策的俄国将变成社会主义的俄国”。同时，列宁认为，要建成社会主义社会，还必须实现文化革命；在一个文盲的国家内是不能实现电气化的，是不能建成社会主义社会的。在《论合作社》一文中，列宁指出：俄国只要实现了文化革命，就能成为完全的社会主义国家了；但是这个文化革命，无论在纯粹文化方面或物质方面，对于我们说来，都是异常困难的。① 所以，列宁在这篇文章中列举了无产阶级掌握着国家权力，国家支配着一切大的生产资料，无产阶级和农民结成联盟，无产阶级对工农联盟的领导，合作社等条件之后，仍然说“这还不是建成社会主义社会”。列宁列举的这些条件，确切些说，只能是“建成社会主义社会所必需而且足够的一切”国内条件，而且只是一切前提条件，还不是一切必要条件。建成社会主义社会所必需的大工业、大农业、高度发达的无产阶级文化以及民主高效的国家政权机关等条件，当时的苏联并不具备。另外，建成社会主义社会，除了需要具备国内条件之外，还需要具备国际条件；在这里，列宁将它撇开未谈。就在这篇文章当中，列宁在谈到苏联应该把工作重心由政治斗争、革命、夺取政权等方面，转到和平组织“文化”工作方面时说，这是“把国际关系撇开不谈，只就国内经济关系来说”的。他说：“如果不是因为国际关系，不是因为必须为我们在国际范围内的阵地进行斗争，我真想说，我们的重

---

① 参见《列宁全集》第43卷，人民出版社1987年版，第368页。

心转移到文化主义上去了。如果把国际关系撇开不谈，只就国内经济关系来说，那么我们现在的工作重心的确在于文化主义了。"① 而如果考虑到国际关系的话，那么结论应该是什么呢？列宁在国内战争结束后还仍然认为，只要苏维埃俄国还处在整个资本主义世界的包围之中，那种认为苏俄经济完全可以独立和各种各样的危险已经消失的想法，就是十分可笑的幻想和空想。只要这种根本对立还存在，危险也就存在，并且不可避免。因此，俄国一国是不能建成完全的社会主义社会的。

斯大林认为，列宁早就具有了在俄国一国建成完全的社会主义社会的思想。其实，这是对列宁思想的误解。直到 1923 年 1 月，列宁在《论我国革命》一文中，批驳"俄国生产力还没有发展到可以实行社会主义的高度"，因而不应当实行社会主义革命的观点时，也没有说俄国的生产力已经达到实行社会主义的高度，而是说俄国改变了通常的历史顺序，首先创造了发展生产力和提高文化水平的前提，然后在文明程度上奋力赶上别国的人民，最终走到社会主义。同年 3 月，列宁在《宁肯少些，但要好些》一文中又指出："我们的文明程度也还够不上直接向社会主义过渡，虽然我们已经具有这样做的政治前提。"② 可见，列宁最终也只是认为，俄国不过是具备了实现社会主义的国内大前提，并没有具备实现社会主义的一切条件。对于列宁的这一思想，斯大林显然没有予以足够的认识。后来的实践证明，苏联过早地结束了新经济政策，急于进行生产资料所有制的社会主义改造，与斯大林对列宁的这一思想存在误解有着直接联系。

列宁在领导俄国人民进行巩固无产阶级政权和建设社会主义事业

---

① 参见《列宁全集》第 43 卷，人民出版社 1987 年版，第 367 页。
② 《列宁全集》第 43 卷，人民出版社 1987 年版，第 391 页。

的斗争中，注意到了在俄国建成社会主义社会将是一项非常艰难和相当长期的任务，同时考虑到国际关系中一直存在着帝国主义国家颠覆苏维埃政权的危险，所以他始终未形成和提出"一国建成完全的社会主义社会"的理论。他关心的并不是社会主义的最终胜利，而是苏维埃政权的生存和社会主义建设事业的发展。列宁的这一思想，可以用他的下面两段话来概括。在《十月革命四周年》一文中，列宁说："我们已经开始了这一事业。至于哪一个国家的无产者在什么时候、在什么期间把这一事业进行到底，这个问题并不重要。重要的是，坚冰已经打破，航路已经开通，道路已经指明。"① 在《宁肯少些，但要好些》一文中，列宁又说："……我们关心的并不是社会主义最终胜利的这种必然性。我们关心的是我们俄国共产党，我们俄国苏维埃政权为阻止西欧反革命国家扼杀我们所应采取的策略。"② 可见，列宁与斯大林不同，他并不认为不相信俄国一国能够建成完全的社会主义社会，就会导致怀疑主义、取消主义、机会主义和蜕化。

总之，尽管列宁也曾把社会主义定义为生产资料公有制和产品按劳动分配原则，但他认为生产资料公有制必须建立在生产力高度发展的基础之上，俄国离建立这个基础还相差很远。至于完全的社会主义社会，列宁则认为是消灭了阶级，包括工人和农民这样不同的劳动阶级的社会，俄国离达到这个目标相差更远。列宁把建成社会主义社会的基础的时间估计得很长，而斯大林则估计得较短；列宁认为完全的社会主义社会的实现，需要至少几个先进国家无产阶级的共同努力，而斯大林却认为完全的社会主义社会能够在苏联一国内建成。

---

① 《列宁全集》第42卷，人民出版社1987年版，第175页。
② 《列宁全集》第43卷，人民出版社1987年版，第391页。

第五章

重评联共（布）的
"一国社会主义"之争

一 对这场争论的回顾与思考

1925—1926 年，联共（布）党内以斯大林、布哈林等人为首的多数派同以托洛茨基、季诺维也夫、加米涅夫等人为首的反对派，围绕苏联一国能否建成社会主义的问题，展开了一场激烈的争论。争论的结果，坚持苏联一国能够建成社会主义的多数派获得了胜利，而否认苏联一国能够建成社会主义的反对派遭到了失败。历史似乎已经对这场争论做出了定论。但是，事隔 90 年以后，我们冷静地对其进行回顾与思考，就会感到对这场争论本身以及双方争论的理论问题，还有重新进行研究的必要。

1924 年年初列宁逝世以后，苏联向何处去，成为摆在布尔什维克党和全体苏联人民面前的严重问题。当时，国际上出现了两种"稳定"。一是资本主义世界的稳定：到 1923 年年底，德国、保加利亚、波兰和其他许多国家的革命运动都遭到了失败，俄国十月革命后出现的欧洲革命高潮结束了，革命的低潮到来了；资本主义世界抵挡住了无产阶级和人民群众在帝国主义大战后的第一次革命进攻，巩固了自己的地位，获得了暂时的相对稳定。二是苏联的稳定：苏维埃俄国在粉碎了外国武装干涉和国内白匪叛乱之后，又实行了三年的新经济政策，国民经济恢复工作取得了很大成就，无产阶级专政得到了巩固，国家的政治经济实力进一步增强；资本主义国家在试探了苏维埃政权的稳固性、确信它已不可动摇之后，相继来同苏联建立外交关系，1924年，苏联同英、法、日、意等国建交，苏联争得了一个有利的国际环境和和平喘息的时机。

此时，苏联的国内形势也发生了重大变化，国民经济获得了迅速增长，国民经济恢复工作行将结束。1924—1925年度，农业总产值已达战前的87%，大工业产值约占战前的75%，国内商品流转总额达到战前的70%。国民经济中的社会主义成分有了很大增长，国营和合作社经营的工业产值已占工业总产值的81%，加入合作社的农户增至500万户。劳动人民的物质文化生活也得到了改善，国营工人的实际工资已超过战前水平，农民的生活水平也有较大提高。在工农生活状况改善的基础上，群众的政治积极性大大提高，无产阶级专政巩固了，布尔什维克的威信增长了。

但是，在国际上，在西欧无产阶级革命运动转入低潮，资本主义世界出现稳定局面之后，国际资产阶级仍然继续封锁、包围苏联，并加紧策划新的武装干涉，苏联与资本主义各国之间的斗争日益复杂化了。在苏联国内，由于要过渡到在新技术基础上改造整个国民经济，在经济中社会主义成分同资本主义成分之间的斗争也日益复杂化了。正如斯大林所说："目前时期的特点，一方面是资本主义各国和我国之间的斗争日益复杂化，另一方面是我国内部社会主义成分和资本主义成分之间的斗争日益复杂化。"① 在这种形势下，即在国内外阶级斗争日益复杂，苏联国民经济已经接近战前水平的情况下，社会主义建设的前途和命运问题，就已经不是作为理论问题，而是作为实践问题，尖锐地提到了苏联党和人民的面前。这就是说，苏联能不能在资本主义各国革命推迟爆发和资本主义世界处于稳定的条件下建成社会主义，已成为布尔什维克党必须明确回答的问题。联共（布）关于"一国社会主义"问题的争论，就是在这种背景下发生的。

这场争论，最终以多数派的胜利，反对派的失败而告结束，究其原因，主要有以下两点。

第一点，多数派在理论上占了优势。列宁在世时和列宁逝世后的一段时间里，布尔什维克党内并无人提出在没有国际革命的支援下俄国一国能够建成完全的社会主义社会。1924 年 4 月，斯大林在《论列宁主义基础》的初稿中曾明确指出俄国一国不能建成社会主义社会。他说："为了获得社会主义的最终胜利，为了组织社会主义生产，单靠一个国家的努力，特别是像俄国这样一个农民国家的努力就不够了——为了达到这个目的，就必须有几个先进国家中无产者的共同努力。"② 但是到同年 12 月，斯大林在《十月革命和俄国共产党人的策略》一文中改变了上述看法。他说："在其他国家（即使这些国家的资本主义比较发达）还保存资本主义的情况下，社会主义在一个国家（即使这个国家的资本主义不发达）内胜利是完全可能的，是可以肯定的。"③ 但是，"为了社会主义的完全胜利，为了有免除旧制度恢复的完全保障，必须有几国无产者的共同努力"④。斯大林的这一新说

---

① 《斯大林全集》第 8 卷，人民出版社 1954 年版，第 191 页。
② 《斯大林选集》上卷，人民出版社 1979 年版，第 435 页。
③ 同上书，第 285 页。
④ 同上书，第 288 页。

法，在 1925 年 4 月召开的俄共（布）第十四次代表会议上得到确认。这次会议通过的《关于共产国际和俄共（布）因共产国际执行委员会扩大全会的决议而产生的任务》的决议中指出："两个直接对立的社会制度的存在，经常引起资本主义封锁、其他种种经济压力、武装干涉和复辟的危险。因此，几个国家内胜利的社会主义革命是社会主义最后胜利的唯一保障，即免除复辟的唯一保障""但由此决不能得出结论说，在俄国这样落后的国家中，如果没有技术上经济上比较发达的'国家援助'（托洛茨基），就不可能建成完全的社会主义社会。"[①] 此后，斯大林一直坚持并进一步阐发了苏联一国能够建成社会主义社会的思想。

相反地，托洛茨基、季诺维也夫和加米涅夫等人，虽然在党的第十四次代表会议上投票赞成中央的决议，但是心底并不相信苏联一国能够建成社会主义社会。在此之前，托洛茨基把他的"不断革命论"重新搬出，在《1905 年》一书的序言中宣称："在农民占人口绝大多数的落后国家内，工人政府所处地位的矛盾，只有在国际范围内即在无产阶级世界革命舞台上，才能求得解决。"在《和平纲领》的跋中，他又说："俄国社会主义经济的真正高涨，只有无产阶级在欧洲几个最重要国家内获得胜利以后，才会是可能的。"季诺维也夫和加米涅夫也在中央政治局会议上宣称，在西欧无产阶级革命延缓的情况下，落后的技术和经济是苏联社会主义建设不可克服的障碍，所以，苏联一国不可能建成社会主义社会。后来，季诺维也夫在《列宁主义》一书中认为，我们可以在苏联建设社会主义，但反正不能建成社会主义。尽管在这场争论的后期反对派在关于工业化的速度和对农民的政

---

① 《苏共决议汇编》第 3 分册，人民出版社 1956 年版，第 47 页。

策等问题上观点也有所变化，但他们始终坚持苏联一国不能建成社会主义社会。

斯大林的"一国建成论"，表达了苏联人民的愿望。苏联人民在经历了世界大战和国内战争的磨难之后，在恢复国民经济的艰苦卓绝的斗争中，强烈要求摆脱困境，继续前进，建设自己富强的国家。同时，十月革命胜利后的七年来，布尔什维克党在领导人民进行巩固无产阶级政权和建设社会主义事业的过程中，树立了依靠本身的力量来管理国家和建设国家的信心，淡漠了将自己的前途和命运寄托在欧洲革命胜利上的观念。因此，当斯大林审时度势，提出苏联能够依靠自身的力量建成完全的社会主义社会时，指明了人民继续前进的目标，鼓舞了人民建设社会主义的斗志，从而得到了绝大多数党员和群众的拥护。相反，反对派坚持一国不能建成社会主义的观点，违背民意，不得人心，这就决定了他们难以逃脱失败的命运。

第二点，多数派在政治上和组织上也占了以下三个优势。

其一，反对派的首领在历史上都有过不光彩的反列宁的"污点"。托洛茨基游移于布尔什维克和孟什维克之间许多年，并时常与列宁打笔墨官司，只是在十月革命前夕才加入布尔什维克，十月革命胜利后，又在签订《布列斯特－里托夫斯克和约》问题上和关于工会问题的争论中与列宁意见相左，受到列宁的严厉批评。季诺维也夫和加米涅夫虽然是老布尔什维克，但在十月武装起义的关键时刻反对起义，并在非党的《新生活报》上向敌人泄露了中央关于在最近期间举行起义的决定，因而被列宁斥为"工贼"并提议开除出党。相反，列宁虽然也曾批评斯大林"太粗暴"，但这似乎只是性格问题而不是政治问题。在这场争论中，斯大林以列宁的最忠实的学生和当然的继承者自居，时常以反对派的"历史污点"要挟对方，使他们苦于招架，并最终使他们在公众中威信扫地。

其二，斯大林掌握了党的领导机构，而反对派却始终只是党内的一个派别。1922年4月，斯大林就担任了党的总书记。开始，这一职务并不被人们所重视，因为它只是负责处理日常行政事务的；但是后来，随着党的任务和党的作用的增加，总书记的作用也就越来越大，因为党的干部以及党的日益庞大的机构的一切活动均须由总书记调配和监督。斯大林还是负责干部分派工作的组织局的成员。他是政治局委员、组织局委员，又是总书记和两个人民委员会的委员（民族事务人民委员和工农监督人民委员），在党的所有领袖中，这种情况是绝无仅有的。所以列宁说："斯大林同志当了总书记，掌握了无限的权力，他能不能永远十分谨慎地使用这一权力，我没有把握。"① 列宁逝世以后，党中央书记处的权力和作用更大了，它支配了中央各个方面的工作，领导了各州和各大城市的一切党组织，有权任命和调动党和国家的众多活动家的工作。这就是说，书记处实际上领导了党。而书记处的这一领导，又是在总书记斯大林的直接支配下实现的。但是，反对派的首领们没有这样的地位和权力。托洛茨基作为1923—1924年的"反对派"的首领，早在1925年1月的中央全会上就被免除了革命军事委员会主席和陆海军人民委员两个重要职务，而被委派到中央租让委员会主席和全苏最高经济会议产品质量特别委员会主席这样的次要岗位上去。待到与季诺维也夫和加米涅夫组成1926—1927年的"联合反对派"时，他已被搞得声名狼藉。季诺维也夫和加米涅夫组织1925年的"新反对派"时，虽然都担任了重要职务，前者是共产国际执委会主席和列宁格勒苏维埃主席，后者是人民委员会第一副

① 《列宁全集》第43卷，人民出版社1987年版，第339页。

主席和莫斯科苏维埃主席，但是，他们的地位并没有对斯大林的权力形成威胁，而且他们作为公认的"理论家"，并不十分重视政治工作和组织工作，政治地位不断下降。到 1926 年 6 月，当与托洛茨基组成"联合反对派"时，季诺维也夫已失去了列宁格勒苏维埃主席的职务，加米涅夫被降为政治局候补委员，并失去了人民委员会副主席和莫斯科苏维埃主席的职务，而只担任贸易人民委员（不久也被撤销）。他们的威信与影响大大下降。因此，在中央政治局中，斯大林总是控制着多数成员，而反对派却始终处于少数地位。这就在组织上决定了他们的失败。

其三，反对派在策略上也犯了错误，给斯大林的进攻提供了武器。开始，他们之间互相攻讦，后来，他们又抱成一团。1924 年秋，托洛茨基在《十月的教训》一书中，将德国革命的失败归咎于共产国际的领导，说 1923 年由于季诺维也夫的错误而失去了一个异常好的革命机会；他在歪曲列宁的立场和作用的同时，把主要矛头指向了季诺维也夫和加米涅夫，说这两人 1917 年 10 月曾有投降行为，被列宁称为"工贼"并要求清除出党，他认为这两人的立场是党内的"右翼"。而在当时，反对托洛茨基最坚决的就是季诺维也夫和加米涅夫。他们作为老布尔什维克，总是强调托洛茨基直到十月革命前夕才加入布尔什维克。1924 年年底，以季诺维也夫为首的列宁格勒州委通过了开除托洛茨基党籍的决定。在 1925 年 1 月的中央全会上加米涅夫也同意列宁格勒州委的意见。斯大林巧妙地利用了他们之间的矛盾。一方面，他通过中央的多数人撤销了托洛茨基担任的十分重要的行政和军事职务；另一方面，他又反对季诺维也夫和加米涅夫立刻撤销托洛茨基的政治局委员职务的主张，将其留在中央政治局内。后来，斯大林在党的十四大上说："我们之所以没有同意季诺维也夫和加米涅夫的建议,是因为我们知道,割除政策对党是很危险的,割除的方法,流血的方法——而他们正是要求流血——是危险的,是有传染性的:今天割除一个人,明天割除另一个人,后天再割除第三个人——那在我们党内还会留下什么人呢?"① 斯大林利用这种手法,达到了一箭三雕之目的,既打倒了托洛茨基,又搞臭了季诺维也夫和加米涅夫,同时提高了自己的威信。但是,具有讽刺意味的是,正是这个反对"割除"政策的斯大林,后来把1924年6月即列宁去世后不久召开的十三大选出的除他之外的所有中央政治局委员全部"割除"了!"新反对派"在党的十四大上遭到失败后,改变策略,转而联合托洛茨基,本来他们互相攻击,到1926年,他们讲话却完全变了调子。季诺维也夫在6月26日的中央监委主席团会议上讲话时说:"有那么一段悲惨时期,我们两派真正的无产阶级革命者本应团结起来,以反对正在蜕化变质的斯大林以及他的朋友们,但因为对党内的一些情况的本质不清楚,我们在两年期间互相打架。对这点我们非常惋惜,并希望今后再也不会重复。"托洛茨基则在7月的中央和中央监委联席会议上发表的《关于个人问题的声明》中说:"在《十月的教训》一书中我无疑是把党的政策的一切机会主义动向和季诺维也夫、加米涅夫的名字联在一起。中央内部思想斗争的经验证明,这是很大的错误。这个错误的原因在于我不可能了解七人内部的思想斗争并及时断定,机会主义的动向是来自反对季诺维也夫和加米涅夫同志的以斯大林为首的那一派。"他们的这种做法马上被斯大林抓住把柄。斯大林指出:"新反对派"已经转到托洛茨基主义的立场上去了。"他们现在拥护托洛茨基主义,就像他们从前反对托洛茨基主义一样热烈。""反对派联盟

---

① 《斯大林全集》第7卷,人民出版社1958年版,第317页。

在手段上的不加选择和在政治上的毫无原则，这是托洛茨基派和'新反对派'联盟存在的基础，没有这两点他们就不能把各种各样反党派别纠合在一起。"① 斯大林非常机智、灵活地运用了反对派的自相矛盾，指责他们没有原则性，不久前他们还互相进行刻薄的批评，现在却又抱在了一起。只要把反对派过去的错误罗列出来，就足以使他们不打自倒了。斯大林反复强调实现党的团结统一，反对派别活动。当时全党强烈要求统一，以便进行社会主义建设，斯大林利用这一点，把中央政治局和中央委员会的大多数成员团结在自己的周围，使反对派陷入孤立并最终走向失败。

联共（布）的"一国社会主义"之争，给我们留下了深刻的教训。

首先，联共（布）混淆了思想斗争和政治斗争的界限是错误的。反对派与多数派之间的意见分歧，属于思想斗争的范畴，但是，斯大林却把与反对派的斗争看作政治斗争。1927 年 5 月 24 日，他在共产国际执行委员会会议上说："托洛茨基所选择的攻击党和共产国际的时机太不恰当了。我刚刚得到英国保守党政府决定和苏联绝交的消息。用不着证明，现在到处都会展开对共产党人的进攻。这种进攻已经开始了。有些是以战争和干涉来威胁联共（布）。另一些则是以分裂来威胁联共（布）。正在建立一种从张伯伦到托洛茨基的统一战线之类的东西。"② 在这里，斯大林将党内反对派的首领和英国资产阶级政府的头面人物等同看待，把托洛茨基置于阶级敌人的地位，是不妥当的。与斯大林不同，马克思、恩格斯和列宁总是把思想斗争和政治斗争、思想上的对手和政治上的敌人严格区分开来。大家知道，马克

---

① 《斯大林全集》第 8 卷，人民出版社 1954 年版，第 196 页。
② 《斯大林全集》第 9 卷，人民出版社 1954 年版，第 282 页。

思、恩格斯是坚决反对拉萨尔主义的，明确指出拉萨尔的社会主义是"普鲁士王国政府的社会主义"①，甚至痛斥"这家伙现在简直是在为俾斯麦效劳"②。但是，1864年9月初，当马克思得知拉萨尔在决斗中死亡的消息时，他在给恩格斯的信中写道："拉萨尔的不幸遭遇使我在这些日子一直感到痛苦。他毕竟还是老一辈近卫军中的一个，并且是我们敌人的敌人。"③ 在这里，马克思把思想上的敌人拉萨尔看作自己政治上的同志或盟友。列宁也是如此。他在《唯物主义和经验批判主义》一书中写道："波格丹诺夫本人是一切反动派、特别是资产阶级反动派的死敌。但波格丹诺夫的'代换'说与'社会存在和社会意识同一'论，却为这些反动派服务。这是可悲的事实，然而的确是事实。"④ 列宁认为，波格丹诺夫在思想上"完全背弃了辩证唯物主义即马克思主义"⑤，他的理论是为反动派服务的，但是，波格丹诺夫本人在政治上却是一切反动派、特别是资产阶级反动派的死敌。可见，斯大林在同反对派的斗争中，混淆了思想斗争和政治斗争的界限，混淆了思想上的对手和政治上的敌人的界限，是不符合马克思列宁主义的。

其次，与上述问题相联系，联共（布）在开展党内思想斗争时所采取的方式是错误的。马克思主义认为，无产阶级政党内部经常发生意见分歧和思想斗争并不可怕，这是党成长过程中不可避免的和完全必要的。1895年1月，恩格斯指出："党内的分歧并不怎么使我不安；经常不断发生这类事情而且人们都公开发表意见，比暮气沉沉要好得

---

① 《马克思恩格斯全集》第16卷，人民出版社1964年版，第88页。
② 《马克思恩格斯全集》第30卷，人民出版社1974年版，第351页。
③ 同上书，第422页。
④ 《列宁全集》第18卷，人民出版社1988年版，第341页。
⑤ 同上书，第8页。

· 136 ·

多。"① 甚至可以这样说，开展积极的思想斗争，是无产阶级政党确立正确的思想路线和政治路线的一个必不可少的条件。1919 年 10 月，列宁指出：共产党人中间的意见分歧，是急剧发展起来的群众运动的代表人物中间的意见分歧，是在一个坚如磐石的共同的基础上的意见分歧，而这个基础就是承认无产阶级革命，承认无产阶级专政和苏维埃政权。在这种基础上的意见分歧并不可怕。这种意见分歧布尔什维主义也经历过不止一次，它甚至由于这类意见分歧有过小小的分裂。但是在决定性的时刻，即在夺取政权和建立苏维埃共和国的时刻，布尔什维主义是统一的。它把接近自己的各种优秀的社会主义思想流派吸引到自己这方面来，它把整个无产阶级先锋队和绝大多数劳动者团结到自己的周围。② 列宁认为，党内关于理论和策略问题的思想斗争要尽可能公开、广泛、自由和正派地进行，但这种思想斗争不得破坏和妨碍党的行动统一；讨论自由，行动一致，这就是党内思想斗争的原则。根据列宁的教导，我们可以看出，联共（布）党内多数派与反对派的意见分歧，就是在承认无产阶级革命，承认无产阶级专政和苏维埃政权的基础上产生的意见分歧。反对派承认苏联正在建设社会主义，而且可以继续建设社会主义，甚至可以实现生产资料和生产工具的国有化，只是在能否建成完全的社会主义社会的问题上，由于对"完全的社会主义社会"有着不同的理解，才与多数派发生了意见分歧。这种意见分歧，并不破坏和妨碍苏联的社会主义建设，如果采取正确的方式，就可以把这场思想斗争局限在党的范围之内，以求得到顺利解决。但是，遗憾的是，这场思想斗争却导致了联共（布）最高领导层的分裂。对于这一结局，反对派当然要负一些责任，

---

① 《马克思恩格斯全集》第 39 卷，人民出版社 1974 年版，第 348 页。
② 参见《列宁全集》第 37 卷，人民出版社 1986 年版，第 206—207 页。

但是斯大林的做法也的确促使他们走上宗派活动的道路。他开始支持季诺维也夫和加米涅夫反对托洛茨基，然后又支持布哈林、李可夫和托姆斯基反对季诺维也夫和加米涅夫，这就使党内的分歧和斗争越来越激化，最后以"赶出去"的方式，了结了这场与反对派的争论。1890 年 8 月 9 日，恩格斯在致左尔格的信中指出："在德国，正在为代表大会制造小小的争吵。李卜克内西培养出来的席佩耳先生以及其他文学家，要出来反对党的领导并成立反对派。在《反社会党人法》废除之后，要禁止这样做简直是不可能的。党已经很大，在党内绝对自由地交换意见是必要的。……在这里，争论、甚至小小的争吵是必要的，这在最初的时候是有益的。丝毫不用担心有分裂的可能，12 年压迫的存在消除了这种危险。但是这些自负的文学家，企图用强力来使自己的自大狂得到满足，竭力搞阴谋，卖弄聪明，因而给党的领导增添许多麻烦和苦恼，也引起了比他们所应得的大得多的愤慨。由于这种情况，党的领导进行的斗争非常不高明。李卜克内西往往威胁要把他们'赶出去'，甚至通常很有分寸的倍倍尔，也在一怒之下发表了很不聪明的信。而这些文学家先生们现在正在叫嚷说压制了发表意见的自由等。……我想，在代表大会召开之前，我还可以在这里见到倍倍尔和李卜克内西，我要竭力说服他们，使他们相信采取任何'赶出去'的做法是不恰当的，这样做不是着眼于有说服力地证明这种行动对党的危害，而仅仅是着眼于对成立反对派的谴责。帝国最大的党的存在不可能不在党内出现许多各种各样的派别，所以即使是施韦泽式专制的假象也应当避免。"① 恩格斯认为，在一个大党内不出现各种各样的派别是不可能的，要禁止党内出现反对派是不可能的，在

---

① 《马克思恩格斯全集》第 37 卷，人民出版社 1971 年版，第 435—436 页。

党内绝对自由地交换意见是必要的，甚至展开争论和争吵也是必要的，用不着担心这会造成党的分裂；因此，对党内那些甚至"反对党的领导""竭力搞阴谋"的反对派，采取任何"赶出去"的做法也是不恰当的。对照恩格斯对德国社会民主党内的反对派的"宽容"态度，我们就会感到，联共（布）十五大将托洛茨基和季诺维也夫以及75 名托—季联盟的"骨干分子"全部清除出党的做法，是不可取的。

二　对反对派观点的再认识

在联共（布）关于"一国社会主义"问题的争论中，反对派自恃"马克思主义和列宁主义的传统完全在我们这方面"①，照搬马克思列宁主义关于社会主义的最终胜利必定是世界性的胜利的原理，断然否定一国建成社会主义的可能性；他们教条式地对待马克思列宁主义，没有看到历史条件的变化和列宁晚年思想的变化，株守马克思、恩格斯和早期列宁的个别结论，因而走上了错误的道路。

首先，反对派首领研究和争论社会主义胜利问题的出发点是错误的。他们都从苏联单独一国不可能建成社会主义社会这一点出发来研究问题，因而总的政治纲领是错误的。1925 年，季诺维也夫在《列宁主义》一书中说："我们正在苏联建设社会主义，并且还将进行建设。新经济政策的俄国将成为社会主义的俄国。不过反正'共产主义革命只有作为世界革命才能取得胜利'——马克思、恩格斯、列宁都是这样教导的。我们反正应当是国际无产阶级革命者，并且记住，社会主义制度的最终胜利要同一系列国家的无产阶级革

---

① 中共中央编译局国际共运史研究所编：《"一国社会主义"问题论争资料》，东方出版社 1986 年版，第 240 页。

命胜利同时取得。"① 他看问题的着眼点不是苏联一国的社会主义建设，而是社会主义制度在全世界的最终胜利，这与列宁关心的并不是社会主义最终胜利的历史必然性，而是俄国共产党和苏维埃政权为阻止西欧反革命国家扼杀苏维埃俄国应采取的策略，是截然不同的。

反对派的这种立场是脱离群众的，是不得人心的。季诺维也夫在党的十四大上所作的结论中说："你们看一看，例如雅柯夫列夫同志在最近一次党的库尔斯克省代表会议上竟胡说八道起来。他问道：'我们能不能在一个四面受着资本主义敌人包围的国家内，我们能不能在这样的条件下在一个国家内建成社会主义呢？'他自己回答道：'根据上述一切，我们有理由说，我们不仅正在建设社会主义，而且我们虽然暂时还是单独的，我们虽然暂时还是世界上唯一的苏维埃国家，但我们一定能建成这个社会主义。'""这难道是列宁主义对问题的提法吗？难道这里没有民族狭隘性的气味吗？"② 他认为，可能在一个国家内建成社会主义是"胡说八道"，是"民族狭隘性"。这种带有强烈刺激性的语言，使反对派将自己置于大多数党的领导干部和广大人民群众的对立面。

反对派从这种立场出发，从列宁十月革命前后的著作中摘取了大量引文，来证明他们与列宁的观点是一致的。他们认为，一国无产阶级可以首先夺得政权，在一国取得政权的无产阶级也可以宣布将生产工具和生产资料收归国有，但这都不是社会主义的最终胜利；"社会主义的最终胜利至少应理解为：（1）消灭阶级，从而，（2）废除一

---

① 中共中央编译局国际共运史研究所编：《"一国社会主义"问题论争资料》，东方出版社 1986 年版，第 20 页。
② 转引自《斯大林选集》上卷，人民出版社 1979 年版，第 440 页。

个阶级的专政，在这里就是废除无产阶级专政"①。由此可见，社会主义在一个国家内是不能取得最终胜利的，要取得社会主义的最终胜利，需要无产阶级革命至少在几个有决定性意义的国家里取得胜利。反对派的这种观点，的确是与列宁的观点一致的。但是，他们忽略了列宁在国内战争结束以后的思想变化。国内战争结束以后，苏维埃俄国为自己争得了和平喘息的时机，它在资本主义世界的包围之中得以继续存在。在这种情况下，列宁改变了自己关于俄国革命前途的观点，制订了俄国进行社会主义建设的长远规划。他认为，在没有外敌入侵的前提下，俄国内部的条件，比如无产阶级专政的国家政权和一切大的生产资料的公有制，特别是已形成的工人阶级与劳动农民之间的联盟，提供了在俄国顺利建设社会主义并建成社会主义社会的基础，即建立社会主义的基本经济制度和基本政治制度的足够的条件。

即使在国内战争结束以前，列宁认为社会主义革命能够在俄国首先开始，但如果没有欧洲革命支持的话，俄国就不能顺利地进行社会主义建设的时候，他的论据也只是俄国一国的无产阶级政权难以在帝国主义国家的包围之中生存下去，而不是俄国不具备建设社会主义的内部条件。列宁认为，俄国无产阶级如果没有欧洲无产阶级革命的支持，就不可能长期掌握政权，这是因为社会主义俄国在相当长的时间内，在军事力量和经济力量方面比帝国主义国家要弱几十倍；如果欧洲几个主要国家的无产阶级不能夺取政权的话，那么，世界大战结束以后帝国主义国家就会联合起来直接扼杀俄国的社会主义革命。1919年3月12日，列宁在《关于人民委员会对外对内政策的报告》中指出："只有在全世界范围内评价苏维埃的作用，我们才能够正确地弄

---

① 中共中央编译局国际共运史所编：《"一国社会主义"问题论争资料》，东方出版社1986年版，第6页。

清楚国内生活中的细小事情并且及时地加以调整。建设的事业完全决定于革命在欧洲的重要国家取得胜利的速度如何。只有在这样的胜利之后，我们才能够认真地进行建设事业。"① 他认为，只有欧洲几个主要国家无产阶级革命的胜利，才能保证俄国社会主义建设的政治前提——无产阶级政权的生存，也只有在无产阶级政权这个政治前提具备的情况下，俄国才能"认真地"进行社会主义建设事业。但是，当时列宁并不认为俄国不具备建设社会主义的内部经济条件。1919 年10 月，列宁在《无产阶级专政时代的经济和政治》一文中指出："不管各国资产者及其公开的和隐蔽的帮凶们（第二国际的'社会党人'）怎样造谣诬蔑，有一点是不容怀疑的：从无产阶级专政的基本经济问题来看，共产主义战胜资本主义在我国是有保证的。全世界资产阶级之所以疯狂地拼命地反对布尔什维主义，组织军事进攻，策划阴谋活动等来反对布尔什维克，正是因为他们十分清楚，若不用武力把我们压倒，我们就必然会在改造社会经济方面获得胜利。但资产阶级要想这样把我们压倒是办不到的。"②

托洛茨基也认为，俄国无产阶级能够首先夺得政权，但如果没有社会主义的欧洲特别是社会主义的德国直接支持的话，俄国的无产阶级政权就不能持久地生存下去，更不能顺利地进行社会主义建设。托洛茨基这个表面上与列宁相似的观点，他在论证时使用的论据却是与列宁完全不同的。他认为，俄国的社会主义建设之所以不能顺利进行，正是因为内部原因和条件，主要是由于国家经济落后和无产阶级同农民的利益不可避免地要发生冲突，从而导致无产阶级政权的垮台。他认为，无产阶级取得政权以后，工农的冲突将危及无产阶级专

---

① 《列宁全集》俄文第 2 版第 24 卷，第 33 页。
② 《列宁全集》第 37 卷，人民出版社 1986 年版，第 270 页。

政，因此无产阶级只能向国外寻求同盟者，依靠世界无产阶级的革命战争来巩固一国革命的胜利。这就是所谓的社会革命的"不断性"和国际革命的"不断性"。1922 年，托洛茨基在为《1905 年》一书写的序言中写道："正是在 1905 年 1 月 9 日事变到十月罢工期间，本书作者对于俄国革命发展的性质形成了获得'不断革命论'名称的那些观点。这个奇妙的名称表达了这样一个意思：直接摆在俄国革命面前的虽然是资产阶级的目的，可是它不能停留在这些目的上面。除非使无产阶级执掌政权，革命就不能解决它当前的资产阶级任务。而无产阶级掌握政权后，又不能以革命的资产阶级范围来限制自己。恰恰相反，无产阶级先锋队正是为了保证自己的胜利，还在它统治的初期，就不仅要最深刻地侵犯封建所有制，而且要最深刻地侵犯资产阶级所有制。在这种情形下，它不仅会和那些在无产阶级革命斗争初期支持过它的一切资产阶级集团发生敌对的冲突，而且会和那些协助过它取得政权的广大农民群众发生敌对的冲突。在农民占人口绝大多数的落后国家内，工人政府所处地位的矛盾，只有在国际范围内即在无产阶级世界革命舞台上，才能求得解决。"① 托洛茨基的"不断革命论"的根本错误，就在于对农民这个无产阶级的同盟者在社会主义革命中，尤其是在无产阶级夺得政权之后的作用估计不足。列宁与托洛茨基恰恰相反，他认为正是在无产阶级夺得政权以后，正是在无产阶级坚决镇压了大土地占有者和资本家以后，农民才能坚决地支持革命的无产阶级。1920 年 6 月初，列宁在为共产国际二大草拟的《土地问题提纲初稿》中指出："上述三类空前愚昧、十分分散、备受压抑的、在一切最先进的国家中必然过着半野蛮生活的农村居民，虽然在经济

---

① 《托洛茨基言论》（上），生活·读书·新知三联书店 1979 年版，第 177 页。

上、社会上和文化上会从社会主义的胜利中得到好处，但是只有在革命的无产阶级夺得政权以后，只有在革命的无产阶级坚决镇压大土地占有者和资本家以后，只有在这些备受压迫的人在实践中看到他们有了这种组织起来的十分强大坚定的领导力量和保护力量来帮助和领导他们，给他们指出正确道路以后，才能坚决地支持革命的无产阶级。"这是"已经被马克思主义理论充分证明而且又被俄国无产阶级革命经验完全证实了的真理"①。可见，托洛茨基的"不断革命论"，既违背了马克思主义的基本原理，又脱离了无产阶级革命的实践经验，因而是错误的。

当然，应该承认，在 1925—1926 年的争论中，除了托洛茨基之外，反对派的其他首领并未坚持托洛茨基的"不断革命论"；季诺维也夫在《列宁主义》一书中，甚至批判了"不断革命论"对农民革命作用估计不足的错误。而托洛茨基本人不同，虽然，在争论中他多次信誓旦旦地声明："我们认为，正如经验确凿无疑地证明了的，在一切多少带有原则性的问题上，我们谁要是和列宁的意见发生了分歧，真理无疑是在弗拉基米尔·伊里奇方面""在无产阶级和农民的相互关系的问题上，我们完全站在列宁根据 1905—1917 年的革命经验和社会主义建设的经验所制定的理论与策略学说（'结合'）的立场上。"② 但是，实际上，他一直在为被列宁批判过的自己的"不断革命"论辩护。直到 1930 年，他在《不断革命》一书的德、英文版"序言"中还说：联共（布）党内的斗争正是以两种对立的理论，即单独一国的社会主义和"不断革命"两种理论的形式进行的。③

---

① 《列宁全集》第 39 卷，人民出版社 1986 年版，第 170 页。
② 《"一国社会主义"问题论争资料》，第 237 页。
③ 参见同上书，第 299 页。

总之，反对派从社会主义的最终胜利就是建成完全的社会主义社会，而完全的社会主义社会就是无阶级、无国家的社会的认识出发，否定苏联一国能够建成社会主义；他们忽视列宁关于在得到巩固的苏维埃政权下，俄国一国能够建成社会主义社会的基础的思想，死抱马克思、恩格斯和早期列宁的个别结论不放。这种立场和方法，使反对派在这场争论中从开始的被动走向最后的失败。

　　但是，另一方面，我们还应该承认，在这场争论中，反对派坚持的某些观点是正确的，有的观点甚至带有一定的启发性和预见性。

　　首先，反对派对马克思、恩格斯关于社会主义胜利的思想的理解，基本上是正确的。

　　季诺维也夫针对斯大林说恩格斯在《共产主义原理》中表述的"同时发生"的观点已经"过时"，谈了对这段话和当时马克思、恩格斯思想的认识。他在联共（布）第十五次代表会议和共产国际执行委员会第七次扩大全会的发言中认为：当恩格斯说在某一个国家能不能发生胜利的革命，并回答说"不能"时，他说的"这种革命"，不仅指工人阶级夺取政权，而且指实行一系列经济变革措施，这一整套措施将导向真正的社会主义制度。因此，斯大林说苏联在新经济政策下已经实现了恩格斯的这一纲领的十分之九是不正确的。恩格斯说到英、美、法、德同时发生社会主义革命时，他指的绝不是无产阶级夺取政权本身一定要这四个国家在同一时刻进行；恩格斯是想说，只有社会主义在四个当时最先进的国家中得到巩固，社会主义制度才会取得对资本主义的胜利，从历史远景来说，这将在同一历史时期发生。马克思、恩格斯认为：第一，一国也可以而且应当开始社会主义革命；第二，开始革命的这个国家不一定是工业最发达的国家，法国当时不是一个工业国，而是一个经济落后国家，同俄国开始革命时的情况很相像，但马克思在《新的 1849 年》一文中曾预言法国将首先取得工人阶级的胜利；第三，社会主义革命也可以在一国“宣布”，但不能在一国“解决”。换句话说，社会主义革命在一国也可以取得初步胜利并开始建设社会主义，但它不能在一国取得最终胜利。“它无论在什么地方都不能在民族范围内解决。”这里可以清楚地看到，列宁在新的历史阶段以完善的形式提出的那种提法，也正是反映了马克思、恩格斯的这个思想。因此，斯大林认为恩格斯在《共产党宣言》的初稿中提出的原理已经过时，是极不谨慎的，也不符合列宁、马克思所说的话。① 笔者认为，在这些地方，季诺维也夫对马克思恩格斯关于社会主义胜利的思想的阐述和概括，是正确的。他关于马克思、恩格斯所说的在各主要国家“同时发生”的革命，不是指无产阶级夺取政权，而是指包括真正的社会主义变革在内的革命，关于马克思、恩格斯认为一国也可以而且应当开始社会主义革命，首先夺取政权并开始建设社会主义，而且开始革命的这个国家不一定是工业发达的国家而可能是经济落后的国家，关于马克思、恩格斯认为社会主义的最终胜利必定是“各国同时胜利”而不能在一国“解决”等说法，都比较准确地表达了马克思、恩格斯的本来思想。同时，他对斯大林关于马克思、恩格斯的革命理论“已经过时”，关于苏联在 1926 年就已经实现了恩格斯的革命纲领的十分之九等观点的批评，也是正确的。

其次，反对派对资本主义发展不平衡规律的适用范围的理解，他们关于马克思、恩格斯已经认识到了资本主义发展的不平衡的说法，基本上是正确的。

反对派认为，列宁并没有把发展不平衡规律看作仅仅是帝国主义

---

① 参见中共中央编译局国际共运史所编《“一国社会主义”问题论争资料》，东方出版社 1986 年版，第 165、196—197、200 页。

的规律，而是看作整个资本主义的规律；斯大林断言科学共产主义的奠基人马克思和恩格斯不知道资本主义发展不平衡规律，这是绝对不正确的。托洛茨基在联共（布）第十五次代表会议上的发言中认为：斯大林在理论方面和历史方面陷入了最严重的错误。资本主义发展不平衡的规律在帝国主义以前很早就有了。毫无疑问，资本主义现在在各国的发展极不平衡，但这种不平衡在19世纪要比在20世纪更加严重。当时资本主义发展的不平衡性更加尖锐，更加深刻；马克思和恩格斯对这个不平衡的认识并不比我们差。毫无疑问，现在仍然保持着巨大的发展不平衡性，但是说在过去，在19世纪，在帝国主义的前期，资本主义的发展更为平衡，因而说什么当时一国社会主义理论是不正确的，而现在，帝国主义发展的类型增加了，一国社会主义理论就是正确的了，不，这不能自圆其说，这是和全部历史经验相矛盾的，完全不符合实际现象，必须寻找其他更有力的证据。① 托洛茨基在这里所说的，除了帝国主义以前时期资本主义发展的不平衡更加尖锐和更加深刻有点矫枉过正，不够准确之外，其余几点，比如资本主义发展不平衡的规律不仅帝国主义时期存在而且在帝国主义以前时期就有了，马克思和恩格斯已经认识到了这个资本主义发展的不平衡，一国社会主义理论在帝国主义以前时期是不正确的而在帝国主义时期就是正确的说法不能自圆其说等，都是正确的。季诺维也夫在共产国际执行委员会第七次扩大全会上的发言中认为：现在根据"不平衡规律"做出许多不正确的结论，但列宁并没有把这个规律看作仅仅是帝国主义的规律，而是看作整个资本主义的绝对规律。马克思和恩格斯自然是很清楚这个规律的；斯大林断言他们不知道资本主义发展不平

---

① 参见中共中央编译局国际共运史所编《"一国社会主义"问题论争资料》，东方出版社1986年版，第148—149页。

衡规律是不正确的。马克思对资本主义生产方式所做的全部分析都贯穿着资本主义生产的各个组成部分发展不平衡规律。不能不是这样：因为生产的无政府状态，竞争制度必然产生不平衡的，甚至矛盾性的、对抗性的发展规律。马克思有一系列关于资本主义不平衡发展的直接表述。列宁向来没有认为资本主义发展不平衡的规律是自己的"发现"，而此规律似乎是马克思、恩格斯不知道的。因此，斯大林关于马克思、恩格斯没有发现也不可能发现，而是列宁发现了资本主义发展不平衡规律的说法是错误的。① 在这里，季诺维也夫关于列宁没有把发展不平衡的规律仅仅看作帝国主义的规律，而是看作整个资本主义的绝对规律的说法，关于列宁向来没有认为资本主义发展不平衡的规律是自己的"发现"，而马克思、恩格斯还不知道这个规律的说法，都是正确的；因此，他对斯大林在这个方面的错误的批评，也是正确的。

再次，反对派对列宁 1915 年前后的社会主义革命思想的理解，对列宁关于社会主义最终胜利思想的理解，基本上是正确的。

反对派认为，斯大林从列宁的《论欧洲联邦口号》一文中摘取"社会主义可能首先在少数或者甚至在单独一个资本主义国家内获得胜利"一语，并由此做出结论说，列宁在 1915 年就提出了一国建成社会主义的理论，是不对的；列宁在这段话里所说的"社会主义胜利"一语的意思是无产阶级夺取政权。季诺维也夫在《列宁主义》一书中指出：列宁在《论欧洲联邦口号》中认为，经济政治发展的不平衡是资本主义的绝对规律，列宁从这个规律中正确地引申出两个结论：第一，"社会主义首先在少数或者甚至在单独一个资本主义国家

---

① 参见中共中央编译局国际共运史所编《"一国社会主义"问题论争资料》，东方出版社 1986 年版，第 201—202 页。

内获得胜利"的可能性；第二，这少数甚至一个国家不一定是最发达的资本主义国家的可能性。但是，列宁绝没有从这里得出第三个结论：似乎社会主义可能在一个国家取得最终胜利。列宁的无产阶级革命理论是社会主义在国际范围内胜利的理论，是国际无产阶级革命的理论。但是，列宁的国际无产阶级革命理论并不排除，而是预计到可以在几个甚至一个国家打破缺口，无产阶级革命能够首先在一国进行并支持许多年，直到在一系列国家或全世界范围内取得社会主义的比较广泛的，最后是完全的胜利。列宁的无产阶级革命理论是：第一，资本主义发展的不平衡和跳跃式创造了首先在少数，甚至单独一国内无产阶级胜利发动的客观可能性。第二，这一个国家不一定属于资本主义关系最发达的国家之列。第三，任何"超帝国主义"都不能改变上述两条规律；相反地，它只是加强这两条规律。第四，无产阶级革命家在准备国际革命的同时，不应把一国无产阶级的革命发动推迟到一系列国家工人阶级能同时发动之时。第五，无产阶级在一国取得胜利之后，该国无产阶级应尽最大的可能去支持和发展国际范围的革命运动，牢记社会主义不可能在一国取得最终胜利，社会主义制度对于资本主义制度的最终胜利有待于国际范围内解决。推翻资产阶级政权和建立无产阶级政府，这是一回事。作为开端这在一国也能做到。保证社会主义制度的完全和最终的胜利则是另一回事。这只有无产阶级在一系列国家取得胜利才有可能。① 季诺维也夫对列宁《论欧洲联邦口号》中的那段话的解释，基本上符合列宁的本意。他对列宁的无产阶级革命理论的五点概括，也比较准确地反映了列宁的本来思想。只是他没有指明，列宁关于在资本主义关系相对落后的国家可能首先开

---

① 参见中共中央编译局国际共运史所编《"一国社会主义"问题论争资料》，东方出版社 1986 年版，第 11—12、14—15 页。

始无产阶级革命的思想，不是在 1915 年就具有的，而是在 1917 年俄国二月革命以后才形成的。另外，加米涅夫在联共（布）第十五次代表会议上的发言中指出：列宁在《论欧洲联邦口号》中说的那段话，包含对社会主义叛徒的总的批判，针对他们而提出的一般原理，这些叛徒们说：我们不能在德国，或英国，或意大利开始社会主义革命，而应当在所有国家同时开始。列宁说：你们是叛徒，因为这种理论迫使一个国家等待另一个国家，而你们在这种理论的掩饰下放弃在每一个国家发动无产阶级革命的义务。但是，列宁在那段话中所说的首先取得社会主义胜利的国家，显然是针对西欧各国而言的，而绝不是指的俄国。因为列宁认为当时俄国的革命任务是实现资产阶级民主革命。因此，斯大林关于列宁在 1915 年就从资本主义发展不平衡的规律中得出了俄国一国建成社会主义社会的结论的说法，是错误的。①加米涅夫的这一观点是正确的，它反映了列宁当时的思想；列宁在 1915 年就具有了俄国一国建成社会主义的思想，的确是斯大林的臆造。

与此相联系，反对派对列宁所说的"在一国组织了社会主义生产"的理解，也是正确的。季诺维也夫在共产国际执行委员会第七次扩大全会上的发言中指出：列宁在这段话里所说的"这个国家内获得胜利的无产阶级剥夺了资本家并在本国组织了社会主义生产"的意思是：从资本家手中夺得了政权，使工厂开始在社会主义无产阶级管理下工作，即奠定了组织社会主义生产的基础。把政权夺到手之后，需要剥夺资本家并着手组织社会主义生产。与此同时，还需要准备同资产阶级各国进行战争，把其他国家的被压迫阶级吸引到自己这一方面

---

① 参见中共中央编译局国际共运史所编《"一国社会主义"问题论争资料》，东方出版社 1986 年版，第 110—111 页。

来——这是列宁的真正思想。组织社会主义生产，其含义如果不是着手这一事业；而是真正建立社会主义制度，那需要好多好多年。这是没有争论的。① 季诺维也夫认为，列宁所说的"组织了社会主义生产"的意思，就是夺得了政权的无产阶级，需要剥夺资本家，使工厂开始在无产阶级的管理下工作，这是奠定组织社会主义生产的基石。其含义是着手进行社会主义建设事业，而不是真正建立社会主义制度。季诺维也夫的这种理解是符合列宁的"真正思想"的。他在这篇发言中对把"组织了社会主义生产"解释为"建成社会主义社会"的矛盾的揭露也是有道理的：要么是一国夺取了政权的无产阶级，剥夺了资本家，在几十年内组织社会主义生产，然后再把其他国家的无产阶级吸引到自己方面来，再动手同其他国家的资产阶级打仗，这期间资本主义国家的资产阶级会同意和平地等待几十年，让在一国夺取了政权的无产阶级，在本国安排好社会主义经济；要么是一国夺取了政权的无产阶级，在几个星期或几个月内就剥夺了资本家，建成了社会主义社会。可见，在这一点上，他对斯大林的批评是正确的。托洛茨基在共产国际执行委员会第七次扩大全会上的发言中也指出：列宁在 1915 年《论欧洲联邦口号》中所说的"组织社会主义生产"是什么意思呢？就是指我们最近几年来已经做过的事：工厂从资产阶级手中夺取过来，采取必要的步骤由国家负担费用来保证生产，从而使人民能够生活、建设、保卫自己抵抗资产阶级国家，等等。这也是社会主义的胜利，也是组织社会主义生产，只不过是初步而已。然而从这里到建成社会主义社会还远得很。因为真正建成社会主义就是消灭阶

---

① 参见中共中央编译局国际共运史所编《"一国社会主义"问题论争资料》，东方出版社 1986 年版，第 213 页。

级，然后就是国家的消亡。① 托洛茨基认为，"组织社会主义生产"的意思，就是指十月革命胜利以后苏维埃俄国已经做过的事，夺取资产阶级的工厂，由国家采取必要的步骤来保证生产，以适应人民群众各方面的利益和要求。但是，这只是社会主义的"初步"胜利，离建成社会主义社会还相距很远。托洛茨基对列宁这一提法的解释是符合列宁本意的，是正确的。同时，从这些地方我们可以看出，反对派对列宁关于社会主义最终胜利的思想的理解，也是正确的。列宁认为，社会主义的最终胜利，即完全组织起社会主义社会；而完全的社会主义社会，则是阶级消灭、国家消亡的社会。这样的社会主义社会，在一国内是不可能建成的。反对派坚持这一点并没有错，并没有违背马克思列宁主义。

最后，反对派关于无产阶级专政的国家存在蜕化危险的观点，具有一定的道理和意义。

季诺维也夫在共产国际执行委员会第七次扩大全会上的发言中指出：在资产阶级包围的环境下，新经济政策越向前发展，国际革命的延缓越明显，富农和整个新资产阶级越发展，就越应注意蜕化的危险。当然，这种危险仅仅还是一种趋势，而不是既成事实。那么，危险在什么地方呢？第一，国际资产阶级的包围，资本主义的暂时和局部稳定。这种局面必然产生"稳定"情绪和过高估计国际资本主义力量。第二，新经济政策的消极面。新经济政策是必要的。我们只有通过新经济政策才能走向社会主义。但是如果否认我们允许资本主义部分复活有它的危险性，那是可笑的。第三，小资产阶级的自发势力。工人阶级是在一个农民占居民大多数的国家里执掌政权的。小资产阶

---

① 参见中共中央编译局国际共运史所编《"一国社会主义"问题论争资料》，东方出版社 1986 年版，第 245 页。

级的自发势力具有很大的危险性。第四，党的垄断地位的消极面。没有共产党的专政就不可能有无产阶级专政。我们党的垄断地位是绝对必要的。但是不能不看到，我们党的垄断地位也有其消极面。例如，党的垄断地位会促使一些阶级异己分子和政治投机分子混入党内，从而给党带来非布尔什维克主义的情绪和观点。第五，国家机关的消极面。列宁曾指出过我们国家机关的消极面。但是，在短期内用真正无产阶级精神改造它又是不可能的。应当记住，不仅党会影响国家机关，而且国家机关也会影响党。国家机关的官僚主义所起的消极作用就更大了。第六，同路人的影响。专家、高级职员和知识分子是我们事业所必需的。但是，毫无疑问，这些工作人员把非无产阶级影响带进了我们的机关——国家机关、经济机关，而有时还有党的机关。应当看到所有这些危险，这不是为了向它们投降或予以夸大，而是像列宁教导的为了采取相应的办法同这些危险作斗争。私人资本在城市发展，富农在农村发展，在这样的时期党应当特别注意周围的危险，以便用一切可行的手段与之斗争。在正确的政策下党完全能够做到这一点，因为对抗上述倾向和危险的力量非常强大。我们的革命、我们的党拥有许多健康力量。[①] 季诺维也夫在这里所讲的话是有一定道理的。它虽然反映的不是历史的必然性，但反映了一种历史的可能性。国际资本主义的包围和国内资本主义的存在，确实给一国的无产阶级政权和社会主义建设事业造成巨大的危险性；党的垄断地位可能带来的消极作用和国家机关存在的官僚主义，也确实给无产阶级政权和社会主义建设事业造成巨大的危险性。这是社会主义国家的执政党必须认真对待和妥善解决的重大问题。季诺维也夫在这里所讲的话是有一定意

---

① 参见中共中央编译局国际共运史所编《"一国社会主义"问题论争资料》，东方出版社 1986 年版，第 225—226、227—229 页。

义的。后来，苏联党内出现的民主集中制度和集体领导制度遭到严重破坏，个人崇拜和个人专断猖獗的现象，国家机关内出现的严重官僚主义和脱离群众的现象，都与苏联党忘记了列宁和其他一些领导人的忠告，忽视了党的建设和国家机关的改造，有着直接的关系。

总之，在联共（布）党内关于"一国社会主义"问题的争论中，反对派的教条主义和不识时务导致了他们的最终失败，但是，他们坚持的某些理论和提出的某些观点，不乏正确的和可资借鉴的东西。

三　对多数派观点的再认识

在联共（布）党内关于"一国社会主义"问题的争论中，斯大林在批判反对派的过程中，阐发了列宁关于社会主义在一国胜利的学说，提出了"一国建成社会主义"的理论。斯大林针对反对派将一国建成社会主义与无产阶级世界革命的胜利同等看待的观点，进一步把在苏联建成社会主义的问题，概括为战胜本"民族的"资产阶级的问题，把社会主义最终胜利的问题概括为战胜世界资产阶级的问题，从而把在一国建成社会主义的问题同社会主义最终胜利的问题区分开来。斯大林认为，苏联无产阶级完全能够依靠自身的力量，加强无产阶级专政，巩固同农民的联盟并在世界各国人民的同情和支持下，战胜本国资产阶级，建成社会主义社会。但是，这种胜利还不能保障苏联免除外国武装干涉和资本主义复辟的危险性。因此，社会主义的最终胜利的问题，单靠苏联一国本身的力量是不能解决的，要解决这个问题，必须是社会主义革命至少在几个主要资本主义国家内获得胜利。

但是，斯大林和布哈林等人在阐发列宁的"一国首先胜利论"和论述"一国建成论"时，也出现了一些矛盾和错误。首先，他们对"社会主义"概念的认识是模糊不清的，混淆了"建成社会主义社会的基础"与"建成完全的社会主义社会"的界限，从而导致他们的"一国建成论"与列宁的"一国建成思想"之间产生了巨大的差异。列宁认为，一国只能建成社会主义社会的基础，即建成社会主义的基本政治制度和基本经济制度，但不能建成无阶级、无国家的完全的社会主义社会，要建成完全的社会主义社会，即取得社会主义的最终胜利，至少需要在几个主要资本主义国家内取得社会主义革命的胜利；斯大林等人却认为，一国能够建成完全的社会主义社会，但不能取得社会主义的最终胜利，即不能获得免除外国武装干涉和资本主义复辟的完全保障。在这个问题上，斯大林陷入了自相矛盾之中。因为他在《俄共（布）第十四次代表会议的工作总结》中，曾明确表示赞同列宁的观点。他说："取得'最终胜利'，即建成完全的社会主义。"①其次，斯大林等人误解了马克思、恩格斯和列宁的一些思想，将列宁与马克思、恩格斯对立起来，造成了一些错误。他们认为，马克思、恩格斯认为单独一国不可能取得社会主义革命的胜利，列宁修正了马克思、恩格斯"已经过时"的旧结论，提出了社会主义革命"一国首先胜利"论；他们认为，马克思、恩格斯认为社会主义革命将在工业发达、无产阶级占多数的国家首先开始并取得胜利，列宁修正了马克思、恩格斯"已经过时"的旧结论，提出了社会主义革命将在比较落后的国家首先开始并取得胜利的新理论；他们认为，列宁的"一国胜利论"就是"一国建成论"，所以列宁在 1915 年提出"一国胜利论"时就提出了"一国建成完全的社会主义社会"的理论；他们误解了列

---

① 《斯大林选集》上卷，人民出版社 1979 年版，第 340 页。

宁在 1915 年所说的在一国"组织了社会主义生产"的话，斯大林说，"'组织社会主义生产，又是什么意思呢？这就是建成社会主义社会"①，布哈林则说，在本国组织社会主义生产，"如果把它从外文译成俄文，是一国建成社会主义的可能性"②，如此等等。

对于斯大林"一国建成论"的贡献与缺陷，以及斯大林对马克思、恩格斯和列宁思想的误解，前一章已作过比较详细的分析，此不赘述。现在，笔者只就在联共（布）关于"一国社会主义"问题的争论中，多数派在批判反对派时所持的一些观点，谈一些粗略的看法。

首先，应该肯定的是，斯大林在批判托洛茨基的"不断革命论"时所持的观点是正确的。他在《〈论我们党内的社会民主主义倾向〉报告的结论》中指出：托洛茨基关于中农问题讲得特别多。他从列宁在 1906 年时期的著作中引了一段话。列宁在这段话里预言资产阶级革命胜利以后，一部分中农可能跑到反革命方面去。托洛茨基力图借此证明这段引文是和他对社会主义革命胜利后的农民问题的观点"符合"的。不难看出，托洛茨基在这里是把不能比较的东西拿来比较。托洛茨基惯于把中农看作"自在之物"，看作一种固定的一成不变的东西。但是，布尔什维克对中农从来没有这样的看法。列宁说，在资产阶级革命胜利以后，有一部分中农会投到反革命方面去，这是完全正确的。但是，苏维埃政权巩固以后，列宁在党的八大上说了有先见之明的话："我们已进入这样一个社会主义建设阶段……我们应当……对中农采取巩固联盟的立场。"可见，托洛茨基的错误在于他

---

① 《斯大林选集》上卷，人民出版社 1979 年版，第 441 页。

② 中共中央编译局国际共运史所编：《"一国社会主义"问题论争资料》，东方出版社 1986 年版，第 89 页。

形而上学地对待中农问题，因而歪曲并伪造了列宁主义。总之，问题绝不在于无产阶级现在和将来还可能同一部分中农发生矛盾和冲突。党和反对派的意见分歧不在此而在于：党认为这些矛盾和可能发生的冲突用我国革命本身的力量是完全可以克服的，而托洛茨基和反对派则认为这些矛盾和冲突"只有在国际范围内即在无产阶级世界革命舞台上"才能够克服。① 斯大林对托洛茨基在农民问题上的错误的批判，体现了列宁的思想和客观实际情况，因而是正确的。

其次，应该肯定的是，布哈林在争论中所阐发的关于各国社会主义建设将具有自己的特点，落后国家过渡到社会主义将是一个漫长的历史过程的观点，是完全正确的。他在《到社会主义之路和工农联盟》一书中指出："要知道，向社会主义的发展不是从空地上开始的；向社会主义发展是在工人阶级夺取政权以后开始的，而工人阶级所得到的是资本主义制度给它留下的遗产。根据以上分析，十分明显，这种遗产在各个不同的资本主义国家中是各不相同的。如果说，在各个不同的国家中，资本主义具有各自的特点，那么，显而易见，社会主义在其发展的初期，在世界各国融合成为一个整体以前，也必将具有自己的特点，这些特点是由于以前的发展的特点产生的。"② 布哈林认为，在俄国这样的落后国家开始建设的社会主义，不可避免地是一种社会主义建设的落后的形式，这种形式虽然会保证向日益完善和日益完全的社会主义形式前进，但是，使这种形式臻于完善，以最终消灭落后，却是一条十分漫长的道路。同时，布哈林又从辩证的观点出发，批判了那种认为只有在"成熟的"资本主义的物质基础之上才能

---

① 参见《斯大林全集》第 8 卷，人民出版社 1954 年版，第 310—312 页。
② 中共中央编译局国际共运史所编：《"一国社会主义"问题论争资料》，东方出版社 1986 年版，第 54—55 页。

建设社会主义，而俄国的资本主义"还不成熟"的观点。他在《论我国革命的性质以及在苏联胜利进行社会主义建设的可能性》一文中指出："列宁对于俄国资本主义成熟性问题的提法并不像许多批评列宁的聪明人认为的那样肤浅和笨拙。列宁从来不否认关于在俄国建设社会主义的物质前提比在西欧和北美要少得多这样的论断。……但是列宁认为，在俄国的落后经济中存在着一个小岛，它可以成为社会主义行动的开端。……从帝国主义战争中产生革命的特殊条件，国内各种力量的特殊结合，存在一定的物质基础作为运动的起点——所有这一切的总和提供了在社会主义革命的轨道上不断前进的基础。只是必须细心地加强社会主义经济成分，把它变成自己行动的基地，到那时，利用它作为制高点，有计划地、从容不迫地把整个经济领域都置于社会主义的影响之下。"[①] 布哈林在批判社会民主党人和反对派的过程中，准确地阐发了列宁主义关于社会主义的不同特色和落后国家过渡到社会主义的特殊道路的观点，这是难能可贵的。遗憾的是，他的这个卓见，在后来苏联的社会主义建设中，在苏联共产党的对外政策中，没有得到认真地贯彻和履行。

另外，斯大林在同反对派的争论中，将他们的观点与列宁的观点拿来比较，把反对派置于列宁的对立面，收到了极好的效果。因为列宁在苏联党和人民中间享有崇高的威望，不啻革命和真理的象征，所以反对派与列宁对立肯定是错误的。斯大林采用这种手法，使自己始终处于非常有利的地位，而反对派却总是为摆脱困境疲于辩解。然而，反对派的一切努力都是徒劳的，斯大林最终使他们变成了列宁的反对派。比如，斯大林说：1921 年，列宁在《论粮食税》和其他关

---

① 中共中央编译局国际共运史所编：《"一国社会主义"问题论争资料》，东方出版社1986 年版，第86 页。

于新经济政策的文章中指出：我们"在工人阶级领导之下"，"和农民一道"，在新经济政策的轨道上可能建成"我国经济的社会主义基础"。好像是为了回答这一点，托洛茨基在 1922 年发表的《1905 年》一书的序言中说："在农民占人口绝大多数的落后国家内，工人政府所处地位的矛盾，只有在国际范围内即在无产阶级世界革命舞台上，才能求得解决。"① 斯大林还说：1922 年，列宁在莫斯科苏维埃会议上的演说中说道"我们把社会主义拖进日常生活中了""新经济政策的俄国将变成社会主义的俄国"。可是，同年，托洛茨基在他的《和平纲领》的跋中加以反驳："不可能在民族—国家范围内孤立地进行社会主义建设""俄国社会主义经济的真正高涨只有无产阶级在欧洲几个最重要的国家内获得胜利以后，才会是可能的。"② 在作了这样的比较以后，斯大林总结说："这样一来，在关于我国胜利建设社会主义的可能性，即关于我国经济中的社会主义成分战胜资本主义成分的可能性……这个基本问题上就有了两条路线。一条是列宁和列宁主义的路线，另一条是托洛茨基和托洛茨基主义的路线。列宁主义对这个问题的解答是肯定的。相反地，托洛茨基主义否认社会主义在我国可能依靠我国革命的内部力量获得胜利。第一条路线是我们党的路线，第二条路线却接近社会民主党的观点。"③ 这就使人们感到，托洛茨基和托洛茨基主义站在反党反列宁主义的社会民主党和社会民主主义的立场上，因而使反对派处于极其不利的地位。斯大林正是以这种列宁主义捍卫者的姿态投入论战，打败了似乎是反列宁主义的反对派的。

　　但是，从斯大林的著作中，我们不难看出，他的这一对比手法，

---

① 参见《斯大林全集》第 8 卷，人民出版社 1954 年版，第 227—228 页。
② 参见《斯大林选集》上卷，人民出版社 1979 年版，第 519 页。
③ 《斯大林全集》第 8 卷，人民出版社 1954 年版，第 231—232 页。

并不到处都是正确的。比如，在《论我们党内的社会民主主义倾向》一文中，斯大林引用了列宁于 1915 年在《论欧洲联邦口号》中说的那段表述"一国首先胜利论"的话。他又引用了托洛茨基于同年在《我们的言论报》上发表的文章中说的一段话："任何一个国家都不应当在自己的斗争中'等待'其他国家，这是一个浅显的道理，为使国际同时行动的思想不致为国际消极等待的思想所代替，把这个道理反复加以说明是有益的，而且是必要的。我们不等待其他国家而在本国的基础上开始斗争并继续下去，深信我们的倡导会推动其他各国的斗争；假如事实并不如此，就休想革命的俄罗斯能在保守的欧洲面前站得住脚，或社会主义的德意志能在资本主义世界中孑然独存，这是历史上的经验和理论上的推论都证明了的。"然后，斯大林归纳说："你们可以看出，在所引列宁和托洛茨基的这两段文字中，有两个完全不同的论点相互对立着。列宁认为社会主义在一个国家内的胜利是可能的，无产阶级夺取政权之后不但能够保持它，而且能够继续前进，剥夺资本家并组织社会主义经济，以积极支援资本主义国家的无产者；相反地，托洛茨基却认为如果一个国家内胜利了的革命，在最短期间没有引起其他国家革命的胜利，那么获得胜利的国家的无产阶级甚至连政权也不能保持住（更不用说它不能组织社会主义经济），因为托洛茨基说，休想俄罗斯的革命政权能在保守的欧洲面前站得住脚。"[①]在这里，斯大林有几处失误。第一，列宁在《论欧洲联邦口号》中所设想的将首先取得社会主义革命胜利的个别国家，指的是西方先进的资本主义国家，而不是落后的俄国；他认为俄国有可能首先取得社会主义革命胜利的思想，是 1917 年二月革命胜利以后才产生的。第二，

---

① 《斯大林全集》第 8 卷，人民出版社 1954 年版，第 222—226 页。

斯大林引用的托洛茨基的话，并不违背列宁当时的思想，列宁当时也认为首先取得社会主义革命胜利的一国，如果不能引起其他几国的革命，这个国家的无产阶级政权是不能巩固的；列宁的一国无产阶级政权能够巩固下来，一国社会主义建设能够"认真地进行"的思想，是俄国国内战争结束以后才最终形成的。第三，列宁在十月革命胜利以后还指出，如果德国革命不爆发，那么苏维埃俄国是要灭亡的；因此，托洛茨基在 1917 年 8 月说的"休想革命的俄罗斯能在保守的欧洲面前站得住脚"，并不与列宁的观点对立。同样，我们还可以看出，斯大林将列宁在 1915 年说的"这个国家内获得胜利的无产阶级既然剥夺了资本家并在本国组织了社会主义生产，就会起来反对其余的资本主义的世界"的话，与托洛茨基在 1906 年说的"没有欧洲无产阶级直接的国家援助，俄国工人阶级就不能保持政权，就不能把自己暂时的统治变成长期的社会主义专政"的话对立起来，[①] 也是没有什么道理的。

同时，我们不难看出，斯大林和布哈林等人在同反对派的论战中，在论述"一国建成论"时，有时陷入绝对化和诡辩论。首先，斯大林关于"谁否认社会主义在一个国家内建成的可能性，谁也就一定要否认十月革命的合理性"的断言，就是一种把问题绝对化的表现。这一问题，前章已述，不再重复。其次，斯大林关于苏联不是"建成"就是"毁灭"的断言，也是一种把问题绝对化的表现。他在《问题和答复》一文中指出："二者必居其一：或者是我们把我们的国家看作无产阶级革命的基地，我们拥有像列宁所说的建成完全的社会主义社会的一切条件，那么我们就能够而且应当建设这样的社会，来完全战胜我国国民经济中的资本主义成分；或者是我们不认为我们的

---

① 《斯大林全集》第 8 卷，人民出版社 1954 年版，第 308—309 页。

国家是革命的基地，我们没有建成社会主义的条件，我们不能建成社会主义社会，那么当社会主义在其他国家的胜利延缓的时候，就应当容许我国国民经济中的资本主义成分占上风，容许苏维埃政权瓦解，容许党蜕化。"① 他认为，"或者是前者，或者是后者"，第三种结局是没有的。他在《再论我们党内的社会民主主义倾向》一文中又指出："假如党没有理由断定苏联无产阶级能够建成社会主义社会，虽然我国在技术上比较落后，那么党就没有理由继续掌握政权，它无论如何应当放弃政权并转到在野党的地位。"② 他认为，二者必居其一：或者是我们认为苏联一国能够建成完全的社会主义社会，那么党就应该继续掌握政权；或者是我们认为苏联一国不能建成完全的社会主义社会，那么党就应当老实地和公开地放弃政权。斯大林的观点是，如果认为苏联一国不能建成完全的社会主义社会，那就是认为苏维埃政权应当瓦解，布尔什维克党应当蜕化和下台。要么就是"完全建成"，要么就是"干脆不干"和"彻底垮台"，这种观点把问题看得绝对化了。它不符合列宁的思想。列宁认为，俄国一国是不能建成完全的社会主义社会的，但是，布尔什维克党应当英勇奋斗，努力巩固无产阶级政权，积极开展社会主义建设，争取建成社会主义社会的基础，以期社会主义在全世界获得胜利；列宁绝不认为，如果俄国一国不能建成完全的社会主义社会，布尔什维克党就应当交出政权。在这一点上，甚至托洛茨基对斯大林的批评也并不十分错。他在共产国际执行委员会第七次扩大全会上的发言中说："我们总是断定说，如果情况使一国的无产阶级能够站到前列，掌握政权，展开社会主义建设或军事进攻，或者确切些说，两者同时并举的话，它就没有权利去等待别

① 《斯大林选集》上卷，人民出版社 1979 年版，第 361—362 页。
② 同上书，第 510 页。

的国家，因为世界革命恰恰就是这样展开的。我们的党作为无产阶级的领导者掌握了政权，我们正在建设社会主义，我们以此向世界无产阶级提供伟大的范例，我们沿着社会主义道路在经济上和政治上日益巩固我们的国家——这一切对于我们大家都是不言而喻的——难道这是有论争的吗？但正因为我们是世界无产阶级和世界革命的一部分，用自己的建设来参与世界革命的胜利发展，正因为这样，所以我们不能要求有什么特别的保证——保证我们将不依赖世界革命而在我国建成社会主义。这里却还在说，如果我们要求（向谁要求？）这种保证而不可得，我们就该辞职，把问题归结为内阁危机，并退居为苏维埃国家的在野党。难道问题的这种提法不是虚伪透顶的吗？"①

另外，布哈林在《论我国革命的性质以及在苏联胜利进行社会主义建设的可能性》一文中说："早在1923年的争论中，我们就说过：如果托洛茨基同志是正确的，我国没有西欧无产阶级的国家援助就无法保持无产阶级专政，因为会同农民发生冲突，那么，这就要使我们得出一些非常重大的结论。要知道，如果我们把无产阶级专政扩展到全世界，我们就会得到大致同在苏联一样的无产阶级和农民之间的对比关系。因为，当无产阶级将来在英国取得政权的时候，它势必要同印度以及其他过去的英国殖民地打交道。如果无产阶级将来在法国取得政权，它势必要同非洲打交道。如果无产阶级将来在全世界取得政权，它势必要同所有的其他的农民国家打交道。世界无产阶级势必解决怎样同世界农民和睦共处的问题。如果这里的对比关系大致同在苏联一样，那么，在根据没有外部援助必然灭亡的理论作出相应结论之后，不管是否愿意，就会得出库诺的问题提法，说什么世界'还没有

---

① 中共中央编译局国际共运史所编：《"一国社会主义"问题论争资料》，东方出版社1986年版，第247页。

成熟到'可以实行社会主义变革。存在着数量巨大的农民，按照托洛茨基的说法，他们'必然'同无产阶级发生冲突。因为光是在中国就有四亿农民，所以革命'必然'注定要失败：要知道根本得不到来自外部的'国家援助'。这就是反对派的理论所得出的结果。"① 在这里，布哈林犯了一个逻辑上的错误：一国无产阶级专政下的无产阶级与农民之间的相互关系问题同世界无产阶级专政下的无产阶级与农民之间的相互关系问题的大前提是不一样的。单独一个社会主义国家处于资本主义的包围之中，有可能被资本主义国家所颠覆；全世界的社会主义国家却没有资本主义的包围，因而也没有被资本主义国家颠覆的危险。单独一个社会主义国家的占人口多数的农民问题是这个国家生死攸关的大问题；但是，社会主义印度的占人口多数的农民却不会危及社会主义英国的命运，同样，社会主义的非洲对社会主义的法国，社会主义的中国对社会主义的日本或美国，都没有这样的决定作用。单独一国的社会主义建设，在没有得到外部社会主义革命援助的情况下，有可能亡于这个国家占人口多数的农民；但是，全世界发达国家的社会主义建设，不需要这种援助也绝不会亡于落后国家的占人口多数的农民。可见，布哈林在批判托洛茨基的错误时，自己却陷入了诡辩论。

最后，顺便提一下，布哈林关于撇开国际关系，一个经济落后国家也能用"乌龟爬"的速度建成社会主义社会的观点，是不符合列宁思想的，是不妥当的；相反地，反对派关于不能把一国建成社会主义的问题同这一时期世界政治经济关系的变化和科学技术的发展问题割裂开来，经济落后国家必须依靠从资本主义国家获取先进技术和先进设备来建设社会主义的观点，却不无道理。

---

① 中共中央编译局国际共运史所编：《"一国社会主义"问题论争资料》，东方出版社1986年版，第97—98页。

第六章

评《列宁主义研究》对
联共（布）的批评

一　是联共（布）的误解，还是列宁的本意

　　《列宁主义研究》（以下简称《研究》）一书认为，列宁于第一次世界大战期间形成和提出了社会主义革命"一国首先胜利论"，是 20世纪 20 年代以后联共（布）对列宁思想的误解，这种误解是列宁逝世以后产生的；当列宁在世时，甚至在列宁逝世后不久一段时间里，联共（布）的领导人大多持"同时胜利论"和否认一国首先胜利的可能性的。① 书中引用了两段话作为证据。第一段话引自"1921 年发表的、由布哈林起草并经包括列宁、斯大林在内的中央政治局肯定的"《俄国共产主义青年团纲领》："在苏联，国家政权已经掌握在工人阶级手中，经过与世界资本主义的三年英勇斗争，无产阶级保持并加强了他们的苏维埃政府。然而，尽管俄国拥有丰富的自然资源，但

----

　　①　参见俞良早《列宁主义研究》，广西人民出版社 1993 年版，第 77 页。

就工业而言，它仍然是一个小资产阶级人口占优势的落后国家。俄国只有通过世界社会主义革命才能达到社会主义。"第二段话引自"斯大林于1924年4月在斯维尔德洛夫大学作的"《论列宁主义基础》的讲演："可是，在一个国家内推翻资产阶级政权，建立无产阶级政权，还不等于保证社会主义的完全胜利。社会主义的主要任务即组织社会主义生产的任务尚待解决。没有几个先进国家中无产者的共同努力，能不能解决这个任务，能不能在一个国家内获得社会主义的最终胜利呢？不，不能。为了推翻资产阶级，一个国家的努力就够了，这是我国革命的历史给我们说明了的。为了获得社会主义的最终胜利，为了组织社会主义生产，单靠一个国家的努力，特别是像俄国这样一个农民国家的努力就不够了——为了达到这个目的，就必须有几个先进国家中无产者的共同努力。"

《研究》一书用这两段话来证明联共（布）和斯大林坚持"同时胜利论"和反对"一国首先胜利论"，是适得其反的。这两段话的意思是，俄国一国的无产阶级能够推翻资产阶级，夺取政权并巩固政权，取得政治革命意义上的社会主义革命的胜利，但是俄国一国不能建成完全的社会主义社会，取得社会主义的最终胜利；要建成完全的社会主义社会，要获得社会主义的最终胜利，必须依靠世界社会主义革命至少是几个先进国家社会主义革命的胜利。通过前文的分析，我们可以看出，这个意思同列宁"一国首先胜利论"的含义基本上是一致的。只有斯大林把"组织社会主义生产"和"获得社会主义的最终胜利"混同起来，认为要组织社会主义生产也必须有几个先进国家中无产者的共同努力的观点，不是列宁的本来思想。列宁关于这一问题的思想是，一国可以组织社会主义生产，但一国不能获得社会主义的最终胜利。总的说来，《研究》一书从这两段话中得出结论，认为在列宁逝世前后的一段时间里，联共（布）的领导人大多持"同时胜利论"和否定"一国首先胜利论"，是毫无道理的。

《研究》一书认为，列宁逝世后不久，联共（布）党内发生了一场关于苏联一国建设社会主义问题的争论；正是在这场争论中，斯大林和联共（布）才转而认为列宁于第一次世界大战期间提出了"一国首先胜利论"，因而对列宁思想产生了误解。① 这一说法也是不符合历史事实的。

《研究》一书批评斯大林在 1924 年 12 月《十月革命和俄国共产党人的策略》一文中，援引列宁在 1915 年《论欧洲联邦口号》中说的那段著名的话，来证明列宁于第一次世界大战期间提出了"一国首先胜利"论是错误的。它说，斯大林在这篇文章中，在批判托洛茨基的"不断革命论"时说："还在战争期间，列宁就依据帝国主义国家发展不平衡的规律，提出他的关于社会主义在一个国家（即使这个国家的资本主义不发达）内胜利的无产阶级革命理论来驳斥机会主义者。"《研究》认为，正是从这个时候起，斯大林开始误解列宁的思想；也正是从这个时候起，斯大林开始否定他不久前曾赞同过的"同时胜利论"，转而主张"一国首先胜利论"。但是，人们实在看不出来，斯大林根据列宁关于资本主义经济政治发展不平衡的规律使得社会主义革命可能首先在少数甚至在单独一个资本主义国家内获得胜利的观点说出的这段话，究竟如何误解了列宁的思想，又究竟与他自己原来的思想有了何种转变。

《研究》一书批评 1925 年 4 月俄共（布）第十四次代表会议通过的《关于共产国际和俄共（布）因共产国际执行委员会扩大全会的决

---

① 参见俞良早《列宁主义研究》，广西人民出版社 1993 年版，第 77—78 页。

议而产生的任务的提纲》（以下简称《提纲》）中关于"一国首先胜利"的观点是错误的。它说，这一《提纲》指出："从'经济政治发展的不平衡（这种不平衡是资本主义的绝对规律）'中，列宁同志总结出了两点：（一）可能'社会主义首先在少数或者甚至在单独一个资本主义国家内获得胜利'。（二）可能这少数或者甚至一个国家不一定是最发达的资本主义国家……"《研究》认为，这次会议的召开和《提纲》的通过，说明俄共（布）中央接受了大战期间列宁提出了"一国首先胜利论"的说法；也就是说，俄共（布）中央接受了斯大林对列宁思想的误解，也开始否定它不久前曾赞同过的"同时胜利论"，转而主张"一国首先胜利论"。但是，人们实在看不出来，俄共（布）根据列宁关于资本主义经济政治发展不平衡的规律使得社会主义革命可能首先在少数甚至在单独一个资本主义国家内获得胜利的观点说出的几乎是列宁原话的这段话，究竟如何误解了列宁的思想，又究竟与它自己原来的思想有了何种转变。

诚然，正如《研究》一书所说的，斯大林 1926 年 1 月在《论列宁主义的几个问题》中，认为自己在《论列宁主义基础》中的说法已经"有缺点"因而"不正确了"，所以他作了纠正。但是，对此我们须作具体分析。斯大林说："缺点就在于它把两个不同的问题连接成一个问题：第一个是可能用一个国家的力量建成社会主义的问题，对于这个问题应当给予肯定的回答；另一个是无产阶级专政的国家是否可以认为它无须革命在其他几个国家内获得胜利就有免除武装干涉、因而免除旧制度复辟的完全保障的问题，对于这个问题应当给予否定的回答。"[①] 在这里，斯大林把"社会主义的胜利"区分为"社会主

---

① 《斯大林选集》上卷，人民出版社 1979 年版，第 435 页。

义建设的胜利"，即"建成社会主义"和"社会主义的最终胜利"，即"有免除武装干涉、因而免除旧制度复辟的完全保障"，纠正了自己在《论列宁主义基础》中将"组织了社会主义生产"与"社会主义的最终胜利"等同起来的缺点。更为重要的是，我们从这段引文中可以看出，斯大林所说的"建成社会主义"，指的是"建成社会主义社会的基础"，而不是"建成没有阶级、没有国家的完全的社会主义社会"。因为"无产阶级专政的国家"的"社会主义"，只能是"社会主义社会的基础"，或曰"社会主义社会的初级形式"。建成这样的社会主义，当然还不能说有了免除武装干涉和旧制度复辟的完全保障，还不能说取得了社会主义的最终胜利。我们如果把《研究》在前面所引的《论列宁主义基础》中的那段话与在此处引的《论列宁主义的几个问题》中的这段话作一比较，就不难看出，前者表述了列宁"一国首先胜利论"的基本含义，即一国可以取得无产阶级夺取政权的社会主义革命的胜利，但一国不能建成社会主义社会；而后者则表述了列宁"一国建成思想"的基本含义，即一国可以建成社会主义社会的基础，但一国不能取得社会主义的最终胜利。在这些地方，斯大林并没有误解列宁"一国首先胜利论"和"一国建成思想"的基本意义。当然，正如前文所述，斯大林把"组织社会主义生产"理解为"获得社会主义的最终胜利"，没有准确地反映列宁的本来思想。

《研究》一书还批评斯大林把列宁的"一国首先胜利论"说成党发动十月革命的思想出发点是错误的。① 这一批评也是没有道理的。

1917 年 9 月，列宁在《俄国革命和国内战争》一文中，驳斥了资产者的"即使无产阶级夺取了政权，俄国公社的失败，即无产阶级

---

① 参见俞良早《列宁主义研究》，广西人民出版社 1993 年版，第 79 页。

"同时胜利论"与"一国胜利论"比较研究

的失败也是必然的"叫嚣，指出："俄国无产阶级一旦夺得政权，就完全有可能保持政权，并且使俄国一直坚持到西欧革命的胜利。"① 俄国的无产阶级政权能够坚持到西欧革命的胜利，这是什么意思呢？这就是说，俄国可以而且能够先于西欧各国取得一国社会主义革命的胜利。可见，十月革命前夕，列宁是以"一国首先胜利论"指导全党的革命行动的。

1917 年 8 月，在布尔什维克党的六大上，斯大林在反驳"左"倾经济学代表普列奥布拉任斯基提出的"只有在西方发生无产阶级革命时，俄国才能走向社会主义"的观点时说："很有可能，俄国正是开辟社会主义道路的国家。从来没有一个国家在战争条件下像俄国一样具有这样的自由，也从来没有一个国家尝试过实行工人监督生产。此外，我国革命的基础比西欧广阔，在西欧，无产阶级是同资产阶级面对面孤军作战的，我国工人却有贫苦农民阶层的支持。最后，德国的国家权力机关要比我国资产阶级的不完善的机关优越得多，并且我国资产阶级本身就是欧洲资本的纳贡者。必须抛弃那种认为只有欧洲才能给我们指示道路的陈腐观念。"② 六大通过的《关于政治形势的决议》中指出："那时这些革命阶级的任务将是竭尽全力把国家政权夺到自己手中，然后联合各先进国家的革命无产阶级，引导政权走向和平，走向社会的社会主义改造。"③ 在列宁未能出席六大的情况下，斯大林和布尔什维克党在会上仍然能够明确提出俄国将是开辟社会主义道路的国家，俄国将先于西欧各国取得无产阶级夺取政权的社会主义革命的胜利，然后联合各先进国家的革命无产阶级，走向和平和社

---

① 《列宁全集》第 32 卷，人民出版社 1985 年版，第 179 页。
② 《斯大林全集》第 3 卷，人民出版社 1955 年版，第 174 页。
③ 同上书，第 173 页。

· 170 ·

会主义。这就足以证明，列宁的"一国首先胜利思想"，在十月革命之前已为布尔什维克党接受，成为全党行动的指南。

通过以上事实，我们不难看出，列宁和布尔什维克党在领导俄国社会主义革命的过程中，是把"一国首先胜利论"作为自己的思想出发点的。很难设想，列宁和布尔什维克党是在"俄国革命没有成功可能"的思想指导下，盲目地发动十月革命的。

《研究》一书断言，由于列宁于第一次世界大战期间提出了"一国首先胜利论"是斯大林的说法，又由于斯大林的"个人迷信"的发展，人们不能实事求是地研究这一问题，不敢对这一说法发生怀疑，于是对列宁思想的误解便讹传开来了。① 这个断言犯了两个错误：一是在 20 世纪 20 年代中期联共（布）进行"一国社会主义"问题的争论时，联共（布）党内和苏联国内并未产生对斯大林的个人迷信，更谈不上个人迷信的发展，因此，列宁的"一国首先胜利论"，不像《研究》所说的那样，是斯大林的个人迷信"压"出来的；二是谁如果不同意《研究》所持的斯大林伪造了列宁的"一国首先胜利论"的观点，谁就是维护斯大林的个人迷信，谁就是不实事求是地研究问题。恕笔者直言，这种态度和方法，不大像以理服人，倒近乎扣帽子、打棍子了！

二 列宁的"两段话"是坚持"同时胜利论"吗

《研究》一书指出："列宁《论欧洲联邦口号》和《无产阶级革命的军事纲领》中的两段话，仅仅只是表述了马克思、恩格斯一向所

---

① 参见俞良早《列宁主义研究》，广西人民出版社 1993 年版，第 80 页。

坚持的设想和观点，根本不存在列宁用'一国首先胜利论'发展了马克思主义的问题。"① 它还指出：斯大林和联共（布）在论证列宁于大战期间提出了"一国首先胜利论"时，运用的材料仅仅是列宁的这两段话；在我国出版的《科学社会主义》《国际共产主义运动史》等教材中，在有关学术著作和学术论文中，人们在论述"一国首先胜利论"时，也无不引用这两段话。这两段话，现在学术界是"人人知晓"的，但是，这两段话的本意是什么？除了《研究》一书的作者之外，谁也没有搞懂，大家统统都在"误解"！

《研究》引用列宁那两段著名论断后面的几个句子，来证明列宁当时仍然是赞同马克思、恩格斯的"同时胜利论"，而反对"一国首先胜利论"的。现在，我们就来认真分析一下《研究》引用的这些句子，看它们究竟表达了什么意思。在《论欧洲联邦口号》的那段话的末尾，列宁说："没有各社会主义共和国对各落后国家的相当长期的顽强斗争，便不能实现各民族在社会主义中的自由联合。"这是什么意思呢？"实现各民族在社会主义中的自由联合"，意味着社会主义在全世界取得胜利；要达到这个目的，需要"各社会主义共和国对各落后国家的相当长期的顽强斗争"，单靠一国的力量是不够的。这一点是很明显的，而且列宁自始至终都坚持这一观点；即使在俄国国内战争结束，列宁产生"一国建成思想"之后，或按《研究》的说法，列宁形成和提出了"一国首先胜利论"之后，也仍然没有改变这一观点。从这句话中能引出列宁坚持"同时胜利论"而否定"一国首先胜利论"的结论吗？列宁既没有说社会主义革命将在全世界"同时胜利"，也没有说各社会主义共和国将"同时建立"。相反，列宁在这句

---

① 参见俞良早《列宁主义研究》，广西人民出版社 1993 年版，第 87 页。

话的前面却说："无产阶级借以推翻资产阶级、获得胜利的社会的政治形式将是民主共和国，它日益集中这一民族或这些民族里的无产阶级力量同还没有转到社会主义方面来的国家作斗争。没有无产阶级这一被压迫阶级的专政，便不能消灭阶级。"这就是说，在一段时期内，将是一个或几个获得社会主义革命胜利的民族，利用无产阶级专政的民主共和国的政治形式，组织本民族的无产阶级同还没有转到社会主义方面来的国家作斗争；没有无产阶级的阶级专政，便不能最终实现社会主义。在这里，列宁再次强调了社会主义革命可能在一国或几国首先取得胜利的结论；同时，列宁指出了一个或几个首先取得革命胜利的社会主义国家，将通过与非社会主义国家的一系列的斗争，才能取得社会主义的最终胜利。《论欧洲联邦口号》中的这一整段话，准确无误地表达了列宁关于社会主义胜利问题的基本思想，即一国能够取得无产阶级夺取政权的社会主义革命的胜利，但一国不能保证社会主义的最终胜利；要取得社会主义的最终胜利，需要各国无产阶级的共同努力。

在《无产阶级革命的军事纲领》的那段话的末尾，列宁说："恩格斯在1882年9月12日给考茨基的信中直接认为已经胜利了的社会主义有进行'自卫战争'的可能性，他是完全正确的。他指的正是胜利了的无产阶级进行自卫以反对其他各国的资产阶级。"《研究》一书断定，这说明列宁是完全赞同恩格斯的设想，即赞同"同时胜利论"的。但是，《研究》完全忽视，确切些说，是完全不顾这样一个事实，即列宁是在"社会主义不能在所有国家内同时获得胜利。它将首先在一个或者几个国家中获得胜利，而其余的国家在一段时期内将仍然是资产阶级的或者资产阶级以前时期的国家"的前提下，来谈论社会主义的"自卫战争"的。在这段话的开头，列宁指出："在一个国家内胜利了的社会主义决不能一下子根本排除一切战争。"列宁认为，社会主义革命在一国内取得胜利以后，这就不仅会引起摩擦，而且会引起其他各国资产阶级公然企图扑灭社会主义国家中胜利的无产阶级。在这种情形下发生的战争，就社会主义国家说来是合理的和正义的战争。这是争取社会主义、争取把其他各国人民从资产阶级压迫下解放出来的战争。已经胜利了的无产阶级应该进行这种"自卫战争"以反对其他各国的资产阶级。这就是说，列宁所说的"自卫战争"，仅仅指一个或者几个社会主义国家的自卫战争。这种"自卫战争"是争取建成社会主义社会，争取社会主义在全世界胜利的战争。列宁说恩格斯"是完全正确的"，也仅仅指他"认为已经胜利了的社会主义有进行'自卫战争'的可能性"这一点，而绝不是指什么"同时胜利论"。因为在列宁看来，恩格斯同自己一样，也是设想社会主义革命将在一国或几国首先获得胜利的。我们从《研究》引用的恩格斯"只要欧洲和北美一实行改造，就会产生巨大的力量和做出极好的榜样，使各个半文明国家自动地跟着我们走，单是经济上的需要就会促成这一点"的论述中，同样得不出他主张"同时胜利论"的结论。因为他既没有说社会主义将在全世界"同时胜利"，也没有说社会主义将在欧洲和北美"同时胜利"。至于《研究》将列宁关于未来的革命将是被压迫民族反对压迫民族的革命战争，先进国家无产阶级反对资本主义的革命战争和这两种革命战争的汇合的论述，说成"同时胜利思想"的表述，就更没有丝毫说服力。从列宁的这个论述中，能够得出世界上一切被压迫民族和一切先进国家可以同时取得社会主义革命胜利的结论，还是能够得出世界上各被压迫民族或各先进国家可以同时取得社会主义革命胜利的结论呢？

《研究》一书认为，斯大林是在帝国主义国家的范围之内来理解和解释资本主义经济政治发展不平衡的规律的，因此将列宁的思想误解为"一国首先胜利论"；列宁是在全世界所有国家的范围之内来论述资本主义经济政治发展不平衡的规律的，他根据帝国主义时代世界被划分为压迫民族和被压迫民族，或者说被划分为先进资本主义国家和落后国家的事实，得出了少数先进国家通过联合行动取得社会主义革命胜利的结论，即"同时胜利论"。

《研究》说，根据世界上有先进资本主义国家和落后国家之分的事实，列宁指出："社会主义不能在所有国家内同时获得胜利"，而只能在"少数"国家"首先"胜利。这里的"所有国家"，是指包括落后国家在内的全世界的国家。列宁的意思是说落后国家不能同先进资本主义国家同时取得社会主义革命的胜利；当先进国家取得了社会主义革命的胜利时，这些落后国家将仍然处在资本主义或资本主义以前的阶段。它强调列宁所说的"少数"国家，就是指欧美先进的资本主义国家，这样的国家是"英、法、德、美"，这样的国家有五六个。《研究》关于列宁认为落后国家不能同先进资本主义国家同时取得社会主义革命胜利的说法并没有错，但是，它关于列宁认为各先进资本主义国家将同时取得社会主义革命胜利的说法是不对的。它引用了列宁 1916 年在《论对马克思主义的讽刺和"帝国主义经济主义"》一文中说的一句话："不是各国无产者，而是少数达到先进资本主义发展阶段的国家的无产者，才会用联合的行动实现社会主义。"它指出：这句话是对"少数"国家"首先胜利思想"的明确的说明。众所周知，少数达到先进资本主义发展阶段的国家的无产者用"联合的行动"实现社会主义，这是马克思和恩格斯提出和坚持的设想。也就是说，这里根本不存在列宁用新的理论发展了马克思主义的问题。①

---

① 参见俞良早《列宁主义研究》，广西人民出版社 1993 年版，第 83—84 页。

《研究》的结论太武断了。前文已经做过分析，马克思、恩格斯所说的少数先进国家无产者的"联合的行动"，是无产阶级获得解放的首要条件之一，意思是要实现无产阶级的彻底解放和社会主义的最终胜利，必须依靠各文明国家无产者的联合行动和共同努力。这绝不是否定无产阶级在一国内夺取政权的必要性；这绝不是否定社会主义革命在一国内取得胜利的可能性。同样，列宁关于少数先进国家的无产者用"联合的行动"实现社会主义的说法，意思是要实现社会主义，即要建成社会主义社会，必须依靠各先进国家无产者的联合行动和共同努力。这绝不是否定社会主义革命在一国首先取得胜利的可能性。因为列宁在提出"一国首先胜利论"的同时，就曾经指出，社会主义社会的完全建成，社会主义的最终胜利，单靠一国的力量是不够的，至少需要几个先进国家无产者的共同努力。

总之，列宁坚持的不是马克思、恩格斯的"同时胜利论"，而是他们的"一国首先胜利思想"。列宁与马克思、恩格斯的一致之处，在于他们认为要实现社会主义，要保证社会主义的最终胜利，必须依靠一切先进国家至少几个主要先进国家无产者的联合行动和共同努力；但是，无产阶级夺取政权的社会主义革命可能在一国内首先取得胜利。《研究》把这种观点看作"同时胜利论"，既误解了列宁和马克思、恩格斯的思想，又使自己陷入了自相矛盾之中。因为它一方面说列宁在俄国国内战争结束以后形成和提出了"一国首先胜利论"，另一方面又说列宁在世时并未断言苏联一定能够建成社会主义，即并未提出"一国能够建成论"；而《研究》的作者始终坚持这样的观点，即列宁的"社会主义革命"的概念，从来都是同时赋予政治革命和社会革命两种含义的。这样，《研究》将自己置于左右为困的境地：列宁提出了包括社会革命在内的社会主义革命"一国首先胜利论"，但他同时认为一国不能完成社会主义革命！

《研究》硬把"同时胜利论"强加到列宁头上，而列宁在第一次世界大战时期明确提出社会主义革命可能首先在"单独一个"国家获得胜利的事实又昭昭在目，无法否认。对此，它是怎样"解释"的呢？它认为，应该说，列宁表述"一国首先胜利思想"的"这几个字眼"，是对少数先进国家"同时胜利思想"的进一步延伸，但它离开了列宁的本来思想。

《研究》的理由之一是，在确认了列宁的两段话从整体上看没有提出新的理论观点以后，不能设想这几个字眼是对两段话的整体意思的否定，不能设想列宁的这两段话是自相矛盾的，只能把这几个字眼看成离开了他本来思想的"过头的说法"。①《研究》终于发现，它在"确认了"列宁的两段话坚持的是马克思、恩格斯的"同时胜利论"以后，与列宁明确提出了社会主义可能首先在"单独一个"国家胜利的事实发生矛盾了。但是，它又不能"设想"列宁的这两段话是自相矛盾的。怎么办呢？那就"设想"列宁的"这几个字眼"是言不由衷的"过头话"吧！《研究》的"研究"结果，实在不能服人。因为世人难以相信，作为世界无产阶级的伟大导师、严肃的思想家和理论家的列宁，会在关于无产阶级革命的最重大的理论问题上，一而再再而三地去说些不表达自己本来思想的"过头话"！人们怎么也不会相信，怀有"同时胜利""本来思想"的头脑不昏的列宁，会痴人说梦般地去反复唠叨"一国首先胜利"的呓语！

《研究》的理由之二是，"当时列宁是否认单独一国胜利的可能性的"。它引用了1915年9月列宁说的一段话："当前帝国主义战争把

---

① 俞良早：《列宁主义研究》，广西人民出版社1993年版，第84页。

俄国革命危机,即资产阶级民主革命基础上的危机同西欧各国日益增长的无产阶级革命的危机联系起来了,这种联系非常密切,使这个或那个国家的革命任务根本不可能单独解决。"用这段话来证明列宁否认单独一国胜利的可能性,也是软弱无力的。因为"革命任务"的含义,按照《研究》自己的观点,"不能理解为仅仅指无产阶级夺取政权.还应该包括消灭私有制,建立公有制,消灭阶级和旧的传统观念,实现共产主义等一整个过程"。这样的"革命任务"在一国内不可能单独解决,这是列宁始终坚持的观点;即使在俄国国内战争结束以后,在《研究》认为列宁提出了"一国首先胜利论"以后,他也没有改变这种观点,也没有认为俄国一国能够"单独解决""革命任务"。因此,这段话否定不了列宁在大战期间提出了"一国首先胜利论"。

《研究》的理由之三是,列宁从未指出过这"单独一个"国家有可能是哪一个国家。"可以肯定的是,他认为俄国是不能够首先单独取得社会主义革命的胜利的。"的确,列宁在提出"一国首先胜利论"时,没有明确指出过这"单独一个"国家有可能是哪一个国家,但是,这能说明什么呢?这恰恰表现了列宁的严肃的科学态度。因为革命在各个国家的发展是难以预料的,马克思主义者不是算命先生,谁也不想也不能准确无误地预测哪个国家会首先取得革命的胜利。1918年8月23日,列宁《在综合技术博物馆群众大会上的讲话》中说:"革命是无法推算的,革命是无法预报的,它是自然而然地发生的。它在逐渐成熟,而且一定会爆发。难道在二月革命前一个星期,有人知道它就要爆发吗?难道在发疯的神父把人民引到冬宫去的时候,有人想到过1905年那场革命就要爆发吗?"[①] 还在1917年11月17日,

---

① 《列宁全集》第35卷,人民出版社1985年版,第70页。

列宁在全俄中央执行委员会会议上就说过："……按定单制造革命当然是不行的。难道我们在去年12月就能确切知道将要发生的二月事变吗？难道我们在9月里就肯定知道一个月以后俄国的革命民主派将完成世界上最伟大的革命吗？"① 可见，以列宁没有指出过这"单独一个"国家有可能是哪一个国家，来否定列宁具有"一国首先胜利"思想，是荒唐可笑的。另外，《研究》"肯定"，列宁认为俄国是不能够首先单独取得社会主义革命的胜利的。这一"肯定"也过于武断了。俄国二月革命胜利以后，列宁曾指出："俄国无产阶级一旦夺得政权，就完全有可能保持政权，并且使俄国一直坚持到西欧革命的胜利。"② 在这里，列宁明确指出俄国能够先于西欧各国单独取得社会主义革命的胜利。为了证明列宁认为俄国不能取得"一国首先胜利"，《研究》引用了列宁的两段话。一段是1915年7月列宁说的话："俄国是一个最落后的国家，不可能直接发动社会主义革命。"列宁认为俄国在资产阶级民主革命完成之前，不可能直接发动社会主义革命，这是完全正确的。但是，这能否定列宁具有"一国首先胜利思想"吗？用列宁二月革命以前说的俄国不可能直接发动社会主义革命的话，能证明列宁二月革命以后还认为俄国不能首先单独取得社会主义革命的胜利吗？另一段是俄国二月革命以后不久列宁说的话："俄国是一个农民国家，是欧洲最落后的国家之一。在这个国家里，社会主义不可能立刻直接取得胜利。"这段话能否定列宁具有"一国首先胜利思想"吗？它能证明列宁认为俄国不能首先单独取得社会主义革命的胜利吗？《研究》认为，俄国国内战争结束以后，列宁形成和提出了包括社会革命在内的社会主义革命"一国首先胜利论"。试问，俄

---

① 《列宁全集》第33卷，人民出版社1985年版，第56页。
② 《列宁全集》第32卷，人民出版社1985年版，第179页。

国国内战争结束以后，列宁就认为俄国能够"立刻直接"取得社会主义的胜利吗？1921年3月15日，列宁在《关于以实物税代替余粮收集制的报告》中指出："毫无疑问，在一个小农生产者占人口大多数的国家里，实行社会主义革命必须通过一系列特殊的过渡办法，这些办法在工农业雇佣工人占大多数的发达的资本主义国家里，是完全不需要采用的。在发达的资本主义国家里，有在几十年中形成的农业雇佣工人阶级。只有这样的阶级，才能够在社会上、经济上以及政治上成为直接向社会主义过渡的支柱。只有在这个阶级相当成熟的国家里，才能够从资本主义直接向社会主义过渡，而不需要采用全国性的特殊的过渡办法。"① 但是，俄国是一个落后的小农的国家，为了解决向社会主义过渡的任务，必须通过一些中间的和迂回的途径，才能将资本主义以前的各种关系逐步过渡到社会主义去。在这里，列宁甚至认为俄国不能"立刻直接"地"实行社会主义革命"，更何况"立刻直接"地"取得社会主义的胜利"！总之，俄国不能"立刻直接"取得社会主义胜利的观点，列宁临终也没有改变。可见，《研究》的这条理由难以立足。

在陈述了上述理由之后，《研究》得出结论说：既然不能设想列宁表述"一国首先胜利论"的"这几个字眼"是对这两段话的整体意思的否定，既然从思想上看列宁是否认单独一国胜利的可能性的，既然他未说过这"单独一国"有可能是哪一个国家，那么完全可以认为，"单独一国"首先胜利的字眼离开了他本来的思想。然而，斯大林和联共（布）没有对列宁的思想作深入的研究，仅仅看到这几个字眼，误解了列宁的思想。《研究》讲得十分透彻，斯大林和联共

---

① 《列宁全集》第41卷，人民出版社1986年版，第50—51页。

（布）没有对列宁的思想作"深入的研究"，因而将列宁明确提出的社会主义革命可能首先在单独一个国家内取得胜利的观点，"误解"成为"一国首先胜利"论；而《研究》的作者通过"深入的研究"，从列宁明确提出社会主义革命可能首先在单独一个国家内取得胜利的两段话中，终于"挖掘"出了列宁的"本来思想"——坚持"同时胜利论"，而且终于发现了列宁明确表述"一国首先胜利论"的"这几个字眼"，是离开了他"本来思想"的"过头的说法"。《研究》作者的这种研究方法和据此得出的结论，令笔者实在不敢恭维！

三　"最薄弱的地方说"有无"客观性"和"真理性"

《研究》的作者曾在一篇文章中引用斯大林《再论我们党内的社会民主主义倾向》一文中的一段话："帝国主义时期发展不平衡的规律就是：一些国家通过跳跃式的发展超过另一些国家，一些国家很快地被另一些国家从世界市场上排挤出去，以军事冲突和战争灾祸的方式周期性地重新瓜分已被瓜分的世界，帝国主义阵营内部的冲突加深和加剧起来，世界资本主义战线削弱，个别国家的无产阶级可能突破这条战线，社会主义可能在个别国家内获得胜利。"据此，他把斯大林对列宁关于资本主义发展不平衡的规律使社会主义可能在一国内首先胜利理论的表述，概括为一个公式：后起的帝国主义国家"跳跃"式地赶上了老牌帝国主义国家—帝国主义重新瓜分世界的战争—造成了帝国主义战线上最薄弱的地方—这里的某个国家首先胜利。之后，《研究》指出："不难看出，斯大林是在帝国主义国家的范围之内来理解和解释这一规律的，是围绕着帝国主义战争及其造成的'最薄弱的地方'来理解和解释这一规律的。然而列宁的本意并非如此。"①

《研究》认为，列宁是在包括落后国家在内的全世界所有国家的范围以内来看待资本主义发展不平衡的规律的。这一点并不全错。但是，它认为列宁仅仅从世界划分为压迫民族和被压迫民族，划分为先进资本主义国家和落后国家这一点来论述资本主义发展不平衡的规律，则是不对的。事实上，列宁有时也只在帝国主义国家的范围之内来论述资本主义发展不平衡的规律。他在《第三国际及其在历史上的地位》一文中指出："任何一个马克思主义者，甚至任何一个懂得现代科学的人，如果有人问他'各个不同的资本主义国家平衡地或谐和均匀地过渡到无产阶级专政是否可能'，他的回答一定是否定的。在资本主义世界中从来没有而且不会有什么平衡，什么谐和，什么均匀。在每个国家的发展中，都是有时是资本主义和工人运动的这一方面、这一特征或这一类特点特别突出，有时是另一方面、另一特征或另一类特点特别突出。发展过程从来都是不平衡的。"② 在这里，列宁就是在"各个资本主义国家"和"资本主义世界"的范围之内来论述资本主义发展不平衡的规律的。列宁有时甚至在"个别工业部门""个别资产阶级阶层"和"个别国家"这样更小的范围之内来论述这一规律。在《帝国主义是资本主义的最高阶段》一书中，列宁就说过："在帝国主义时代，某些工业部门，某些资产阶级阶层，某些国家，不同程度地时而表现出这种趋势，时而又表现出那种趋势。整个说来，资本主义的发展比从前要快得多，但是这种发展不仅一般地更不平衡了，而且这种不平衡还特别表现在某些资本最雄厚的国家（英

---

① 俞良早：《评二十年代联共（布）对列宁"一国首先胜利"论的误解》，《苏联东欧问题》1988年第6期。
② 《列宁全集》第36卷，人民出版社1985年版，第292页。

国）的腐朽上面"① "在资本主义制度下，各个企业、各个工业部门和各个国家的发展必然是不平衡的，跳跃式的。"② 可见，斯大林在帝国主义国家的范围之内来理解和解释资本主义发展不平衡的规律，与列宁并无二致。《研究》对斯大林的指责是没有道理的。

另外，《研究》认为，斯大林围绕着帝国主义战争来理解和解释资本主义发展不平衡的规律，违背了列宁的本意。这一指责也是不对的。事实上，列宁在研究帝国主义战争的起因和战争引起革命的问题时，正是"在帝国主义国家的范围之内"，从考察资本主义发展不平衡的规律出发去进行研究的。1916 年 8 月，列宁指出："现在对资本家来说不仅有要通过打仗来争夺的东西，而且如果想要保存资本主义，他们不能不打仗，因为新兴的帝国主义国家如果不用暴力手段来重新瓜分殖民地，就不能得到比较老的（又比较弱的）帝国主义列强现在享有的那些特权。"③ 同时，列宁还指出："当前的问题是各资本主义国家按照新的力量对比重新瓜分世界，这些资本主义国家最近几十年来不但发展异常迅猛，而且特别重要的是——发展极不平衡。在资本主义社会关系的基础上，这种对世界的重新瓜分不通过战争和暴力是不行的。客观形势不容许用改良主义的办法来解决已经激化了的矛盾，除了一系列帝国主义战争或无产阶级的社会主义革命，没有任何别的出路，而为社会主义的胜利创造了条件的正是这个帝国主义时代。"④ 1917 年 9 月，列宁更加明确地指出："帝国主义战争是社会主义革命的前夜。"⑤ 列宁认为，帝国主义各国发展的不平衡，新兴的比

① 《列宁全集》第 27 卷，人民出版社 1990 年版，第 436 页。
② 同上书，第 376 页。
③ 《列宁全集》第 28 卷，人民出版社 1991 年版，第 78—79 页。
④ 《列宁文稿》第 2 卷，人民出版社 1978 年版，第 277 页。
⑤ 《列宁全集》第 32 卷，人民出版社 1985 年版，第 218 页。

较强的帝国主义国家要得到老而弱的帝国主义列强享有的特权，必然导致重新瓜分世界的战争，从而为社会主义革命的胜利创造了条件。

《研究》还批判了斯大林的"最薄弱的地方"说，认为它是斯大林的臆造，不是列宁的思想。《研究》引用了斯大林在《十月革命和俄国共产党人的策略》一文中说的两段话："金融压迫的世界体系内部的矛盾的增长和军事冲突的必然性使帝国主义世界战线容易被革命攻破，使这条战线很可能被个别国家突破""这种突破最可能发生在帝国主义战线的链条最薄弱的地方和国家，即在帝国主义防卫最差而革命最容易展开的地方和国家。"它认为斯大林在这里提出了"最薄弱的地方说"，并提出了帝国主义之间的矛盾和军事冲突是使个别国家首先胜利的原因。《研究》又引用了斯大林在联共（布）第十五次全国代表会议的报告中的两段话："在帝国主义发展的时期，各个资本主义国家发展的不平衡变成了帝国主义发展的决定力量，帝国主义者之间不可避免的冲突和战争削弱着帝国主义战线并使这条战线在个别国家中可能被突破""这种情形必然使帝国主义者相互削弱而造成在个别国家内突破帝国主义战线的可能性。"它认为斯大林在这里用"战争削弱着帝国主义战线"和"帝国主义者相互削弱"等词句补充了《十月革命和俄国共产党人的策略》里的说法。它将斯大林的"最薄弱的地方说"又概括为一个公式：帝国主义战争使帝国主义国家"相互削弱"—造成了帝国主义链条"最薄弱的地方"—这里的一个国家可以首先胜利。① 然后，《研究》开始批判斯大林伪造了列宁的思想。它是怎样批判的呢？它从列宁的《帝国主义是资本主义的最高阶段》《论欧洲联邦口号》《无产阶级革命的军事纲领》等著作中，

---

① 俞良早：《列宁主义研究》，广西人民出版社 1993 年版，第 87—88 页。

抄录了好几大段、好几千字的话，说这些话里都找不到"最薄弱的地方"及其意义的说法和思想。这种"批判"实在是软弱无力的。从列宁的著作中还可以抄录更多的没有说到"最薄弱的地方"的话，然而，这又能说明什么问题呢？

《研究》认为，列宁的"真实思想"是与"最薄弱的地方"说完全不同的；列宁认为帝国主义战争既激化了各先进资本主义国家内的阶级矛盾，又激化了帝国主义国家同被压迫民族的矛盾，未来的革命将实现各先进国家的无产阶级革命同被压迫民族的民族民主革命的大联合。一句话，《研究》认为，列宁的"真实思想"是，他从帝国主义战争中得出了各先进国家的社会主义革命"同时胜利"的结论，甚至得出了各先进国家的社会主义革命和各被压迫民族的民族民主革命"同时胜利"的结论。

现在，我们就来认真地分析一下，列宁的"真实思想"究竟是什么？

列宁认为，资本主义经济政治发展不平衡的规律，势必导致帝国主义战争，而帝国主义战争又使帝国主义国家之间"相互削弱"，从而为无产阶级革命提供有利的条件。在《帝国主义是资本主义的最高阶段》一书中，列宁指出："帝国主义的重要特点，是几个大国争夺霸权，即争夺领土，其目的与其说是直接为了自己，不如说是为了削弱对方，破坏对方的霸权。"① 他认为，在帝国主义战争的条件下，社会主义革命将在落后的帝国主义国家首先发生并取得胜利。二月革命胜利以后，在布尔什维克的四月代表会议上，李可夫说，社会主义应当从其他工业比较发达的国家产生。列宁指出，这是不对的。他说，

_____

① 《列宁全集》第 27 卷，人民出版社 1990 年版，第 403—404 页。

人们常常根据这个前提得出以下的结论：俄国是一个落后的、农民的、小资产阶级的国家，因此根本谈不上社会革命。但是他们忘记了：战争使俄国处于特殊的境地。① 他指出，正是由于俄国是一个最落后的帝国主义国家，所以战争带给它的困难就特别大，从而使俄国的革命比其他国家的革命先爆发；正是帝国主义战争这个"万能的导演"，为俄国无产阶级提供了"千载难逢"的良机，才使得社会主义革命在俄国首先取得了胜利。由此可见，斯大林的"公式"基本上反映了列宁的本来思想。

那么，列宁在全世界范围内看待资本主义发展不平衡的规律时，是如何理解这一规律与社会主义革命的关系的呢？

十月革命胜利以后，1920 年 5 月，列宁《在尼·布哈林〈过渡时期经济学〉一书上作的批注和评论》中，针对布哈林"爆发革命的速度同资本主义关系的成熟和革命类型的程度成反比"的说法，指出世界社会主义革命的发展程度与资本主义的发展程度"不是成正比的"。他对布哈林关于"在一场巨大冲突中最稳定的体系，应当是具备帝国主义战争所需要的最发达的技术的体系"的论述，给予肯定。同时，他对布哈林关于"世界资本主义体系的崩溃，是从最薄弱的、国家资本主义组织最不发达的国民经济体系开始的"以及"世界革命过程是从世界经济体系中那些发展程度最低的部分开始的"说法，作了纠正。他指出，革命不是从"最高的"，也不是从"最弱的"，而是从"比较薄弱的"体系开始的。"没有一定程度的资本主义，我们是什么也办不成的。"② 在列宁看来，社会主义革命不会在经得住帝国主义战争打击的最发达的国家首先发生，而将在世界上"比较弱的"

---

① 参见《列宁全集》第 29 卷，人民出版社 1985 年版，第 361、436 页。
② 参见《列宁全集》第 60 卷，人民出版社 1990 年版，第 316—317 页。

国家首先开始并取得胜利。可见，《研究》认为列宁通过在世界范围之内分析资本主义发展不平衡的规律，得出的是社会主义革命将在少数先进国家"同时胜利"的结论，并且认为这一结论是与马克思、恩格斯的设想一致的，倒是真正误解了列宁的"真实思想"。

不可否认，列宁在提出社会主义革命"一国首先胜利"的理论时，曾经设想首先取得社会主义革命胜利的国家，可能是西欧比较发达的资本主义国家。但是后来，确切些说，俄国二月革命胜利以后，他认为西欧先进国家开始革命比较困难，而俄国革命的开始则比较容易。他在布尔什维克的四月代表会议上说：马克思、恩格斯曾设想法国工人开始，德国工人完成。但是现在，开始进行社会主义革命的伟大光荣已经落到俄国无产阶级身上了。[①] 俄国的社会主义革命不但首先开始，而且首先取得了胜利，证实了列宁的预言。

总之，列宁认为，社会主义革命将在世界上国民经济制度"比较弱的"、容易被革命突破的那些地方和国家首先取得胜利。这些国家不是世界上最先进的资本主义国家，也不是世界上还没有资本主义的最落后的国家，而是具有"一定程度的资本主义"的落后的帝国主义国家。可见，斯大林关于"社会主义革命可能突破帝国主义战线的链条最薄弱的地方和国家"的表述，基本上体现了列宁的这一思想。因为在帝国主义体系中看是"最薄弱的地方"，即经不住战争打击的最落后的帝国主义国家，在世界范围内看就是国民经济制度"比较弱的地方"。如果说，列宁具有这种思想，"最薄弱的地方说"就具有了"客观性"，那么，这一点是应该予以确认的。

《研究》否认"最薄弱的地方"说是列宁的思想，同时否认斯大

---

① 参见《列宁全集》第29卷，人民出版社1985年版，第339页。

林的这种"推论"的正确性。它的理由之一，是俄国、中国等国家社会主义革命的胜利是革命在"落后国家"的胜利，不是在"最薄弱的地方"的胜利。它认为，"落后国家"同帝国主义战争造成的"最薄弱的地方"是两个不同的概念；前者指某些国家本来就很落后，后者指一些国家本来很发达，只是因为帝国主义战争的削弱才成为"最薄弱的地方"。所以，不能把俄国、中国等落后国家革命的胜利，看成"最薄弱的地方"上的胜利。《研究》将"落后国家"与"最薄弱的地方"这两个不同的概念区分开来是对的，但是它对"最薄弱的地方"的解释却使人感到莫名其妙。既然《研究》否认列宁有"最薄弱的地方"之说，又认为斯大林的推论不合情理，那么，"最薄弱的地方"是指"一些国家本来很发达，只是因为帝国主义战争的削弱才成为'最薄弱的地方'"的说法究竟来自何处？列宁明明认为具备帝国主义战争需要的最发达的技术体系的国家是在巨大冲突中最稳定的国家，斯大林明明说过"最薄弱的地方"是"帝国主义防卫最差"的地方；在他们看来，"最薄弱的地方"，就是帝国主义战线中容易被革命突破的地方。这些地方既不是还"没有资本主义"的最落后的国家，也不是资本主义"最发达"的国家。《研究》的作者把自己的臆造硬加到对方头上，然后煞有介事地大加批判，这种"研究"方法，实在令人瞠目，也实在令人替斯大林感到冤枉！

《研究》说，十月革命发生后，列宁认为俄国容易发生革命的原因在于它是一个落后国家，所以不能把俄国革命的胜利看成"最薄弱的地方"上的胜利。的确，俄国是一个落后国家，但不要忘记，它是一个落后的帝国主义国家，不是世界范围内的落后国家。列宁在《大难临头，出路何在？》以及其他许多著作中，都对俄国社会主义革命的经济前提进行了深刻的分析。他指出：国家垄断资本主义在俄国达到了较高的发展水平，形成了社会调整生产和分配的机构。这就为俄国向社会主义革命的过渡和转变，提供了基本的客观的物质前提。他说："如果社会主义在经济上尚未成熟，任何起义也创造不出社会主义来。"① 俄国就是在具备了社会主义革命的经济前提的情况下，以列宁为首的布尔什维克党，利用帝国主义战争给资产阶级政府造成的巨大困难和危机，抓住资产阶级军队忙于前线的作战而后方力量空虚的有利时机，领导工人阶级和贫苦农民，联合反战的士兵，一举推翻了资产阶级的统治，取得了十月社会主义革命的伟大胜利的。因此，完全应该把俄国革命的胜利看成"最薄弱的地方"上的胜利。因为尽管"落后国家"和"最薄弱的地方"有所区别，但是，帝国主义战线的"落后国家"，并不妨碍它成为帝国主义链条的"最薄弱的地方"。如前所述，十月革命的胜利，正是由于第一次世界大战造成了俄国的特殊环境，使它成为帝国主义链条的"薄弱环节"，从而为无产阶级夺取政权创造了客观条件。

《研究》还认为，中国不是帝国主义链条上的"最薄弱的地方"，但是它取得了社会主义革命的胜利。谈到中国革命，首先应该搞懂，它并不属于资本主义条件下的社会主义革命那种类型，而是属于由资产阶级民主革命直接过渡到社会主义革命这种类型，即属于列宁所说的"在先进国家无产阶级的帮助下，落后国家可以不经过资本主义发展阶段而过渡到苏维埃制度，然后经过一定的发展阶段过渡到共产主义"② 的类型。因此，研究中国社会主义革命胜利的原因，要作符合中国国情的具体分析。但是，无论如何也不能武断地说"中国不是最薄弱的地方"！毛泽东指出："列宁曾经说过，革命首先从帝国主义世

---

① 《列宁全集》第32卷，人民出版社1985年版，第218页。
② 《列宁全集》第39卷，人民出版社1986年版，第233页。

界的薄弱环节突破。十月革命时的俄国是这样的薄弱环节，十月革命后的中国也是这样的薄弱环节。俄国和中国的共同点是：都有相当数量的无产阶级，都有大量的农民群众，都是大国。"① 邓小平也指出："列宁领导的布尔什维克党是在帝国主义世界的薄弱环节搞革命，我们也是在敌人控制薄弱的地区搞革命，这在原则上是相同的，但我们不是先搞城市，而是先搞农村，用农村包围城市。"② 读了毛泽东和邓小平的这些话，《研究》的作者不觉得汗颜吗？

《研究》否定"最薄弱的地方"说的正确性的理由之二，是第一次世界大战的某些战败国虽然爆发过革命，但"未能取胜"，而第二次世界大战的战败国"则根本没有发生过革命"。《研究》将第一次世界战大和第二次世界大战的战败国说成"真正的帝国主义链条上的'最薄弱的地方'"，这一点本身就已经荒唐至极。它把"莫须有"的罪名强加到对方头上，然后妄加批判，又一次极不公正地对待了斯大林。斯大林明确指出，"帝国主义战线的链条最薄弱的地方和国家"，就是"帝国主义防卫最差而革命最容易展开的地方和国家"。他何时何处说过第一次世界大战、第二次世界大战的战败国是"真正的帝国主义链条上的'最薄弱的地方'"？即使我们撇开《研究》这种划定的荒谬性暂且不论，单就它根据第二次世界大战后德、意、日三国"根本没有发生过革命"，因而否定"最薄弱的地方说"的正确性这一点来说，也是极不妥当的。《研究》既然承认革命的胜利是由多种因素决定的，就应该能够解释这些国家战后为什么没有发生革命。斯大林指出："帝国主义链条在一个国家里表现薄弱是决定于什么呢？决定于这个国家有一定限度的工业发展和文化程度，决定于这个国家

① 《毛泽东文集》第8卷，人民出版社1999年版，第113页。
② 《邓小平文选》第2卷，人民出版社1994年版，第126—127页。

有一定数量的工业无产阶级，决定于这个国家的无产阶级和无产阶级先锋队的革命性，决定于这个国家的无产阶级有能够跟着无产阶级坚决进行反帝国主义斗争的严重的同盟者（例如农民）。总之，决定于使帝国主义在这个国家里必然陷于孤立和必然被推翻的几个条件的配合。"① 斯大林认为，一个国家之成为帝国主义链条的薄弱环节，既取决于这个国家有一定程度的资本主义和一定数量的工业无产阶级，又取决于这个国家的无产阶级的革命性和无产阶级同其他劳动阶级的联盟。也就是说，"最薄弱的地方"既包括革命的客观条件，又包括革命的主观条件。这一观点完全符合列宁的思想。1918 年 10 月，列宁指出："无产阶级革命在世界各国发展不平衡，这是由于各国的政治生活条件互不相同，无产阶级在一个国家力量特别小，而在另一个国家力量又大一些。一个国家的无产阶级上层很软弱，另一些国家的资产阶级则能够暂时分裂工人，英国和法国的情形就是这样。因此无产阶级革命发展不平衡。"② 这就是说，一个国家的无产阶级革命能否发生和取得胜利，取决于这个国家无产阶级力量的大小和无产阶级上层的实际情况。根据列宁和斯大林的这一观点，我们再来分析第二次世界大战的战败国没有发生革命的原因，就十分清楚了。众所周知，共产党和工人阶级在法西斯统治下的德、意、日三国无不遭到血腥摧残，它们的领袖或被屠杀，或被监禁，或被迫流亡国外，广大人民群众被捆到帝国主义的战车上而失去任何从事政治活动的自由。在这种情况下，即在革命阶级的革命准备尚不充分，革命的攻击力量尚不足以推翻资产阶级的统治的情况下，这些国家战后没有发生革命，不是很容易理解吗？另外，革命能否发生和取得胜利，还受国际条件的制约和影

---

① 《斯大林全集》第 12 卷，人民出版社 1955 年版，第 124 页。
② 《列宁全集》第 35 卷，人民出版社 1985 年版，第 119—120 页。

响。在第二次世界大战后的德国苏占区建立了社会主义国家，而英、美、法占领区却走上了资本主义道路，这一点不是很明显吗？

《研究》否定"最薄弱的地方"说的正确性的理由之三，是用"最薄弱的地方"说来说明某个国家社会主义革命胜利的原因，是一种简单化的做法。它又一次无的放矢，用并不存在的东西作自己攻击的靶子。斯大林何时何处把"最薄弱的地方"作为某个国家社会主义革命胜利的全部原因？《研究》也曾经引用过的斯大林的话，是这样说的：帝国主义世界体系内部的矛盾的增长和帝国主义战争的必然性，使帝国主义世界战线容易被革命攻破，使这条战线很可能被个别国家突破；这种突破最可能发生在帝国主义战线的链条最薄弱的地方和国家。斯大林只是说社会主义革命"容易"和"可能"突破帝国主义战线的链条最薄弱的地方和国家，他说过"最薄弱的地方"是社会主义革命胜利的唯一原因吗？如果我们将"最薄弱的地方"可能取得革命的胜利，与"最薄弱的地方"一定取得革命的胜利两者区分开来，就不难解释为什么一些国家的革命取得了胜利，而相似条件下的另一些国家的革命却没有成功了。

综上所述，斯大林的"最薄弱的地方"说和"传入中国时演化成的'薄弱环节'说"（《研究》语），基本上表述了列宁社会主义革命论的一个重要内容；斯大林在这方面并没有误解列宁的思想，《研究》对他的指责是没有道理的。最后，笔者借用被《研究》非难为误解了列宁思想的、"人民出版社出版的、在中国有关学术界权威性最大的《国际共产主义运动史》"中的一段话作为本题的结尾，以正视听："列宁认为：由于资本主义经济政治发展不平衡规律的作用异常显著，使得一些后起的资本主义国家（如德国、日本、美国等）在经济政治实力的发展方面很快超过了老牌资本主义国家；然而世界上的殖民地已被瓜分完毕，因此新、老帝国主义国家之间就只有通过世界性的战争来重新瓜分殖民地。世界大战的结果势必使帝国主义的力量互相削弱，从而在帝国主义链条上造成薄弱环节。如果在这个薄弱环节上的某些国家，正好无产阶级及其政党的力量比较强大，又执行正确的方针路线，那么无产阶级就有可能首先在这里冲破帝国主义阵线，取得社会主义革命的胜利。反之，由于帝国主义统治力量的不平衡和各国革命力量发展的不平衡，社会主义革命要在各资本主义国家同时取得胜利是不可能的。"

第七章

评《列宁主义研究》对学术界的批评

一 评"必要的答复"

《苏联东欧问题》1990 年第 3 期发表了《研究》的作者答笔者的文章（以下简称《答文》），对笔者与其《评二十年代联共（布）对列宁"一国首先胜利"论的误解》一文的商榷作了反商榷。《研究》一书的"序言"中说这是"必要的答复"。然而，这个"答复"却暴露出了更多的矛盾和漏洞。

第一，关于列宁在 1915 年是否提出了"一国首先胜利论"的问题，《答文》的答复是自相矛盾的。《答文》指出，笔者把列宁的社会主义革命"一国首先胜利论"划分为"政治革命"的"一国首先胜利论"和"社会革命"的"一国建成社会主义论"，"学术界早已有人提出过"，笔者和他们一样，"曲解了马克思主义的一个常识问题"。《答文》认为，所谓"一国首先胜利论"，是指社会主义革命"一国首先胜利论"。那么，什么是"社会主义革命"呢？它下了一个"马克思主义的"定义，这就是："无产阶级推翻旧的政权，建立无产阶级专政；消灭资本主义私有制，建立社会主义公有制；发展生产，消灭阶级差别和城乡差别等。也就是说，这些内容的统一，才构成社会主义革命。显然，社会主义革命的内容，包括夺取政权的'政治革命'和建成社会主义的'社会革命'等。"而且，它认为，马克思、恩格斯和列宁在使用"社会主义"或"社会主义革命"的概念时，从来都是同时赋予它政治革命和社会革命等多种含义的。

首先，需要一提的是，《答文》认为笔者把列宁的社会主义革命"一国首先胜利论"划分为"政治革命"的"一国首先胜利论"和"社会革命"的"一国建成社会主义论"，是曲解了拙文的意思。笔者的观点是：列宁的"一国首先胜利论"，是政治革命意义上的社会主义革命"一国首先胜利论"，它不包括社会革命在一国的首先胜利；列宁的社会革命意义上的"一国建成社会主义论"，是对社会主义革命"一国首先胜利论"的发展，它不包括在"一国首先胜利论"之内。另外，《答文》轻蔑地指出，笔者的观点，"学术界早已有人提出过"。对此，笔者也想说上几句。笔者认为，"学术界早已有人提出过"的观点未必都是错的，而"不同于前人和他人的新观点"也未必都是对的。《答文》的作者立志要提出"不同于前人和他人的新观点"，这种精神是令人敬佩的。但是，既不株守前人和他人的已有观点，又不作没有历史根据的"标新立异"，依据历史的本来面目得出历史的结论，这才是严肃的学者的严肃的科学研究态度。不然，急于出人头地，弄不好会出洋相的。

其次，让我们来看一下，《答文》在反驳笔者的观点时，是怎样将自己推翻的。《答文》说，众所周知，在19世纪40年代，马克思、恩格斯是用共产主义革命来表示无产阶级消灭私有制、建立公有制的革命的。它引用了恩格斯在《共产主义原理》中说的那段共产主义革命将在英、美、法、德“同时发生”的话。然后，《答文》指出：
“不言而喻，这里的‘共产主义革命’既是指无产阶级夺取政权的政
治革命，又是指无产阶级实现共产主义的社会革命。他认为英国实现
革命最容易，认为德国实现革命最困难，就在于他是根据经济发展水
平决定社会革命进程的原理来看问题的。从经济发展水平看，当时德
国比较落后，英国较为先进。所以恩格斯认为德国实现社会革命最
慢、最困难，英国最快、最容易。如果这里仅仅是指夺取政权的政治
革命的话，就无所谓谁快谁慢、谁易谁难了。”《答文》的作者不知仔
细想过没有，恩格斯这段曾被你用来证明他主张“同时胜利论”的
话，经过你的认真分析之后，变成了马克思恩格斯具有无产阶级社会
革命“一国首先胜利”思想的证据：政治革命是“无所谓”快慢和
难易的（这是十分荒唐的说法），只有社会革命才分快慢和难易；在
英、美、法、德同时发生的社会革命，由于各国的经济发展水平不同
而不能同时实现，英国将最易最快地实现，德国将最难最慢地实现。
也就是说，英国将是世界上早于任何国家最先取得无产阶级社会革命
胜利的国家。这意味着什么呢？这等于说，恩格斯具有不仅包括政治
革命而且包括社会革命在内的社会主义革命“一国首先胜利思想”。
难怪笔者认为马克思、恩格斯只是具有无产阶级政治革命“一国首先
胜利思想”，因而遭到《答文》作者的批判，原来在他看来，恩格斯
认为一国可以取得无产阶级社会革命的“首先胜利”，一国可以“实
现共产主义”！另外，我们按照《答文》提出的“社会主义革命”的
定义，来读一下列宁在《论欧洲联邦口号》和《无产阶级革命的军事
纲领》中的论述，看会得出什么结论。列宁指出：“社会主义”不能
在所有国家内同时获得胜利，它将首先在少数甚至在单独一个资本主
义国家内获得胜利；在一国取得胜利的“社会主义”绝不能一下子根

本排除一切战争。请问，列宁在这些地方所使用的"社会主义"的概念，也是同时赋予它政治革命和社会革命等多种含义的吗？如果是这样的话，那岂不是等于说，《答文》已经承认列宁在1915—1916年就提出了包括社会革命在内的社会主义革命可以在一国首先胜利的理论吗？如果是这样的话，那岂不是比笔者认为列宁在1915—1916年只提出了政治革命意义上的社会主义革命可以在一国首先胜利的理论走得更远吗？然而，《答文》的作者却意在否定列宁在第一次世界大战期间提出了"一国首先胜利论"；他说："列宁《论欧洲联邦口号》和《无产阶级革命的军事纲领》中的两段话，仅仅只是表述了马克思、恩格斯一向所坚持的设想和观点，根本不存在列宁用'一国首先胜利论'发展了马克思主义的问题。"笔者想问一下《答文》的作者：以子之矛，攻子之盾，不知何如？

再次，我们回过头来看一下，马克思、恩格斯和列宁是如何使用"社会主义"或"社会主义革命"的概念的。诚然，从马列著作中，不难找出他们在使用这些概念时，同时赋予政治革命和社会革命两种含义的例子的。但是，由此就能得出结论说，他们没有区分过政治革命和社会革命，一提到这些概念时，就把两者都包括进去了吗？就拿《答文》引以为证的马克思在《法兰西阶级斗争》中说的那段话来分析，也恐非如此。马克思说："这种社会主义就是宣布不断革命，就是无产阶级的阶级专政，这种专政是达到消灭一切阶级差别，达到消灭这些差别所由产生的一切生产关系，达到消灭和这些生产关系相适应的一切社会关系，达到改变由这些社会关系产生出来的一切观念的必然的过渡阶段。"马克思在这里所说的"社会主义"思想体系宣布的，恰恰是无产阶级的政治革命。"这种社会主义"，"就是无产阶级的阶级专政"；而无产阶级的阶级专政，就是无产阶级政治革命的成果。虽然马克思指出无产阶级专政是一个过渡阶段，通过这个过渡阶段才能达到消灭或改变"四个一切"，才能完成无产阶级的社会革命，但是，这段话所说的"这种社会主义"宣布的"不断革命"，就是指从资产阶级民主革命过渡到社会主义革命，过渡到无产阶级专政。同样，列宁在使用"社会主义"或"社会主义革命"的概念时，有时也仅指无产阶级的政治革命。就拿《答文》作者发表在《国际共运史研究》（1990 年第 2 期）的一篇文章中引用的列宁的一段话来分析，也可以看得十分清楚。他为了证明十月起义胜利一个月以后，列宁才"承认"十月革命是社会主义革命，引用了 1917 年 12 月列宁在全俄铁路工人非常代表大会上讲的一段话："工人、农民和士兵所完成的十月革命，毫无疑问，是社会主义革命。"列宁认为，十月革命就是社会主义革命。难道十月革命的胜利就是既包括政治革命又包括社会革命的社会主义革命的胜利吗？1920 年 4 月，列宁又说："俄国的阶级斗争到 1900 年已经充分表现出来了，而社会主义革命是在 1917 年才获得胜利的。"① 按照《答文》下的"马克思主义的"定义，这岂不是说，列宁认为包括社会革命在内，即包含所谓"消灭资本主义私有制，建立社会主义公有制，消灭阶级差别和城乡差别等等"内容的社会主义革命，俄国在 1917 年就获得胜利了吗？《答文》还引用了列宁在 1919 年说的一段话，来证明列宁是把政治革命和社会革命作为社会主义革命的统一的、不可分割的任务看待的。它将这段话做了删节，意在回避列宁说的俄国的无产阶级政治革命"已经完成"，但完成无产阶级社会革命却"不是一下子能够办到的"话。现在，我们把这段话完整地引出来，看列宁到底表达了什么意思。列宁说："社会

① 《列宁全集》第 38 卷，人民出版社 1986 年版，第 331 页。

主义就是消灭阶级。为了消灭阶级，第一就要推翻地主和资本家。这一部分任务我们已经完成了，但这只是一部分任务，而且不是最困难的那部分任务。为了消灭阶级，第二就要消灭工农间的差别，使所有的人都成为工作者。这不是一下子能够办到的。这是一个无比困难的任务，而且必然是一个长期的任务。这个任务不能用推翻哪个阶级的办法来解决。要解决这个任务，只有把整个社会经济在组织上加以改造，只有从个别的、单独的小商品经济过渡到公共的大经济。这样的过渡必然是非常长久的。"的确，列宁在这里是把政治革命和社会革命作为"社会主义"的两个任务看待的，但是，他认为第一个任务已经完成，即政治革命已经胜利，而要解决第二个任务，即要消灭一切阶级，却不是一下子能够办到的，必须经过非常长久的过渡。《答文》认为，不马上消灭阶级，就不是进行社会主义革命，就不能称为社会主义革命。然而，列宁是怎样看待这一问题的呢？1918年6月，列宁指出："必须记住工人们常常忘记的一条社会主义革命的基本原理：要进行社会主义革命，要举行社会主义革命，使人民摆脱压迫，并不需要马上消灭阶级；应该由最有觉悟和最有组织的工人掌握政权。"①这就是说，不需要马上消灭阶级，只要由工人阶级掌握政权，就是进行社会主义革命，就可以称为社会主义革命。可见，在对"社会主义革命"的认识上，《答文》作者与列宁的观点不一致。在这里，笔者想提几个问题：《答文》的作者是否认为，没有完全消灭阶级，没有消灭工农间的差别，就不能说社会主义革命取得胜利了呢；《答文》的作者是否认为，当今还没有完全消灭阶级，没有消灭工农间差别的中国，还不能说社会主义革命取得胜利了呢。《答文》的作者一方面

---

① 《列宁全集》第34卷，人民出版社1985年版，第424页。

说只有完成了消灭阶级差别和城乡差别等任务以后，才能算完成了社会主义革命，另一方面又说俄国、中国等经济落后国家已经先于西方先进国家实现了社会主义。无须完成社会主义革命，就可以实现社会主义，这是马克思主义的观点吗？

最后，让我们来看一下，《答文》在解释马克思恩格斯和列宁是如何称呼"政治革命"的问题时，是怎样陷入窘境中的。《答文》指出：马克思、恩格斯、列宁从未把无产阶级的政治革命称为社会主义革命，而称为"工人革命""无产阶级革命""工农革命""革命""国内战争""起义"，等等。《答文》的这个断言是极其轻率和不负责任的。马克思、恩格斯在《共产党宣言》中指出："工人革命的第一步就是使无产阶级上升为统治阶级，争得民主"，然后，"无产阶级将利用自己的政治统治，一步一步地夺取资产阶级的全部资本，把一切生产工具集中在国家即组织成为统治阶级的无产阶级手里，并且尽可能快地增加生产力的总量"，最终"消灭旧的生产关系"。① 1850 年 3 月，恩格斯在《英国的 10 小时工作制法案》中指出："英国无产阶级革命的第一个结果将是大工业集中在国家手里，即集中在居于统治地位的无产阶级的手里，而随着工业的集中，与竞争相联系的，使现在劳动时间的调整和工业的进步发生冲突的一切关系也将会消灭。因此，解决 10 小时工作制的问题，也像解决以资本与雇佣劳动的矛盾为基础的一切问题一样，唯一的办法就是依靠无产阶级革命。"② 马克思、恩格斯认为，"工人革命"的第一步就是使无产阶级掌握政权。也就是说，完成政治革命只是"工人革命"的第一步，而夺取资产阶级的全部资本，实现生产资料的公有制，增加生产力的总量，消灭旧

---

① 《马克思恩格斯选集》第 1 卷，人民出版社 1972 年版，第 272—273 页。
② 《马克思恩格斯全集》第 7 卷，人民出版社 1959 年版，第 287 页。

的生产关系，仍然是"工人革命"所要完成的任务。"无产阶级革命"的第一个结果就是实现一切大的生产资料的无产阶级国家所有制。也就是说，无产阶级夺得了政权，完成了政治革命，还没有取得"无产阶级革命"的第一个结果；"无产阶级革命"还要消灭一切旧的生产关系和社会关系，解决以资本与雇佣劳动的矛盾为基础的一切问题。显然，马克思、恩格斯所说的"工人革命""无产阶级革命"，就是当时他们称为"共产主义革命"的"社会主义革命"，而不仅仅指无产阶级的政治革命。在这个问题上，列宁与马克思、恩格斯的观点完全一致。1917 年 9 月，列宁在《只见树木不见森林》一文中说："无论哪一个人，只要他学过一点历史或者马克思主义学说，他就一定会承认，进行政治分析首先应该提出阶级问题：是哪个阶级的革命？是哪个阶级的反革命？"① 那么，社会主义革命是哪个阶级的革命？回答应该是：工人革命！无产阶级革命！正是从这种阶级分析的观点出发，马克思、恩格斯、列宁把"社会主义革命"看作"工人阶级的"革命或"无产阶级的"革命，对它们根本未作任何区分。十月革命前夕，列宁更加明确地指出："无产阶级革命即社会主义革命。"② 在列宁眼里，二者是同一概念。十月革命胜利后，列宁一方面说它是"工农革命""革命""武装起义"，另一方面又说它是"社会主义革命"；在他看来，像十月革命这样的"工农革命""武装起义"是"社会主义革命"的同义语。他说："俄国工农革命即 1917 年 10 月至 11 月革命。"③ 他又说："武装起义，第二次革命即十月革命。"④ 而"十月革命，毫无疑问，是社会主义革命"。可见，《答文》说马

①　《列宁全集》第 32 卷，人民出版社 1985 年版，第 79 页。
②　同上书，第 299 页。
③　《列宁全集》第 38 卷，人民出版社 1986 年版，第 47 页。
④　《列宁全集》第 33 卷，人民出版社 1985 年版，第 17 页。

克思、恩格斯、列宁对"社会主义革命"与"工人革命""无产阶级革命"等作了区分，歪曲了他们的思想。

总之，笔者同《答文》作者的分歧在于：笔者从列宁在 1915—1916 年期间明确提出社会主义可能在一国内首先获得胜利的事实出发，从列宁当时否认一国能够实现社会主义经济变革的事实出发，认为列宁此时提出了"一国首先胜利论"，而且仅仅是无产阶级政治革命意义上的"一国首先胜利论"。而《答文》的作者从自己的"政治革命和社会革命两者是统一而不可分割的""社会主义革命"的定义出发，来裁判列宁提出的"一国首先胜利论"，认为列宁的理论不符合自己的"定义"，所以断然否定列宁在第一次世界大战期间提出了"一国首先胜利论"；对于列宁在 1915—1916 年所作的明确无误的论断，《答文》作者则斥之为言不由衷的"过头话"！

第二，关于马克思、恩格斯是否具有"一国首先胜利思想"的问题，《答文》的答复是自相矛盾的。首先，如前所述，《答文》引用恩格斯在《共产主义原理》中说的关于"同时发生"的一段话，来证明马克思、恩格斯主张"同时胜利论"，然而经过它的分析之后，适得其反，这段话成为马克思、恩格斯具有无产阶级社会革命"一国首先胜利思想"的证据。其次，《答文》申明，它并不否认马克思、恩格斯和列宁提出过一国可以首先夺取政权的思想或观点；而且它相信："每个稍有社会科学知识的人都不会否认这一点：夺取政权的斗争可以在一国首先胜利，甚至可以在一个城市首先胜利，可以在一个省首先胜利，可以在农村的某一块地方首先胜利。"笔者则认为，"每个稍有社会科学知识的人"都不会不知道这一点：一切革命的根本问题是国家政权问题，革命的首要的基本的标志是国家政权从一个阶级手里转到另一个阶级手里。因此，不想夺取国家政权的某一个城市或农村的某一块地方的斗争称不上革命，不是一个阶级推翻另一个阶级，而是一个雇工杀死他的雇主，绝不是革命。马克思主义者向来未和《答文》的作者一样，将这样的所谓"斗争"称为革命。正如斯大林所说："某些落后的国家里有时也发生一些部落反对另一些部落的儿戏似的'起义'；这样的所谓'革命'当然是不会有丝毫创造性的。可是马克思主义者从来没有把这种儿戏似的'起义'看作革命。这里指的显然不是这种'起义'，而是发动被压迫阶级去反对压迫者阶级的群众性的人民革命。这样的革命不能不是创造性的革命。马克思和列宁正是主张这样的革命，并且只是主张这样的革命。"① 另外，即使旨在夺取国家政权的先进阶级推翻反动阶级的真正的革命，如果仅仅在一个城市或农村的某一块地方获得胜利，甚至在一个省获得胜利，那也不叫"一国胜利"。总之，笔者认为，马克思、恩格斯在资本主义凯歌行进的上升时期产生"一国首先胜利思想"，实属伟大创见，难能可贵；而在《答文》的作者看来，马克思、恩格斯的"一国首先胜利"思想不过是庸人之见，不值一提。

第三，关于"最薄弱的地方说"是否具有"客观性"和"真理性"的问题，《答文》的答复是自相矛盾的。首先，《答文》指责笔者将列宁关于"落后国家"容易开始革命的思想与"最薄弱的地方"说混淆起来，是无的放矢。《答文》认为，在联共（布）及其领导人看来，帝国主义战争会使帝国主义国家之间相互削弱，从而造成帝国主义链条中的"最薄弱的地方"，使无产阶级革命得以在个别国家爆发并取得胜利，而列宁却没有这种思想。列宁关于落后国家容易开始革命的思想与"最薄弱的地方"之说不能等同。

---

① 《斯大林选集》上卷，人民出版社 1979 年版，第 616 页。

《答文》的说法是背于历史事实的。如前所述，在二月革命胜利以后的四月代表会议上，列宁指出，由于战争使俄国处于特殊的境地，才使俄国的革命比其他国家的革命先爆发。同时，列宁在《论坚强的革命政权》一文中又指出："如果没有战争，俄国也许会过上几年甚至几十年而不发生反对资本家的革命，但在有战争的情况下，这在客观上就不可能了。这时，要么是灭亡，要么是进行反对资本家的革命。问题就是这样摆着的。实际生活就是这样提出问题的。"① 《答文》把列宁关于落后国家容易开始革命的思想，归纳为强调国内的落后性，阶级矛盾的尖锐性和革命攻击力量异常强大等内容，而与帝国主义战争毫无关系。读了列宁上面的有关论述，《答文》的作者真的一点也感觉不到自己在歪曲列宁的思想吗？

列宁在十月革命以前所作的这些论述，与联共（布）及其领导人的看法基本上是一致的。列宁正是通过分析帝国主义战争给俄国造成的特殊境地和特别大的困难，而不单单因为它是一个落后国家，才得出俄国有可能首先爆发革命并取得胜利的结论的。《答文》还认为，列宁关于落后国家容易发生革命的思想是十月革命胜利以后才形成和提出的，十月革命以前没有这种思想。看看以上列举的事实，读读十月革命以前列宁关于落后的俄国将首先爆发革命的论述，《答文》的作者不觉得自己的这种指鹿为马的做法过于武断了吗？

《答文》还指责笔者将列宁 1920 年的思想同他 1915 年的思想等同起来，不是科学的态度和方法。笔者认为，列宁 1920 年 5 月《在尼·布哈林〈过渡时期经济学〉一书上作的批注和评论》中所作的革命是从"比较薄弱的"国民经济体系开始的论述，与列宁自二月革命

---

① 《列宁全集》第 30 卷，人民出版社 1985 年版，第 27—28 页。

后至十月革命前关于落后的俄国容易开始革命的思想是完全一致的。但是，笔者向来未说列宁在 1915 年就产生了落后国家将首先发生革命的思想。相反，笔者多次指出，列宁在 1915 年提出"一国首先胜利论"时，设想首先发生社会主义革命的国家，将是西方比较发达的资本主义国家，而落后的俄国所面临的革命任务，则是完成资产阶级民主革命；列宁关于落后的俄国容易开始革命并可能首先取得胜利的思想，是二月革命胜利以后才产生的。《答文》的作者歪曲拙文的意思，胡乱指责，这是科学的态度和方法吗？笔者在《究竟谁在误解列宁的"一国首先胜利"论？》（《苏联东欧问题》1989 年第 6 期）一文中，明明指出"俞文将'落后国家'与'最薄弱的地方'这两个概念区分开来是对的"；"'落后国家'和'最薄弱的地方'有所区别，但是帝国主义战线的'落后国家'，并不妨碍它成为帝国主义链条的'最薄弱的地方'"。而《答文》的作者硬说笔者把二者混淆起来，然后横加批判，这是科学的态度和方法吗？

其次，在对待究竟哪些国家是"最薄弱的地方"以及"最薄弱的地方"说有无"真理性"和"科学性"的问题上，《答文》的态度是极不严肃的。斯大林明明说过"最薄弱的地方"，就是"帝国主义防卫最差而革命最容易展开的地方和国家"，这些国家正像列宁所说的那样，既不是资本主义很发达的国家，也不是"没有资本主义"的最落后的国家。而《答文》的作者一方面否认"最薄弱的地方说"的"客观性"；另一方面硬说"最薄弱的地方""理应"是本来很发达但后来成了战败国的国家。因为这些国家战后根本没有发生过革命，所以"最薄弱的地方"说就没有"真理性"和"科学性"。如此讨论问题，实在令人啼笑皆非！

恕笔者直言，读了《答文》，给笔者造成一种印象：似乎我们争论的中心问题，不是20世纪20年代联共（布）和斯大林是否误解了列宁的思想，而是他们如何误解了60年后出现的《答文》作者的"不同于前人和他人的新观点"。

二 学术界对"政治革命"与"社会革命"的区分错了吗

《研究》一书指出，近几年以来，学术界有人提出一种见解：列宁于第一次世界大战期间提出了一国夺取政权的（或说政治革命的）"社会主义革命一国首先胜利论"，1921年以后提出了一国建成社会主义的（或说社会革命的）"社会主义革命一国首先胜利论"。它列举了几篇持有这种观点的文章，其中也包括笔者发表在《苏联东欧问题》（1989年第6期）上的那篇文章，然后加以批判。① 在这里，《研究》的作者又一次犯了先歪曲对方观点，后进行指责的错误。这种并不认真去读别人的文章，就捕风捉影地批评别人观点的做法，是极不严肃的。笔者向来未持列宁在1921年以后提出了一国建成社会主义的（或说社会革命的）"社会主义革命一国首先胜利论"的观点。依笔者看来，这种观点似乎是《研究》作者本人的观点，他忘了这是自己的观点，拿来就狠加批判，这倒是很有意思的。

首先，《研究》批判的学术界的第一个"错误"，"是这些人把列宁关于社会主义革命的概念从含义上割裂为'政治革命'的社会主义革命和'社会革命'的社会主义革命"。在这里，《研究》再次武断地认定，马克思、恩格斯和列宁在使用"社会主义革命"这一概念时，从来都是同时赋予它政治革命和社会革命两种含义的。它又一次引用

---

① 参见俞良早《列宁主义研究》，广西人民出版社1993年版，第95页。

《共产主义原理》中关于"同时发生"的一段话，然后分析出"主张'同时胜利论'"的恩格斯认为包括社会革命在内的"共产主义革命"将在英国首先取得胜利的结论，结果是又一次将自己打翻在地。它又一次提出马克思、恩格斯和列宁把政治革命不称为社会主义革命，而称为"工人革命""无产阶级革命""工农革命""革命""国内战争""起义"，等等；它一方面说十月革命后列宁只把这场革命斗争称为"武装起义""工农革命"等，另一方面又说十月革命后列宁明确提出这场革命是社会主义革命，结果是又一次将自己打翻在地。然后，它发出质问："既然列宁在使用社会主义革命的概念时，从来都是同时赋予它政治革命和社会革命两种含义，既然他未把无产阶级的政治革命或单纯夺取政权的斗争称为社会主义革命，那么怎么能够把列宁关于社会主义革命的概念从含义上割裂为政治革命的社会主义革命和社会革命的社会主义革命呢？"笔者不禁要问：《研究》的作者是在问"学术界"呢，还是在问他自己？既然十月革命是无产阶级政治革命，只能称为"工人革命""无产阶级革命""工农革命"等，那么为什么列宁还称它为社会主义革命呢，列宁不是从来未把无产阶级的政治革命称为社会主义革命吗？

其次，《研究》发现了那些作这种"割裂"的人，之所以要作这种"割裂"，在于力图证明列宁在《论欧洲联邦口号》和《无产阶级革命的军事纲领》里所说的社会主义胜利，是指夺取政权的或者说政治革命的"社会主义革命"的胜利。《研究》的这个发现是对的，包括笔者在内的一些人正是持有这种观点。然而，在《研究》看来，这种观点是错误的。它指出：列宁的原话是"社会主义可能首先在少数或者甚至在单独一个资本主义国家内获得胜利""社会主义不能在所有国家内同时获得胜利，它将首先在一个或者几个国家中获得胜利"。

它认为，在这里，列宁使用的是"社会主义"这一概念，而根据它的观点，不能将"社会主义"这一概念的含义仅仅说成夺取政权的"社会主义革命"或政治革命的"社会主义革命"。《研究》的作者说得太好了：1915—1916年，列宁就已经提出了包括社会革命在内的社会主义革命在一国首先胜利的理论。这确实使学术界的"那些人"感到望尘莫及！这也确实使学术界的"那些人"感到，创立了列宁在俄国国内战争结束以后才提出"一国首先胜利论"观点的《研究》的作者，只是把列宁的思想当作自己随意点化的东西！但是，无论如何，历史是不会屈从任何人的意志的。不容《研究》的作者否认的是，列宁在一些场合的确是把政治革命和社会革命区分开来的。1918年，列宁指出："无产阶级的社会革命以生产资料和流通手段的公有制代替私有制，有计划地组织社会生产过程来保证社会全体成员的福利和全面发展，将消灭社会的阶级划分，从而解放全体被压迫的人们，因为它将消灭社会上一部分人对另一部分人的一切形式的剥削""这个社会革命的必要条件就是无产阶级专政，即由无产阶级夺取可以用来镇压剥削者的一切反抗的政权。"① 列宁将政治革命和社会革命看作社会主义革命的两个不同阶段，认为政治革命是社会革命的"必要条件"。他认为，无产阶级政治革命的胜利，即无产阶级夺取了国家政权，也可以称作社会主义革命的胜利。他在《论欧洲联邦口号》和《无产阶级革命的军事纲领》中所说的社会主义的胜利，就是指无产阶级政治革命的胜利。关于这一点，前文已作过分析，此不赘述。

最后，《研究》批评学术界的"这些人"无法恰当地解释列宁在1915年所说的获得胜利的无产阶级"剥夺了资本家并在本国组织了

---

① 《列宁全集》第36卷，人民出版社1985年版，第79页。

社会主义生产"的话。《研究》认为，列宁的这句话就是指"社会主义社会的建成和进行社会主义生产"。这就是说，列宁在 1915 年就提出了一国能够建成社会主义社会的理论！笔者则认为，列宁说的这句话，是指取得政治革命胜利的无产阶级，利用国家政权的力量，夺取资本家的生产资料，建立国有经济，掌握国家经济命脉，在生产资料公有制的基础上组织生产。这种生产的性质当然不是资本主义的，而是社会主义的。但是，这只是社会革命的开始，而不是社会革命的结束；这只是向社会主义社会的过渡，而不是社会主义社会的建成。也就是说，列宁所说的组织了社会主义生产，是指在过渡时期为实现社会主义而组织的生产。1920 年 4 月，列宁指出："两年来我们已经有了一些根据社会主义原则进行建设的经验。因此，可以而且应当认真提出共产主义劳动问题，确切些说，不是共产主义劳动问题，而是社会主义劳动问题，因为这里指的是从资本主义中生长出来的新社会制度的低级发展阶段即初级发展阶段，而不是高级发展阶段。"[①] 在这里，列宁所说的"根据社会主义原则进行建设"，与"组织了社会主义生产"是同一个意思。列宁认为，十月革命胜利以后，俄国就有了根据社会主义原则进行的建设，也就有了社会主义性质的生产。但是绝不能说，十月革命胜利后俄国就建成了社会主义社会。《研究》一书提出疑问：把资本家的生产资料私有制变成了公有制，建立了国有经济之后，离建成社会主义社会的距离究竟有多长？它自己回答说：公有制的实现就是社会主义制度的实现，就是社会主义社会的建成。它们之间没有距离。笔者则认为：单单把资本家的生产资料私有制变为公有制，建立起国有经济，还不是社会主义社会的建成。二者之间

---

① 《列宁全集》第 38 卷，人民出版社 1986 年版，第 342—343 页。

还有一段距离。无论政治革命是在比较落后的国家，还是在先进的资本主义国家取得胜利之后，都必须经过一个由资本主义到社会主义的过渡时期，这个过渡时期的社会还不是社会主义社会。

《研究》一书指出："这些人忘记了一个众所周知的历史事实：在十月革命前，列宁关于社会主义道路的设想同马克思、恩格斯的设想是一样的，即认为革命将在先进的资本主义国家里发生；无产阶级夺取政权后，社会进入过渡时期或者说无产阶级专政的时期，这个时期的任务就是剥夺资本家的财产并实现公有制；当这一任务完成之时，过渡时期即告结束，无产阶级专政就成为'非政治国家'，无压迫、无剥削、无商品交换、各尽所能、按劳分配的社会主义社会即告实现，或者说社会主义社会即告建成。需要强调的是，他们的设想只是关于先进国家社会主义道路的设想。这些国家不同于落后国家，不需要用很长时间改造小农和个体手工业。所以列宁和马克思、恩格斯认为，在这些国家，公有制的实现就是社会主义制度的实现，就是社会主义社会的建成。它们之间没有距离，更没有'一段很长的距离'。"①《研究》对列宁和马克思、恩格斯关于社会主义道路的"设想"的这种概括，实在令人惊愕！原因如下。

第一，在先进的资本主义国家，无产阶级夺取政权以后，不需要用很长时间改造小农和个体手工业，这不是马克思、恩格斯和列宁的思想。在马恩的时代，欧洲大陆上的任何国家，无产阶级都没有占到人口的多数，都主要是小资产阶级的尤其是农民的国家；即使在当时资本主义最先进的英国，也仍然存在着小商品生产者。在列宁的时代，西方先进资本主义国家也都存在着小农或小商品生产者。1919 年

---

① 俞良早：《列宁主义研究》，广西人民出版社 1993 年版，第 100—101 页。

3月，列宁指出：帝国主义是在商品经济和资本主义的基础上发展起来的，是资本主义的上层建筑。"没有资本主义这一主要基础的纯粹帝国主义从来没有过，任何地方都没有，将来也绝不会有。"① 他认为，在现实中，还存在着旧资本主义这一极深厚的基础。不仅俄国，而且发达资本主义国家都还存在着小商品经济。1921 年 7 月，列宁还指出："除了剥削者阶级以外，一切资本主义国家——也许英国除外——几乎都存在着小生产者和小农阶级。现在，革命的主要问题就是要同这最后的两个阶级作斗争。为了摆脱这两个阶级，必须采取其他办法，不同于对付大地主和资本家的办法。对于大地主和资本家这两个阶级，我们可以干脆加以剥夺，把他们赶走。我们也已经这样做了。但是，对于最后两个资本主义阶级，也就是对于所有的国家都存在的小生产者和小资产者，我们却不能这样做。在多数资本主义国家里，这两个阶级是一个很大的少数，占人口的30% ~45%。如果加上工人阶级中的小资产阶级分子，那就会超过50%。对于他们，不能剥夺或驱逐，必须采取其他斗争方法。"② 不完成改造小生产者和小资产者的任务，就不会有社会主义。

然而，改造小私有经济是一个相当长期的任务。马克思、恩格斯认为，无产阶级一旦掌握政权，就应该"干脆地"剥夺大土地占有者和资本家的财产，实现公有化；对待农民，也应该积极吸引他们走社会主义道路，促进土地私有制向集体所有制的过渡，但不能得罪农民，剥夺农民，只能"逐步改造"他们的小私有经济。恩格斯临终前还指出：当我们掌握了国家权力的时候，我们对于小农的任务，首先是把他们的私人生产和私人占有变为合作社的生产和占有，但不是采

① 《列宁全集》第36卷，人民出版社1985年版，第137页。
② 《列宁全集》第42卷，人民出版社1987年版，第44页。

用暴力，而是通过示范和为此提供社会帮助。我们不会违反他们的意志而用强力干预他们的财产关系。我们将竭力设法使他们的命运较为过得去一些，如果他们下决心的话，就使他们易于过渡到合作社，如果他们还不能下决心，那就甚至给他们一些时间，让他们在自己的小块土地上考虑考虑这个问题。① 列宁则更加明确地指出：要争取社会主义的胜利，就要实现农业的共耕制，而"实现由个体小农经济到共耕制的过渡，显然需要很长时间，绝对不可能一蹴而就"。因为"由个体小农过渡到共耕制，是千百万人生活中一场触及生活方式最深处的大变革，只有经过长期的努力才能完成，只有到人们非改变自己生活不可的时候才能实现"②。可见，《研究》断言在先进的资本主义国家，无产阶级夺取政权以后，不需要用很长时间改造小农和个体手工业，是违背马克思列宁主义的。

第二，在先进的资本主义国家，无产阶级夺取了政权，剥夺了资本家的财产，建立了国有经济之后，过渡时期即告结束，社会主义即告建成，这不是马克思、恩格斯和列宁的思想。

首先，《研究》断言，在先进的资本主义国家，无产阶级剥夺了资本家的财产之后，过渡时期即告结束，无产阶级专政就成为"非政治国家"，这不符合马克思主义和历史规律。事实上，资产阶级被推翻和被剥夺之后，剥削阶级的残余分子还将存在，他们势必进行反扑，企图复辟旧制度，阶级斗争并没有消失。1918 年 11 月，列宁指出："从资本主义过渡到共产主义是一整个历史时代。只要这个时代没有结束，剥削者就必然存着复辟希望，并把这种希望变为复辟尝试。被推翻的剥削者不曾料到自己会被推翻，他们不相信这一点，不

---

① 参见《马克思恩格斯选集》第 4 卷，人民出版社 1972 年版，第 310—311 页。
② 《列宁全集》第 35 卷，人民出版社 1985 年版，第 352—353 页。

愿想到这一点，所以他们在遭到第一次严重失败以后，就以十倍的努力、疯狂的热情、百倍的仇恨投入战斗，为恢复他们被夺去的'天堂'、为他们的家庭而斗争，他们的家庭从前过着那么甜蜜的生活，现在却被'平凡的贱民'弄得破产和贫困（或者只好从事'平凡的'劳动……）"① 这就是说，被无产阶级剥夺了财产的资产阶级，即被"平凡的贱民"弄得破产和贫困而只好去从事"平凡的"劳动的资产阶级，是不会甘心的，是一定要为恢复他们被夺去的"天堂"而斗争的。无产阶级则要进行坚决的斗争，以战胜资本家的一切反抗。因此，无产阶级剥夺了资产阶级以后，无产阶级专政的对内政治职能决不能随之即逝。同时，无产阶级在一国或几国剥夺了资产阶级之后，国际资产阶级必然会帮助在一国或几国被剥夺了的资产阶级进行反扑，甚至直接挑起对社会主义国家的侵略战争。因此，社会主义国家有进行自卫战争的可能性，无产阶级专政的对外政治职能也不能瞬息即逝。可见，无产阶级剥夺了资本家的财产之后，无产阶级专政就成为"非政治国家"的说法是极端错误的。

其次，《研究》断言，在先进的资本主义国家，无产阶级剥夺了资本家的财产之后，商品生产和商品交换随之消灭，也不符合马克思主义。事实上，即使在先进的资本主义国家里，单单做到无产阶级剥夺了资本家的财产，也不能立即消灭商品生产和商品交换。农业中的合作制即集体所有制与工业中的国有制即全民所有制两种所有制形式的并存，决定了商品生产和商品交换的客观必然性。只有社会占有了全部生产资料，才能消灭商品生产和商品产换。但是，即使在先进的资本主义国家里，也不能一下子把一切生产资料转归全社会所有，因

---

① 《列宁全集》第 35 卷，人民出版社 1985 年版，第 255 页。

此也不能一下子消灭商品生产和商品交换。1919年10月，列宁指出："由于我国十分落后而且具有小资产阶级的性质，俄国的无产阶级专政必然有一些不同于先进国家的特点。但是俄国的基本力量以及社会经济的基本形式却是同任何资本主义国家一样的，所以这些特点能涉及的只是非最主要的方面。这些社会经济的基本形式就是资本主义、小商品生产和共产主义。这些基本力量就是资产阶级、小资产阶级（特别是农民）和无产阶级。"① 可见，在任何资本主义国家，无产阶级剥夺了资产阶级之后，也不能立即消灭小资产阶级和小商品生产。

再次，《研究》断言，在先进的资本主义国家，无产阶级剥夺了资本家的财产之后，社会主义社会即告建成，这违背了马克思、恩格斯和列宁关于社会主义变革是一场全面的社会变革，必须而且只能逐步完成的思想。1890年8月，恩格斯指出："总之，一旦我们掌握了政权，只要在群众中有足够的拥护者，大工业以及大庄园这种形式的大农业是可以很快地实现公有化的。其余的也将或快或慢地随之实现。而有了大生产，我们就能左右一切。"② 这就是说，剥夺大土地占有者和资本家的生产资料并实现公有制，这是无产阶级掌握政权以后很快就能实现的，但是，其余方面的公有化的实现快慢不同，只能逐步进行和完成；只要国家掌握了大生产，控制了国民经济命脉，社会主义的变革迟早会全面完成。早在《共产主义原理》中，恩格斯就指出：无产阶级建立自己的政治统治之后，将"立即"利用无产阶级的民主制度来实行"直接"侵犯私有制和保证无产阶级生存的各种措施。但是，废除私有制，不仅包括剥夺资本家的财产，而且包括没收一切流亡分子和叛乱分子的财产，包括取消旁系亲属继承权，实行劳

---

① 《列宁全集》第37卷，人民出版社1986年版，第264页。
② 《马克思恩格斯全集》第37卷，人民出版社1971年版，第444页。

动义务制，实行公费教育，建筑公共住宅，等等。只有实行了这一切措施，把全部资本、全部生产和全部交换都集中在人民手里，才能废除私有制；只有完全废除了私有制，消除了商品和货币，生产增加了，人也改变了，才能消除旧社会的各种关系，建成社会主义的社会制度。① 可见，社会主义的变革，不仅仅是剥夺资本家的财产。换句话说，剥夺了资本家的财产，还不是完成了社会主义的变革，还不能建成社会主义社会。

最后，《研究》断言，在先进的资本主义国家，无产阶级剥夺了资本家的财产之后，社会主义社会即告建成，这违背了马克思、恩格斯和列宁关于"社会主义就是消灭阶级"的思想。无产阶级剥夺了资本家的财产，只是消灭了作为剥削阶级的资产阶级，但是，社会主义是要造成使资产阶级既不能存在也不能再产生的条件。要造成这样的条件，仅仅消灭了资本家的生产资料私有制是远远不够的，还必须消灭一切生产资料私有制。1920 年 12 月，列宁指出："只要还存在生产资料私有制（即使土地私有制已经废除，还存在农具和耕畜的私有制）和自由贸易，资本主义的经济基础也就存在。而无产阶级专政则是同这个基础进行胜利斗争的唯一手段，是消灭阶级的唯一途径。"② 另外，消灭阶级，不仅仅意味消灭剥削阶级，而且意味着消灭工人和农民这样的劳动阶级；不消灭一切阶级，就没有完全的社会主义。1920 年 4 月，列宁指出："被推翻的阶级不仅在他们被推翻以后进行了反抗，而且从无产阶级和农民的相互关系中得到了进行这种反抗的新的力量源泉。凡是多少学过一点马克思主义的人，凡是认为社会主义是国际工人阶级运动的唯一科学基础的人，都知道这一点。大家都

---

① 参见《马克思恩格斯选集》第 1 卷，人民出版社 1972 年版，第 220—221 页。
② 《列宁全集》第 39 卷，人民出版社 1986 年版，第 424 页。

知道，马克思主义是对消灭阶级的理论论证。这是什么意思呢？要使社会主义取得胜利，只打倒资本家是不够的，还必须消灭无产阶级与农民之间的差别。……我们正在进行阶级斗争，我们的目的是消灭阶级。只要还存在着工人和农民，社会主义就还没有实现。"① 1921 年 3 月 27 日，列宁在全俄运输工人代表大会的会场上发现了"工农王国万世长存"的标语之后说："我读了这条奇怪的标语，便想到，在我们这里连对这种最起码最基本的东西也存在着误解和不正确的认识。老实说，如果工农王国真的万世长存，那么也就永远不会有社会主义了，因为社会主义就是消灭阶级，而既然存在着工人和农民，也就存在着不同的阶级，因而也就不能有完全的社会主义。"② 但是，要消灭阶级尤其是小商品生产者阶级，要改组生产和根本改变生活方式，是一项十分困难和长期的任务，因此，即使在先进的资本主义国家里，要建成社会主义社会，也绝不是像剥夺资产阶级那样很快就能做到的事情。

总之，在马克思、恩格斯和列宁看来，无产阶级剥夺了资本家的财产并实现了公有制，建立了国有经济之后，建立社会主义的生产关系和社会关系还有许多工作要做，离实现社会主义还有相当一段距离，这里不仅需要破坏资本主义的生产关系，而且需要改造农民经济和小商品生产，需要创造社会主义生产关系所要求的社会生产力，需要造成消灭一切阶级和消除一切阶级差别的社会条件。因此，从资本主义到社会主义的过渡时期，即使在先进资本主义国家里，也不会是很短暂的。在过渡时期，即使在先进资本主义国家，无产阶级剥夺了资本家的生产资料并实现了国家所有制之后，也将长期地存在着两种

① 《列宁全集》第 38 卷，人民出版社 1986 年版，第 331 页。
② 《列宁全集》第 41 卷，人民出版社 1986 年版，第 121 页。

经济成分，即社会主义经济和资本主义经济。正如列宁在《无产阶级专政时代的经济和政治》一文中指出的："在资本主义和共产主义之间有一个过渡时期，这在理论上是毫无疑义的。这个过渡时期不能不兼有这两种社会经济结构的特点或特性。这个过渡时期不能不是衰亡着的资本主义与生长着的共产主义彼此斗争的时期。换句话说，这是已被打败但还未被消灭的资本主义和已经诞生但还非常幼弱的共产主义彼此斗争的时期。""具有这种过渡时期特点的整个历史时代的必然性，不仅对马克思主义者来说，而且对任何一个有学识的、多少懂得一点发展论的人来说，应当是不言而喻的。"① 因此，仅仅剥夺了资本家的财产，建立起社会主义的经济结构，还不能立即建成社会主义社会，因为还存在着资本主义的经济结构。恩格斯在《法德农民问题》一文中指出："我们的党一掌握了国家权力，就应该干脆地剥夺大土地占有者，就像剥夺工厂主一样。"② 但是，恩格斯绝不认为，我们的党一掌握了国家权力，就应该"干脆地"建成社会主义社会！《研究》的作者搞不清"剥夺了资本家的生产资料并把它集中到无产阶级国家手里，建立国有经济"，即"组织了社会主义生产"与"建成社会主义社会"有何区别，区别有多大。如果认真读一读马克思主义经典作家的著作，就不难懂得，剥夺资本家的财产，建立国有经济，组织社会主义生产，是过渡时期开始阶段即要完成的任务，而建成社会主义社会，意味着消灭一切私有制，实现社会所有制；仅仅剥夺了资本家的生产资料，建立起国有经济，还不是建成社会主义社会。

《研究》一书的说法，实质上否定了过渡时期和无产阶级专政的历史必然性和客观必要性。它认为，无产阶级剥夺了资本家的财产并

---

① 《列宁全集》第37卷，人民出版社1986年版，第263—264页。
② 《马克思恩格斯选集》第4卷，人民出版社1972年版，第314页。

实现公有制后，过渡时期即告结束，无产阶级专政即成为"非政治国家"，无压迫剥削、无商品交换、各尽所能、按劳分配的社会主义社会即告建成。众所周知，无产阶级掌握政权之后，就应该立即剥夺资本家。按照《研究》的观点，这就是说，无产阶级政治革命胜利之后，可以立即建成社会主义社会，中间没有"过渡时期"，无产阶级专政也是多余的。这岂不是太荒唐了吗？1917 年 5 月，列宁指出："李可夫同志说，在资本主义和社会主义之间没有过渡时期。这是不对的。这是背离马克思主义。"① 1918 年 1 月，列宁又指出："没有一个社会主义者会不承认这样一个明显的真理：在社会主义和资本主义之间，有一个无产阶级专政的漫长的、比较困难的过渡时期；这个时期的形式，在很多方面将取决于占优势的是小私有制还是大私有制，是小农业还是大农业。"② 在列宁看来，先进国家和落后国家在过渡时期的形式方面可能有所不同，但是，它们都需要经过一个相当长的从资本主义到社会主义的过渡时期这一点是相同的。可见，《研究》一书的观点不符合马克思列宁主义。

《研究》的作者在批判"学术界"的观点时，因为急于求胜而陷入自相矛盾之中。他指责学术界的"这些人"把列宁关于社会主义革命的概念从含义上割裂为"政治革命"的社会主义革命和"社会革命"的社会主义革命的做法是错误的，认为列宁以及马克思主义的创始人在使用社会主义革命这一概念时，从来都是同时赋予它政治革命和社会革命两种含义的。他指出，恩格斯在《共产主义原理》中所说的"同时发生"的"共产主义革命"，就是指包括无产阶级夺取政权、消灭私有制和旧的传统观念、实现共产主义等一整个过程的革

---

① 《列宁全集》第 29 卷，人民出版社 1985 年版，第 361 页。
② 《列宁全集》第 33 卷，人民出版社 1985 年版，第 264 页。

命。这样的革命才能在各国分出快慢和难易。如果单纯是夺取政权的政治革命，那就无所谓谁快谁慢、谁易谁难了。他认为，"每个稍有社会科学知识的人"，当然也包括马克思和恩格斯，都会承认夺取政权的政治革命可以在一国内首先取得胜利；但是，包括社会革命在内的社会主义革命却只能在各先进国家"同时胜利"。这样，《研究》的作者终于将自己置于两难境地：要么一国的无产阶级在"首先"夺得政权之后，立即剥夺资本家的财产并实现了公有制，建成了社会主义社会，与那些"后来"夺得政权甚至还"没有"夺得政权的国家实现了"社会革命"的"同时胜利"；要么为了保证"社会革命"在各国的"同时胜利"，"首先"夺得政权的那个国家，必须在那里"坐等"其他国家的无产阶级夺得政权，然后一齐去剥夺资产阶级，不然，一国的无产阶级如果剥夺了资本家的财产并实现了公有制，那就建成了社会主义社会，也就破坏了"社会革命"在各国的"同时胜利"。这就是从《研究》对学术界的"批判"中得出的结论！

三　学术界对"一国胜利论"与"一国建成论"的区分错了吗

《研究》的作者在"稍作研讨之后"，发现了学术界将列宁的革命理论划分为政治革命的社会主义革命"一国胜利论"和社会革命的社会主义革命"一国建成论"的做法，"使人们对列宁思想的认识陷入了多种矛盾之中"。

第一，"它使人们对列宁思想发展过程的认识陷入了矛盾"。《研究》将学术界"这些人"对列宁思想的发展过程的解释，归纳为一个公式："一国胜利论"—"一国不能巩固政权论"—"一国建成论"，然后质问"这些人":怎样来认识从"一国胜利论"到"一国不能巩固政权论"这种"逆向"发展呢?列宁在第一次世界大战期间提出的"一国胜利论"在马克思列宁主义发展史上又有何意义呢?对于《研究》的这种质问,笔者本人和学术界一些同人在有关文章中,实际上已经作了回答;如果《研究》的作者能够习惯于认真阅读他人的文章,想必是不会提出这种无聊的质问的。对于《研究》给学术界对列宁思想发展过程的解释归纳的这个公式,笔者已在前文作过分析,还将在下文给予答复,在这里,只简要地回答一下《研究》作者关于列宁的"一国首先胜利"论在马克思列宁主义发展史上有何意义的质问。笔者认为,列宁在第一次世界大战期间,根据资本主义经济政治发展不平衡的规律,继承了马克思、恩格斯的"一国首先胜利思想",明确提出了无产阶级政治革命意义上的社会主义革命"一国首先胜利论",向前推进和发展了马克思主义的无产阶级革命理论。"一国首先胜利论"是列宁无产阶级革命理论的主要内容之一,在列宁主义中占有十分重要的地位;"一国首先胜利论"的提出,是整个马克思主义发展史上的一个重要的里程碑,为马克思主义理论宝库增添了新的内容。在这里,笔者还想用《研究》自己的观点来回答它的质问。《研究》认为,俄国二月革命后,列宁提出了社会主义革命"政治过程转变论",但这一时期列宁主张社会主义革命"经济过程不能转变论";十月革命后,具体地说,在 1918 年 1 月全俄工兵农代表苏维埃第三次代表大会期间,列宁才形成和提出了社会主义革命"经济过程转变论",但这一时期列宁仍然主张社会主义革命"一国不能胜利论";国内战争结束后,列宁才形成和提出了包括社会革命在内的社会主义革命"一国首先胜利论",但列宁直到逝世也未提出"一国能够建成社会主义论"。就《研究》一书的这些观点,笔者想提出以下几个问题:

既然《研究》的作者断定列宁在使用"社会主义革命"的概念时，从来都是同时赋予它"政治革命"和"社会革命"等多种含义的，那么为何又突然冒出列宁将社会主义革命划分为"政治过程的转变"与"经济过程的转变"呢？这种"分段"的做法与列宁将社会主义革命看作一个密不可分的整体是一种什么关系呢？既然列宁在十月革命以前主张"经济过程不能转变论"即"社会主义革命在俄国不能胜利论"，那么，又怎样解释列宁在这一时期提出的"政治过程转变论"的价值呢？"这种理论在马克思列宁主义发展史上又有何意义"？既然十月革命胜利以后，列宁仍然主张社会主义革命"一国不能胜利论"，那么，又怎样解释列宁在这一时期提出的"经济过程转变论"的价值呢？"这种理论在马克思列宁主义发展史上又有何意义"？既然列宁直到逝世也未提出苏联一国能够建成社会主义的理论，那么，列宁在国内战争结束以后形成和提出的完整意义上的社会主义革命"一国首先胜利论"究竟有何价值呢？"这种理论在马克思列宁主义发展史上又有何意义"？《研究》的作者能够"有说服力地"回答这些问题吗？

第二，《研究》一书认为，学术界这种"分段"的做法，使列宁的"一国胜利论"和"一国建成论"失去了理论依据。它指出，根据传统观点，列宁的"一国首先胜利论"是以资本主义经济政治发展不平衡规律的理论为依据的，即认为列宁是根据对帝国主义时代资本主义经济政治发展不平衡规律的分析，从而得出一国可以首先胜利的结论的。对此，《研究》提出质问：资本主义发展不平衡规律的理论怎样才能同列宁的"一国不能巩固政权论"联系起来？资本主义经济政治发展不平衡规律的理论与列宁的"一国建成论"是何种关系？对于《研究》的质问，笔者认为，首先，《研究》将列宁思想归结为"一国不能巩固政权论"，是对列宁思想采取了极其轻率的态度。据笔者所知,学术界并无他人将"一国不能巩固政权"论强加于列宁头上!《研究》的作者擅长用这种"论"、那种"说"来概括马克思主义经典作家的观点,如马克思、恩格斯的"西方国家决定论",列宁的"东方国家决定论",列宁的"社会主义步骤论",列宁的"政治过程转变论"与"经济过程转变论",斯大林的"最薄弱的地方说",等。但是,他忘记了马克思的话:在历史科学中,专靠一些公式是办不了什么事的!十月革命胜利以后,列宁的确指望西方国家也会随之爆发革命,在几个主要国家无产阶级夺取政权之后,各国共同进行社会主义的经济变革;他的确多次指出过,没有西方国家无产阶级革命的支持,俄国的苏维埃政权难以得到巩固。但是,这只是从归根结底的意义上说,处在资本主义包围中的一国无产阶级政权难以排除被颠覆的危险,列宁临终仍持这种观点。同时,列宁也多次谈到苏俄依靠工人和农民的力量,能够巩固政权,能够进行社会主义建设。1919 年4 月,列宁指出:"要在世界范围内取得彻底的最终的胜利,单靠俄国一国是不行的,这至少需要一切先进国家或者哪怕几个先进大国的无产阶级取得胜利。只有在那个时候,我们才能满怀信心地说:无产阶级的事业胜利了,我们的第一个目的即推翻资本主义的目的达到了。"① 但是,"一旦工人们知道,甚至一个落后国家的不开展的工人在联合起来夺得政权后,也能形成一种力量来抗击全世界的帝国主义者,也能从资本家手中夺得工厂并把地主的土地交给农民——一旦全世界的工人群众都懂得这一真理,那时,我们就能大声地、满怀信心地再一次地说,我们一定会在世界范围内取得胜利"。② 列宁这种放眼世界革命,又不消极等待世界革命,而立足于本国巩固无产阶级政权

---

① 《列宁全集》第36 卷,人民出版社 1985 年版,第 36 页。
② 同上书,第 65 页。

和建设社会主义事业的思想，实在令人赞叹。《研究》的作者将列宁的这一思想归结为"一国不能巩固政权论"，无论如何是不合适的。

其次，列宁关于资本主义经济和政治发展不平衡的规律，使社会主义革命可能首先在少数甚至在单独一个资本主义国家获得胜利的结论并没有错。虽然列宁在提出这一结论时，曾设想首先取得"一国胜利"的国家，可能是西方某个先进的资本主义国家，但是，后来俄国一国的"首先胜利"并没有否定这个结论。因为列宁所讲的资本主义发展的不平衡，不仅指经济，而且指政治。他在《第三国际及其在历史上的地位》一文中指出："在资本主义世界中从来没有而且不会有什么平衡，什么谐和，什么均匀。在每个国家的发展中，都是有时是资本主义和工人运动的这一方面、这一特征或这一类特点特别突出，有时是另一方面、另一特征或另一类特点特别突出。发展过程从来都是不平衡的。"[①] 他的结论是：各个不同的资本主义国家不会平衡地或谐和均匀地过渡到无产阶级专政。而决定这一点的，不仅有"资本主义"的不平衡，而且有"工人运动"的不平衡。列宁在这篇文章中，讲到俄国开始社会主义革命比较容易的原因时，归纳的六个方面中有五个方面是"政治"因素：第一，沙皇君主制在政治上的非常落后使得群众的革命冲击力量异常强大。第二，俄国的落后使得无产阶级反对资产阶级的革命与农民反对地主的革命独特地结合了起来。十月革命就是在这种基础上进行的，不然，革命就不会那样容易取得胜利。布尔什维克从 1905 年年初起，就坚持无产阶级和农民的革命民主专政的思想。第三，无论就布尔什维克党了解西欧社会主义运动的"最新成就"来说，还是就群众认识革命行动的意义来说，1905 年革命都使

---

① 《列宁全集》第 36 卷，人民出版社 1985 年版，第 292 页。

工农群众受到了非常多的政治教育。没有1905年的"总演习",1917年的二月资产阶级革命和十月无产阶级革命都是不可能实现的。第四,无产阶级同农民的特殊关系帮助了从资产阶级革命过渡到社会主义革命,帮助了城市无产者去影响农村半无产的贫苦劳动阶层。第五,罢工斗争的长期锻炼和欧洲群众性工人运动的经验,有助于苏维埃这种特殊的无产阶级革命组织形式易于在深刻而迅速尖锐化的革命形势下产生出来。① 这些"政治"因素,都是西方一些主要资本主义国家不具备的。更为重要的是,俄国有列宁领导的马克思主义的布尔什维克党,而西欧却没有这样的革命政党,只有"叛徒的政党"和"奴才的政党"。可见,十月革命的胜利,证明了列宁关于资本主义经济和政治发展不平衡的规律使社会主义革命可能首先在一国获得胜利的结论是完全正确的。

对于《研究》一书提出的资本主义经济和政治发展不平衡规律的理论与列宁的"一国建成论"是何种关系的质问,笔者的回答是,列宁通过分析资本主义经济和政治发展不平衡的规律,得出了"一国胜利论";而"一国胜利论"是"一国建成论"的基础和前提,"一国建成论"则是"一国胜利论"的延伸和发展。因此,"一国建成论"与资本主义发展不平衡规律的理论存在着一种必然的联系,这就是:没有资本主义发展不平衡规律的理论,就没有"一国胜利论",也就没有"一国建成论",尽管列宁没有从资本主义发展不平衡的规律中直接得出"一国建成"的结论。《研究》认为,列宁从资本主义发展不平衡的规律中得出的是各先进资本主义国家社会主义革命"同时胜利"的结论,而俄国国内战争结束以后列宁提出的"一国首先胜利

---

① 参见《列宁全集》第36卷,人民出版社1985年版,第294页。

论"，与资本主义发展不平衡规律的理论毫无关系。在《研究》的作者看来，列宁关于资本主义发展不平衡规律的理论不但毫无意义，而且实践证明是错误的。因为社会主义革命不是在各先进资本主义国家同时获得了胜利，而是在一个落后国家首先取得了胜利。

第八章

评《列宁主义研究》的几个"论"

一 评"十月革命非社会主义性质论"

《列宁主义研究》（以下简称《研究》）一书断言，二月革命胜利后，列宁是反对立即将俄国革命转变为社会主义革命的；在十月起义以前，列宁从未认为俄国即将发生的革命是社会主义革命。它引用了大量列宁的讲话，来证明列宁在二月革命胜利以后，虽然主张在俄国采取走向社会主义的步骤，但反对立即将革命转变为社会主义革命，反对立即直接实施社会主义。它说，列宁在《远方来信》中提出了无产阶级在下一阶段革命的任务，这些任务包括：把国家政权从地主资本家手中夺过来，交给工人和贫苦农民的政府；政府应按照工农代表苏维埃的式样组织起来，应打碎旧的国家机器，代之以群众性的人民武装组织；争取实现和平；把全国土地收归国有，无产阶级争取得到农民的支持；对重要产品的生产和分配实行监督，实现普遍的劳动义务制；等等。在《四月提纲》和《论策略书》中，在四月代表会议的讲话中，列宁虽然都提出了无产阶级所面临的斗争任务，但他一直主张俄国只应采取走向社会主义的步骤，即采取本身并不是社会主义的措施，实行这些措施并不是直接搞社会主义，只是有利于俄国走向社会主义。即使在"七月事变"以后，俄国的形势发生了急剧变化，无产阶级通过武装起义夺取政权的任务提上了日程，列宁在《革命的任务》和《大难临头，出路何在?》等文章中，在阐述无产阶级面临的革命任务时，也仍然坚持了《远方来信》和《四月提纲》里关于革命的基本思想，即只强调采取走向社会主义的步骤，反对立即将革命转变为社会主义革命。①

《研究》一书的结论是武断的，是混乱的。事实上，俄国二月革命胜利以后，列宁一直在为争取将资产阶级民主革命转变为社会主义革命而斗争。在《远方来信》中，列宁就指出，二月革命只是完成了革命的第一阶段，现在必须从第一阶段过渡到第二阶段，布尔什维克党应把革命推向前进。他认为：拥有国内占人口绝大多数的半无产者和世界各国的无产阶级这两个同盟者的俄国无产阶级，"利用目前过渡时期的特点，就能够而且一定能够首先争得民主共和国，争得农民对地主的彻底胜利，以取代古契诃夫 - 米留可夫的半君主制，然后再争得唯一能给备受战争折磨的各族人民以和平、面包和自由的社会主义。"② 同年4—5月，列宁指出：俄国的资产阶级民主革命已经完成。"因此，客观情况把如下任务提上了当代的日程：从各方面直接训练无产阶级去夺取政权，以实现构成社会主义革命内容的各项经济措施和政治措施。"③ 他强调指出："除了社会主义革命以外，没有别的出路。"④ 7月间，列宁在《波拿巴主义的开始》一文中指出："一切迹

---

① 参见俞良早《列宁主义研究》，广西人民出版社1993年版，第130—133页。
② 《列宁全集》第29卷，人民出版社1985年版，第21页。
③ 同上书，第475页。
④ 同上书，第240页。

象都表明，局势正以最快的速度继续发展，全国正在接近另一个时代，即大多数劳动者不得不把自己的命运托付给革命无产阶级的时代。革命无产阶级将夺取政权，开始社会主义革命。"① 9 月间，列宁在《政论家札记》中指出："现在正在成熟的革命，是无产阶级和大多数农民即贫苦农民反对资产阶级、反对资产阶级的同盟者英法金融资本、反对波拿巴主义者克伦斯基领导的资产阶级政府机构的革命。"② 而无产阶级反对资产阶级、反对国际资本、反对资产阶级政府的革命，就是社会主义革命。10 月间，列宁在《论修改党纲》一文中又指出："战争和经济破坏逼迫各国从垄断资本主义走向国家垄断资本主义。这是客观的形势。但是在革命的环境中，国家垄断资本主义直接地转化为社会主义。因为在发生革命的情况下不走向社会主义，就不能前进，这也是战争和革命所造成的客观形势。我们的四月代表会议是估计到这一形势的，因而提出了'苏维埃共和国'（无产阶级专政的政治形式）以及银行和辛迪加国有化（向社会主义过渡的根本措施）的口号。到现在为止，所有的布尔什维克彼此意见都是一致的。"③ 这就是说，二月革命胜利以后，列宁和布尔什维克党认为俄国社会主义革命的客观条件已经成熟，因此从四月代表会议起，就一直在为争取社会主义革命的胜利而斗争。可见，《研究》关于从二月革命结束到十月起义胜利列宁一直反对将革命转变为社会主义革命的说法，是没有丝毫根据的。

《研究》一书认为，列宁在这一时期只主张在俄国采取走向社会主义的步骤，但反对立即进行社会主义革命。这是一个混乱的命题。

---

① 《列宁全集》第 32 卷，人民出版社 1985 年版，第 48 页。
② 同上书，第 252 页。
③ 《列宁全集》第 32 卷，人民出版社 1985 年版，第 364 页。

它混淆了"社会主义"和"社会主义革命"这两个不同的概念。实际上，列宁在谈到采取走向社会主义的步骤时，一直强调它的前提条件是无产阶级掌握国家政权。也就是说，列宁认为只有在政治革命意义上的社会主义革命取得胜利以后，才能采取走向社会主义的步骤；他决不认为在还没有进行社会主义革命的情况下，即在资产阶级统治下或者说在资本主义条件下，就能采取走向社会主义的步骤。列宁在谈到俄国当时只能采取走向"社会主义"的步骤，而不能直接实施"社会主义"的问题时，他所说的"社会主义"，不是指社会主义革命，而是指社会主义社会。列宁在《国家与革命》一书中指出：通常所说的"社会主义"，是指把生产资料转归全社会公有。①《研究》把列宁反对在俄国立即直接实施社会主义，当作列宁反对将俄国革命立即转变为社会主义革命，犯了逻辑上的错误，因而导致了结论上的错误。它列举的所谓列宁反对立即将俄国革命转变为社会主义革命的例子，无一不是说明列宁反对立即在俄国建立社会主义社会制度的。比如，它说，在《远方来信》中，列宁在谈到无产阶级必须采取走向社会主义的步骤时说："在俄国，不采取这些过渡措施，要马上直接实现社会主义是不可能的。""实现社会主义"是什么意思呢？这就是建立社会主义社会制度。反对马上直接建立社会主义社会制度，就是反对马上直接开始社会主义革命吗？直到1923年，列宁还说："我们的文明程度也还够不上直接向社会主义过渡，虽然我们已经具有这样做的政治前提。"②依照《研究》的逻辑，这岂不是说，列宁一直到1923年还在反对将俄国革命转变为社会主义革命吗？《研究》说，在回国前夕撰写的《给瑞士工人的告别信》中，列宁说："俄国是一个

① 参见《列宁全集》第31卷，人民出版社1985年版，第90页。
② 《列宁全集》第43卷，人民出版社1987年版，第391页。

农民国家，是欧洲最落后的国家之一。在这个国家里，社会主义不可能立即直接取得胜利。""社会主义取得胜利"是什么意思呢？这就是实现了社会主义。不可能立即直接实现社会主义，就是不可能立即直接开始社会主义革命吗？《研究》说，在《四月提纲》中，列宁指出："我们的直接任务并不是'实施'社会主义，而只是立刻过渡到由工人代表苏维埃监督社会的产品生产和分配。"工人代表苏维埃是什么呢？列宁说，工人代表苏维埃，就是巴黎公社式的无产阶级政权。而无产阶级的政权，不正是社会主义革命的产物吗？列宁的这段话不正是说明他反对立即"实施"社会主义制度，但主张立刻过渡到社会主义革命，使无产阶级掌握国家政权，然后采取一系列的过渡措施，逐步完成社会主义变革的任务吗？《研究》说，在《论策略书》中，针对有人指责列宁在《四月提纲》中指望把革命立刻转变为社会主义革命，他写道："这是不对的。我不但没有'指望'我们的革命'立刻转变'为社会主义革命，而且还直接提醒不要有这种想法，我在提纲的第 8 条中直截了当地说：'……我们的直接任务并不是实施社会主义……'"其实，列宁在这里所说的"社会主义革命"，是指无产阶级社会革命，所以他解释革命不能"立刻转变"为社会主义革命的原因，是"我们的直接任务并不是实施社会主义"，即不是实施社会主义的经济变革。列宁当时最关心的问题，是无产阶级能否夺取政权的问题；如果无产阶级不能掌握全部国家政权，社会主义的各项变革就无从谈起。因此，在工兵代表苏维埃未获得全部国家政权之前，列宁反对直接实施社会主义的任务，是完全合乎道理的。《研究》说，在《无产阶级在我国革命中的任务》中，列宁指出："在一个小农国家里，只要绝大多数居民还没有觉悟到必须进行社会主义革命，无产阶级政党就决不能提出'实施'社会主义的目的""实行土地国有化、把一切银行和资本家的辛迪加收归国有或至少由工人代表苏维埃立刻加以监督等措施，绝不是'实施'社会主义。"这证明列宁反对将俄国革命转变为社会主义革命。《研究》误解了列宁的思想。在这里，列宁认为，把全部土地、一切银行和资本家的辛迪加收归无产阶级的国家所有，还绝不是"实施"社会主义。也就是说，无产阶级剥夺了地主和资本家的生产资料，还绝不是"实施"社会主义。可见，列宁所说的"实施"社会主义，应该是全面"实施"社会主义的制度和原则。因此，列宁认为在一个小农国家里，只要绝大多数居民还没有觉悟到必须实行社会主义的经济变革，无产阶级政党就绝不能提出"实施"社会主义的目的，即建立社会主义的经济制度，是完全可以理解的。《研究》说，9月间，社会革命党和孟什维克的领袖歪曲布尔什维克的方针，指责布尔什维克想用命令的方式在俄国实施社会主义。对此，列宁说："这完全是谎话。谁也没有要这样做。任何一个党，任何一个人，都没有打算用命令来'实施社会主义'。"这证明列宁反对在俄国进行社会主义革命。其实不然。在这里列宁丝毫没有反对将俄国革命转变为社会主义革命的意思。因为反对用命令来"实施社会主义"，列宁自始至终是坚持这一原则的；即使在俄国国内战争结束以后，列宁认为一国可能建立社会主义的经济基础时，他也还是坚决反对用命令来"实施社会主义"的。

《研究》一书认为，列宁虽然反对将革命立即转变为社会主义革命，但认为俄国革命的前途就是社会主义革命。它引用列宁在《远方来信》中说的一段话："如果采取了这种过渡性措施，实现社会主义就是完全可能的而且是绝对必要的了。"它以此证明列宁认为采取了走向社会主义的步骤，就能够过渡到社会主义革命。《研究》又搞错了。事实上，列宁认为采取了走向社会主义的步骤，就能够过渡到社会主义社会。因为"实现社会主义",不是开始社会主义革命,而是建立社会主义社会。总之,俄国二月革命胜利以后,列宁主张将资产阶级民主革命转变为社会主义革命,首先使无产阶级夺得国家政权,然后通过采取一系列走向社会主义的过渡性措施,完成社会主义的经济变革,最终实现社会主义。当然,列宁当时设想俄国无产阶级夺取政权以后,必将引起欧洲其他国家的社会主义革命;在一些国家无产阶级掌握政权的基础上,共同进行社会主义建设,实现社会主义的经济变革,争取社会主义的最终胜利。但是列宁的这一设想,丝毫没有妨碍他在俄国资产阶级民主革命完成以后提出将革命转变为社会主义革命,争取无产阶级掌握政权,并在无产阶级专政下为实现社会主义而斗争。

《研究》断言,长期以来学术界认为列宁在《四月提纲》中提出了由民主革命转变为社会主义革命的观点,是对列宁思想的误解。它认为之所以有这种误解,是因为人们误解了列宁所说的"革命的第二阶段"的含义。列宁在《四月提纲》中指出:"俄国当前形势的特点是从革命的第一阶段向革命的第二阶段过渡,第一阶段由于无产阶级的觉悟和组织程度不够,政权落到了资产阶级手中,第二阶段则应当使政权转到无产阶级和贫苦农民手中。"《研究》指出:人们认为,革命的第一阶段是资产阶级民主革命阶段,那么革命的第二阶段自然是社会主义革命阶段,革命由第一阶段向第二阶段过渡,自然是指革命向社会主义革命过渡或转变;其实不然,列宁所说的"革命的第二阶段",并不是社会主义革命阶段。它引用列宁在3月间写成的《论俄国社会民主工党在俄国革命中的任务》一文里的一段话:"从革命的第一阶段向革命的第二阶段过渡,从反对沙皇制度向反对资产阶级、反对帝国主义战争或者说向实现国民公会过渡,而只要政府肯履行它所许下的召开立宪会议的'诺言'，就有可能把立宪会议变为国民公会。"它又引用列宁在《四月提纲》中说的一句话："第二阶段则应当使政权转到无产阶级和贫苦农民手中。"然后，它总结说，列宁所说的第二阶段革命的主要内容是实现"国民公会"，主要任务是由工农掌握政权。虽然列宁提出在第二阶段还应当实现土地国有化，将所有的银行合并为一个全国性的银行，由工人监督产品的生产和分配等，但这些都不是社会主义革命的措施。这就是说，第二阶段并不是社会主义革命的阶段，它充其量只是社会主义革命的准备阶段，革命向第二阶段过渡，是指革命向社会主义革命的准备阶段过渡。因此，学术界认为列宁的《四月提纲》提出了革命向社会主义革命转变的方针的观点，是不符合实际的。

现在，我们就来分析一下《研究》的这个与众不同的"新观点"。它认为，列宁所说的"革命的第二阶段"，并不是社会主义革命阶段，充其量不过是社会主义革命的准备阶段。"社会主义革命的准备阶段"，是属于什么性质的革命阶段呢？《研究》没有指明，使人不得而知。革命的阶级性质，取决于革命要解决的社会主要矛盾的性质。如果革命要解决的社会主要矛盾是资产阶级同封建地主阶级的矛盾，那么它就是资产阶级革命（或曰资产阶级民主革命）；如果革命所要解决的社会主要矛盾是无产阶级同资产阶级的矛盾，那么它就是无产阶级革命（或曰社会主义革命）。对于革命的性质，须作阶级分析，正如列宁所说："无论哪一个人，只要他学过一点历史或者马克思主义学说，他就一定会承认，进行政治分析首先应该提出阶级问题：是哪个阶级的革命？是哪个阶级的反革命？"① 二月革命胜利后，

---

① 《列宁全集》第32卷，人民出版社1985年版，第79页。

资产阶级在俄国掌握了政权，标志着资产阶级民主革命已经完成。因此，在这种条件下发生的无产阶级推翻统治阶级的革命，就是社会主义革命。《研究》引用的列宁的话，就谈到从革命的第一阶段向革命的第二阶段过渡，就是从反对沙皇制度向反对资产阶级过渡，也就是从资产阶级民主革命向社会主义革命过渡。《研究》说列宁认为第二阶段革命的主要内容和主要任务是实现国民公会和由工农掌握政权。"国民公会"是什么？反对资产阶级的"国民公会"，只能是无产阶级领导下的人民代表大会；由工农掌握政权，确切些说，由无产阶级掌握政权，是什么意思呢？这就意味社会主义革命的两项主要内容之一的无产阶级政治革命取得了胜利。与《研究》的作者不同，在列宁眼里，处于民主革命与社会主义革命之间的"社会主义革命准备阶段"是不存在的。早在 1905 年革命时期，列宁就明确指出，民主革命和社会主义革命是性质不同而又互相衔接的两个革命阶段，二者之间不能隔着"一道万里长城"，更不能插进一个其他任何性质或阶段的革命。1918 年，列宁又在《无产阶级革命和叛徒考茨基》一文中指出："在 1917 年，从 4 月起，即在十月革命以前很久，在我们夺取政权以前很久，我们就已公开说过并向人民解释过：现在革命不能就此止步，因为国家前进了，资本主义前进了，经济破坏已达到空前的程度而要求（不管谁愿不愿意）向前迈进，走向社会主义。因为，不这样就不能前进，就不能拯救备受战争摧残的国家，就不能减轻被剥削劳动者的痛苦。结果正同我们所说的一样。革命进程证实了我们的论断是正确的。起初同'全体'农民一起，反对君主制，反对地主，反对中世纪制度（因此，革命还是资产阶级革命，是资产阶级民主革命）。然后同贫苦农民一起，同半无产阶级一起，同一切被剥削者一起，反对资本主义，包括反对农村的财主、富农、投机者，因此革命变成了社会主义革命。企图在这两个革命中间筑起一道人为的万里长城，企图不用无产阶级的准备程度、无产阶级同贫苦农民联合的程度而用其他什么东西来分开这两个革命，就是极大地歪曲马克思主义，把马克思主义庸俗化，用自由主义代替马克思主义。这就是冒充博学，借口资产阶级比中世纪制度进步，暗中为资产阶级进行反动的辩护，以反对社会主义无产阶级。"①可见，《研究》将资产阶级民主革命胜利后发生的反对资产阶级的革命，称为"社会主义革命的准备阶段"，是违背列宁主义的。

《研究》断言，在十月起义以前，列宁从未说过俄国即将发生的革命是社会主义革命；从十月起义胜利至 1917 年 12 月底，列宁提出必须"承认"十月革命是社会主义革命，但他仍未提出在俄国直接展开社会主义革命的任务，他是从非严格的意义上使用"社会主义革命"这一概念的。它认为，在这一时期，列宁关于十月革命是社会主义革命的用语里，"社会主义革命"并非本来意义上的，严格意义上的社会主义革命。因为本来意义上的、严格意义上的社会主义革命，是指以消灭资本主义私有制和建立公有制为发展过程的革命。列宁这时所说的"社会主义革命"不是这种意义上的革命，因为他尚未提出消灭资本主义的任务。②

在这里，《研究》的逻辑混乱达到了惊人的程度。它自知陷入自相矛盾之中，所以只能出尔反尔了。它在批判学术界对列宁"一国首先胜利论"的"误解"时，曾明确宣称，列宁从来没有把社会主义革命的概念从含义上割裂为"政治革命"的社会主义革命和"社会革命"的社会主义革命，列宁在使用"社会主义革命"这一概念时，从来都

① 《列宁全集》第 35 卷，人民出版社 1985 年版，第 301—302 页。
② 参见俞良早《列宁主义研究》，广西人民出版社 1993 年版，第 137—138 页。

是同时赋予它政治革命和社会革命两种含义的。但是在这里，《研究》不但将社会主义革命的概念割裂为"政治革命"和"社会革命"，而且将"政治革命"完全排斥于社会主义革命的过程之外，认为"本来意义上的、严格意义上的社会主义革命，是指以消灭资本主义私有制和建立公有制为发展过程的革命"，只要不是直接消灭私有制、建立公有制，就一定不能包括在社会主义革命的发展过程之中。它明确指出，无产阶级夺取政权不具有社会主义革命的性质，因为它不可能直接达到消灭私有制与建立公有制的目的和要求。《研究》的这种论断，实在令人咋舌！

《研究》说，十月革命胜利后，列宁是在非严格的意义上使用"社会主义革命"的概念的。那么，列宁究竟是指何种意义的社会主义革命呢？第一，他是指"计算与监督"的社会主义。《研究》说，在十月起义前夕，列宁曾提出无产阶级在夺取政权以后，将对社会产品的生产实行计算与监督，但在这时，他并不认为计算与监督是具有社会主义革命性质的措施。十月起义胜利后，他产生了这样的思想认识。而《研究》用"马克思主义的原理和原则"一衡量，发现"计算与监督"不具有社会主义革命的性质，不是社会主义革命的措施，因为它不等同于消灭私有制和建立公有制，也不是这一过程中不可分割的有机组成部分。因此，列宁说"计算与监督"是社会主义，说明他不是从"本来意义上、严格意义上"来谈社会主义革命问题的。《研究》为了证明十月起义前夕列宁不认为俄国即将发生的革命是社会主义革命，就说这期间列宁并不认为计算与监督是具有社会主义革命性质的措施。这一点不符合历史事实。事实上，十月起义以前，列宁也认为计算和监督是具有社会主义革命性质的措施。在《布尔什维克能保持国家政权吗？》一文中，列宁指出，计算与监督"是无产阶级革命即社会主义革命的主要任务"①。在《国家与革命》一书中，列宁又指出："计算和监督——这就是把共产主义社会第一阶段'调整好'，使它能正常地运转所必需的主要条件。"② 十月革命胜利后，1918 年 4 月，列宁回顾说："我曾经写过：'在共产主义的高级阶段到来以前；社会主义要求社会和国家实行极严格的监督。'这是我在十月革命以前写的，现在我还坚持这一点。"③ 可见，十月起义以前，列宁认为计算与监督不仅是社会主义革命的措施，而且是社会主义社会的措施。这与十月革命胜利以后列宁的观点是一致的。因此，如果按照《研究》所说的，十月革命胜利后列宁产生了计算与监督具有社会主义革命性质的思想，所以他认为十月革命是社会主义革命的话，那么，十月革命以前列宁早就产生了这种思想，所以他本应认为俄国即将发生的革命是社会主义革命。

第二，《研究》说，十月革命胜利以后，列宁所说的社会主义革命是指潜在意义的社会主义革命，即这一革命在当时不是社会主义革命，但它具有某种潜在的作用，能够使革命进一步发展为社会主义革命。④ 它引用了列宁在全俄农民代表苏维埃非常代表大会的讲话中的一段话："消灭土地私有制、实行工人监督和银行国有化，这一切都是导向社会主义的措施。这还不是社会主义，但这是引导我们大踏步地走向社会主义的措施。"它以为这可以证明列宁认为十月革命是"潜在的"社会主义革命，即这一革命本身不是社会主义革命，但它可以导向社会主义革命。《研究》掩耳盗铃，自欺欺人。它在引用这段话时，故意删掉了第一句话，即"这次革命是社会主义革命"。列

①　《列宁全集》第 32 卷，人民出版社 1985 年版，第 299 页。
②　《列宁全集》第 31 卷，人民出版社 1985 年版，第 97 页。
③　《列宁全集》第 34 卷，人民出版社 1985 年版，第 246 页。
④　参见俞良早《列宁主义研究》，广西人民出版社 1993 年版，第 139 页。

宁在这段话中明确肯定十月革命是社会主义革命,《研究》却用它来证明列宁认为十月革命是"潜在的"社会主义革命!列宁认为,消灭土地私有制、实行工人监督和银行国有化,还不是实现了社会主义,还不是建立了社会主义社会,但这一切都是导向社会主义社会的措施。社会主义革命实行的是导向社会主义社会的措施,这不是完全符合历史逻辑的吗?

《研究》一书认为,从十月起义胜利至1917年12月底这一时期里,列宁的思想同十月起义前夕相比较,尚无根本性的变化。它断言,在十月起义以前,列宁从未说过俄国即将发生的革命是社会主义革命;但是,十月起义胜利后,列宁提出必须"承认"十月革命是社会主义革命。对于列宁思想的这一"非根本性"的变化,它是怎样解释的呢?它说,因为列宁仍然没有提出在俄国实施消灭资本主义私有制和建立社会主义公有制的社会主义革命的任务,所以列宁在这一时期所说的"社会主义革命",不是本来意义上的、严格意义上的社会主义革命,而是"潜在的"社会主义革命。然而,列宁是怎样认为的呢?四月代表会议通过的《关于目前形势的决议》指出:"俄国革命不过是战争所必然引起的无产阶级革命中的第一个革命的第一个阶段""在一切国家中,广大人民群众对资本家阶级的愤恨在加深,无产阶级的意识在增强,他们认识到:只有使政权转到无产阶级手中并消灭生产资料私有制,才能使人类免于毁灭。"① 在这里,列宁明确提出俄国革命的任务是无产阶级夺取政权并消灭生产资料私有制。十月起义胜利当天,列宁就说:"在俄国,我们现在应该着手建设无产阶级的社会主义国家。"② 按照《研究》的说法,这岂不是等于说,列

① 《列宁全集》第29卷,人民出版社1985年版,第442页。
② 《列宁全集》第33卷,人民出版社1985年版,第3页。

宁主张在还没有举行社会主义革命的情况下，就着手建设无产阶级的社会主义国家？1918年11月8日，列宁又说："十月革命给自己提出的任务是：剥夺资本家的工厂，使生产工具归全民所有；把全部土地交给农民，用社会主义原则改造农业。"① 可见，与《研究》的作者完全相反，列宁认为十月革命是"真正的"社会主义革命，而不是什么"潜在的"社会主义革命！《研究》认为，在1918年1月全俄工兵农代表苏维埃第三次代表大会期间，列宁的思想才发生了"根本"的转变。其一，列宁明确提出了消灭资本主义剥削和压迫的任务；在此以前，列宁没有提出在俄国消灭资本主义的任务，在这次大会期间他提出了这一任务，这不能不是列宁思想的根本转变。其二，列宁明确发出了"建设新的社会主义社会大厦"的号召；在此以前，列宁未提出在俄国直接建设社会主义的任务，现在他提出了这样的任务，这不能不是列宁思想的根本转变。通过上面引用的列宁的几段话，我们看出，在十月革命以前，列宁就提出了在俄国消灭生产资料私有制，即消灭资本主义的任务；在十月起义胜利当天，列宁就提出了在俄国建设社会主义的任务。按照《研究》的观点，列宁发动十月社会主义革命的目的，并不是在俄国消灭资本主义和建设社会主义。依笔者看来，这一观点不能不说是对列宁思想的"根本"歪曲！

当然，对二月革命胜利后俄国即将发生的革命的性质是应该作具体分析的。但是，有一点必须肯定，这就是列宁在十月革命前后，对俄国革命性质的认识是一致的，并不存在《研究》所说的十月革命胜利以前，列宁从未认为俄国即将发生的革命是社会主义革命，十月革命胜利以后，他才"承认"俄国革命是社会主义革命但又不是真正的

---

① 《列宁全集》第35卷，人民出版社1985年版，第170页。

社会主义革命的问题。直到1921年，即俄国社会主义革命胜利四年以后，列宁在谈到十月革命的性质时还说："当时革命是不是资产阶级性的呢？当然是的，因为当时我们所完成的任务就是把资产阶级民主革命进行到底，因为当时'农民'内部还没有发生阶级斗争。但是同时我们又超出了资产阶级革命的范围，为社会主义的、无产阶级的革命做了很多事情。"① 十月革命解决了民主革命的一些遗留问题，列宁从这个意义上讲，它还具有资产阶级的性质。但是，众所周知，国家政权从一个阶级手里转到另一个阶级手里，是革命的首要的基本的标志。因此，十月革命使无产阶级从资产阶级手中夺得了国家政权，从根本上讲，它就是社会主义革命。虽然它不是"纯粹"的社会主义革命，但是须知，迄今为止世界上还没有发生过一场"纯粹"的社会主义革命。对于十月革命性质的认识，还是列宁说得对："我们把资产阶级民主革命的问题作为我们主要的和真正的无产阶级革命的、社会主义的工作的'副产品'顺便解决了。"② 在列宁看来，十月革命是"真正的"社会主义革命！

《研究》断定，十月革命前后，列宁的思想没有根本性的变化。因为十月起义以前，他不认为俄国即将发生的革命是社会主义革命，十月起义胜利以后，他仍然不认为十月革命是"本来意义上的"社会主义革命。对于列宁在十月革命前后反复提出俄国革命是社会主义革命的事实，《研究》就是这样"解释"的！

《研究》之所以要作这种歪曲事实的解释，是因为它断定十月革命胜利以后，列宁仍然坚持马克思、恩格斯的"同时胜利论"而反对"一国首先胜利论"。如果承认列宁认为十月革命是"真正的"社会

① 《列宁全集》第42卷，人民出版社1987年版，第108页。
② 同上书，第172页。

主义革命，那就等于承认列宁认为一国可以取得社会主义革命的胜利，"同时胜利论"者的帽子也就戴不到列宁的头上。为了维持原判，《研究》就只好作上述的解释，而不管这种解释是否冤枉了列宁！

二 评所谓"两种过程转变论"

《研究》一书指出，列宁的革命转变理论，即关于民主革命向社会主义革命转变的理论，是列宁主义的重要内容之一。然而长期以来，学术界对这一理论的认识与掌握有不妥之处。所以，它只好"就正确地掌握这一理论"，谈了自己的意见。《研究》一书认为，列宁在论述革命转变问题时，是把政治过程的转变与经济过程的转变区别对待的，因而必须区分列宁的"政治过程转变论"与"经济过程转变论"。①它说，学术界认为，俄国二月革命以后，列宁在《四月提纲》里提出了由民主革命转变为社会主义革命的理论即革命转变理论。其实不然。在《四月提纲》里以及这一时期列宁其他著作里所反映的革命转变理论，是政治过程转变论，即列宁这一时期只是形成和提出了使革命的政治过程发生转变的思想理论。人们常常以列宁在《四月提纲》里提出的从革命的第一阶段向革命的第二阶段过渡的论断为依据，来证明列宁提出了革命转变的理论。不可否认，这里是在论述革命转变问题，但是论及的只是政权过渡的问题，使政权转到无产阶级和贫苦农民手中，仅仅是政治过程的转变。所以这一论断只能说明列宁提出了政治过程转变论。在《论策略书》中，列宁分析了必须使革命的政治过程发生转变的原因，说："这次革命后，政权转到了另一

---

① 参见俞良早《列宁主义研究》，广西人民出版社1993年版，第158—159页。

个阶级，即资产阶级这个新阶级手里""无论从'革命'这一概念的严格科学意义来讲，或是从实际政治意义来讲，国家政权从一个阶级手里转到另一个阶级手里，都是革命的首要的基本的标志""就这一点来说，俄国资产阶级革命或资产阶级民主革命已经完成了。"这里的意思是，从革命的政治过程来看，资产阶级掌握了国家政权，说明资产阶级革命已经完成，无产阶级应使这一过程再次发生转变，使政权过渡到无产阶级和贫苦农民手中。列宁明确地说，关于这个问题，他是"从实际政治意义来讲"的（《研究》表现了十足的实用主义，它把列宁明确说的"从'革命'这一概念的严格科学意义来讲"这句话故意抛弃了）。这进一步证明，列宁这一时期提出的革命转变理论实际上是政治过程转变论。

对此，笔者认为有几个问题需要搞清楚。

首先，《研究》所说的"政治过程"，是不是社会主义革命发展进程的一部分？《研究》在论述二月革命胜利后列宁关于俄国社会主义革命战略思想的演进时说，列宁在《四月提纲》里提出的革命的第二阶段，并不是社会主义革命的阶段，它充其量不过是社会主义革命的准备阶段，因为列宁认为第二阶段革命的主要任务是由工农掌握政权。因此，列宁根本没有提出革命向社会主义革命转变的问题；学术界认为列宁的《四月提纲》提出了革命向社会主义革命转变的方针的观点，是对列宁思想的误解，是不符合实际的。从这里可以看出，《研究》所说的"政治过程"，是不能归于社会主义革命发展进程的。然而，《研究》在论述"正确掌握"列宁的"政治过程转变论"和"经济过程转变论"的理论意义时说，它使我们明确地认识到了社会主义革命发展进程中的一个规律性现象。这个规律性现象就是：革命的政治过程和经济过程是不同步的。在这里，《研究》明确表示，"政治过程"是社会主义革命发展进程的一部分，而且明确表示，列宁在《四月提纲》里提出了"政治过程转变论"。既然"政治过程"属于社会主义革命的发展进程，列宁又在《四月提纲》里提出了"政治过程转变论"，这是不是等于承认了列宁在此处提出了由民主革命转变为社会主义革命的方针？这是不是等于承认了不是学术界，而是《研究》作者本人误解了列宁的革命思想？

其次，《研究》所说的"政治过程"是不是政治革命？《研究》在批评学术界把社会主义革命"割裂"为"政治革命"和"社会革命"时说，列宁从未把无产阶级的政治革命或夺取政权的斗争称为社会主义革命。但它在论述列宁的"政治过程转变论"和"经济过程转变论"时说，列宁的《四月提纲》论及的只是政权过渡的问题，只能说明列宁提出了"政治过程转变论"；使政权转到无产阶级和贫苦农民手中，仅仅是政治过程的转变。这等于说，《研究》认为政治过程，就是夺取政权的过程即政治革命；而政治革命不能称为社会主义革命，所以政治过程也不能称为社会主义革命。《研究》在论述十月革命胜利后列宁是从非严格的意义上使用"社会主义革命"的概念时说，本来意义上的、严格意义上的社会主义革命，是指以消灭资本主义私有制和建立社会主义公有制为发展过程的革命，因此列宁当时所说的"社会主义革命"不是社会主义革命。然而，《研究》在论述列宁的革命转变论时认为，政治过程是社会主义革命发展进程中的一部分。这又等于说，十月革命胜利后列宁所说的"社会主义革命"，不是"潜在的"社会主义革命，而是真正的社会主义革命。《研究》的作者再次将自己反复论证的观点推翻了，再次证明不是学术界，而是他自己将列宁的革命转变理论搞乱了！

《研究》一书认为，在这一时期，列宁没有提出使革命的经济过程发生转变的思想理论，即没有提出"经济过程转变论"。在《四月提纲》里，列宁提出的经济措施不具有社会主义性质。根据马克思主义原理，社会主义革命的基本目的和要求是消灭私有制与建立公有制，直接达到这种目的和要求的措施才是社会主义性质的措施。《四月提纲》里提出的土地国有化、合并银行、监督社会产品的生产和分配等措施，不可能直接达到消灭私有制与建立公有制的目的和要求，因而不具有社会主义的性质。采取这些措施，不能说明俄国当时的经济发展过程发生了向社会主义的转变。更需指出的是，列宁当时是反对在经济领域立即直接实施社会主义措施的。《研究》引用了列宁在这一时期的大量讲话，用以证明在经济问题上，列宁尚未提出实施社会主义经济措施的任务，并且他明确表示反对立刻直接实施社会主义经济措施，所以说他这时未提出"经济过程转变论"。在1918年1月全俄工兵农代表苏维埃第三次代表大会期间，列宁明确提出了消灭资本主义私有制和建立社会主义公有制的任务，意味着列宁关于俄国社会主义战略思想发生了重大转变，即他已经肯定地认识到了在经济领域里实施社会主义措施的必要性。这说明，列宁这时形成和提出了"经济过程转变论"。

对此，笔者认为有几个问题需要搞清楚。

首先，《研究》关于列宁在《四月提纲》里提出的经济措施不具有社会主义革命的性质的说法有无道理？实际上，在《四月提纲》中，列宁虽然反对立即直接进行社会主义的经济变革，但是主张立即将政权转到无产阶级和贫苦农民手中；在无产阶级掌握政权的条件下，实行走向社会主义的过渡措施，再逐步实行社会主义的经济变革。在无产阶级专政下，这些措施无疑具有社会主义革命的性质。因此，《研究》关于列宁在《四月提纲》里提出的土地国有化、银行和辛迪加国有化、苏维埃监督社会产品的生产和分配等经济措施,不具有社会主义革命的性质的说法,是不对的。

其次,《研究》认为1918年1月列宁提出了"经济过程转变论",即提出在俄国消灭资本主义剥削与压迫以及建设社会主义社会大厦的任务,亦即提出在俄国消灭资本主义私有制和建立社会主义公有制的任务,标志着列宁的思想发生了重大转变。这里存在三个问题:一是1918年以前,列宁是否提出过在俄国消灭资本主义和建设社会主义的任务;二是1918年1月以后,列宁是否主张在俄国立即直接"实施"社会主义;三是1918年1月以后,列宁是否肯定了俄国进行社会主义建设的必要性和可能性。

对这三个问题,笔者回答如下。第一,在1918年以前,列宁也曾提出过在俄国消灭资本主义和建设社会主义的任务。早在《远方来信》中,列宁就号召俄国无产阶级首先建立民主共和国,然后再建立社会主义国家。在《大难临头,出路何在?》一文中,列宁又指出,俄国就政治制度来说,在几个月以内就赶上先进国家了;但是这还不够,俄国要在经济方面也赶上并且超过先进国家,以便最迅速最激进地过渡到更高的生产方式。实际上,列宁在论及社会主义变革的两个方面的任务时,总是指出完成了政治变革即无产阶级夺取政权之后,就要为实现经济变革即建立社会主义的生产关系而斗争。并不像《研究》所说的那样,列宁在《四月提纲》中提出了"政治过程转变论",在1918年1月提出了"经济过程转变论"。

第二,在1918年1月,列宁也没有提出在俄国立即消灭资本主义私有制和建立社会主义公有制的任务。《研究》用以证明列宁提出"经济过程转变论"的,是全俄工兵农代表苏维埃第三次代表大会通过的《被剥削劳动人民权利宣言》中的一段话。它在引用这段话时,故意删去首尾，以改变原意。我们现在把这段话完整地引出来："立宪会议的基本任务是消灭人对人的任何剥削，完全消除社会的阶级划分，无情地镇压剥削者的反抗，建立社会主义的社会组织，使社会主义在一切国家获得胜利。"① 这段话的意思是，立宪会议的基本任务和最终目的，是"使社会主义在一切国家获得胜利"。这里并没有提出在俄国立即消灭资本主义、建立社会主义的任务。《研究》为了证明在这次大会期间，列宁的思想发生了"根本转变"，即提出了"经济过程转变论"，引用了列宁在大会上的几段讲话："俄国走上了实现社会主义的正确道路——实现银行国有化，把全部土地交给劳动群众。"如此等等。《研究》指出，这证明列宁此时提出了在俄国消灭资本主义，直接建设社会主义的任务。然而，遗憾的是，《研究》在证明列宁在《四月提纲》中没有提出革命向社会主义革命转变的方针时，却明确表示：实现土地国有化，实现银行国有化等措施，不具有社会主义革命的性质。按照《研究》这种奇怪的逻辑，就可以得出一个奇怪的结论：只要实行不具有社会主义革命性质的措施，就能消灭资本主义和实现社会主义！另外，按照《研究》的说法，列宁在十月革命以前只提出了"政治过程转变论"，因为这时他反对立即"实施"社会主义；列宁认为俄国是一个农民人口占绝大多数的国家，农民不可能立即接受社会主义的方针和措施，加上经济条件的种种限制，无产阶级不能立即实施社会主义的经济措施。那么，1918 年 1 月，列宁提出"经济过程转变论"之后，他就应该主张在俄国立即"实施"社会主义了。事实恰恰相反。正是在《研究》认为列宁提出"经济过程转变论"的全俄工兵农代表苏维埃第三次代表大会上，列宁在《人民委员

---

① 《列宁全集》第 33 卷，人民出版社 1985 年版，第 224 页。

会工作报告》中指出:"每一个觉悟的社会主义者都说,不能强迫农民接受社会主义,而只能靠榜样的力量,靠农民群众对日常生活的认识。"① 1918 年 12 月,列宁又指出:在俄国这样的农民国家中,进行社会主义建设是一个艰巨而漫长的任务。"我们深深知道,在小农经济的国家中,不经过一系列渐进的预备阶段,要过渡到社会主义是不可能的。"② 可见,《研究》说 1918 年 1 月列宁的思想发生了根本转变,是没有根据的。

第三,《研究》认为,1918 年 1 月,列宁关于俄国社会主义战略思想发生了根本转变,即他肯定已经认识到了在经济领域实施社会主义措施的必要性。这是不是等于说,此时列宁已经肯定地认识到了俄国进行社会主义建设的必要性和可能性?如果是这样的话,那就证明了列宁在 1918 年 1 月就形成和提出了《研究》所说的"一国首先胜利论";因为《研究》认为列宁"一国首先胜利论"的实质,就是肯定了俄国进行社会主义建设的必要性和可能性。然而,《研究》却说,国内战争结束以前,列宁一直坚持马克思、恩格斯的"同时胜利论",一直否认俄国进行社会主义建设的必要性和可能性,直到 1922 年 3 月俄共(布)十一大期间,列宁才形成和提出了"一国首先胜利论"。这又是一个矛盾!

总之,《研究》批评学术界将社会主义革命"割裂"为政治革命和社会革命,它却将社会主义革命的进程"区分"为"政治过程"和"经济过程",用"政治过程转变论"和"经济过程转变论"来概括列宁关于社会主义革命发展进程的思想。《研究》作这样的"区分",也未尝不可;但是,它时而将"政治过程"归于社会主义革命

---

① 《列宁全集》第 33 卷,人民出版社 1985 年版,第 265 页。
② 《列宁全集》第 35 卷,人民出版社 1985 年版,第 352 页。

的进程之中，时而又将"政治过程"排斥于社会主义革命的进程之外，实在令人费解。它用消灭私有制和建立公有制来作为衡量社会主义革命的标准，将不是直接达到这种目的的措施，统统说成"不是社会主义革命性质的措施"，是没有道理的。众所周知，《研究》的作者也承认，苏俄实行的新经济政策，也不能直接达到消灭私有制和建立公有制的目的，《研究》的作者是否认为，1921 年以后苏俄仍然没有实行社会主义革命性质的措施呢？

三　评所谓"社会主义步骤论"

《研究》一书认为，十月革命时期及其以后，列宁提出，在俄国革命过程中不能立即直接实施社会主义措施，而只能采取若干走向社会主义的步骤，逐渐地向社会主义过渡。这就是列宁的"社会主义步骤论"。[①]

《研究》指出，列宁的"社会主义步骤论"，形成和提出于十月起义前夕。它说，在《远方来信》中，列宁鉴于二月革命结束以后俄国产生的新形势，提出了俄国无产阶级在革命下一阶段中应实施的措施。这些措施包括：通过最可靠的途径走向革命的下一阶段，应当把国家政权从地主资本家政府手中夺过来交给工人和贫苦农民的政府，应当打碎旧的国家机器，铲除旧的军队、警察和官僚，代之以群众性的人民武装组织，争取实现和平，把全部地主的土地收归国有，对重要产品的生产和分配实行监督，实行普遍的劳动义务制，等等。列宁把实施这些措施看成走向社会主义的步骤。在四月代表会议上，列宁

---

① 参见俞良早《列宁主义研究》，广西人民出版社 1993 年版，第 179—184 页。

在关于目前形势的报告中提出，无产阶级夺取政权的目的，就是采取走向社会主义的初步的和具体的步骤。在《大难临头，出路何在?》一文中，列宁又指出："做一个真正的革命民主主义者，那就不能害怕走向社会主义的步骤。"《研究》认为，列宁的这一系列论断，标志着他关于"社会主义步骤论"的形成和提出。

《研究》认为，列宁的"社会主义步骤论"的"内容"之一，是体现走向社会主义步骤的那些措施，不具有社会主义的性质。这里有一个根本问题需要搞清楚，就是列宁在这些地方所说的"社会主义"究竟是什么含义。1917年4月，列宁在《无产阶级在我国革命中的任务》一文中指出："人类从资本主义只能直接过渡到社会主义，即过渡到生产资料公有和按每个人的劳动分配产品。"① 列宁在这些地方所说的"社会主义"，就是指生产资料公有和按劳分配的"社会主义社会"。但是，《研究》对列宁在这些地方使用的"社会主义"的概念却不是这样理解的。它说，根据马克思主义原理，社会主义革命的基本目的和要求是消灭私有制与建立公有制，直接达到这种目的和要求的措施才算是社会主义性质的措施。这就是说，《研究》所说的"社会主义的性质"，是指"社会主义革命的性质"。它在论述二月革命后列宁关于俄国社会主义战略思想的演进问题时，也曾明确肯定过这一点。这样一来，《研究》的论断就前后矛盾了。它断言，在二月革命之后，列宁认为俄国无产阶级应采取的措施是夺取政权、争取和平、土地国有化、合并银行、对产品的生产和分配实行监督，等等。显然，实施这些措施，不可能直接达到消灭私有制与建立公有制的目的和要求，因而它不具有社会主义革命的性质。然而，《研究》在论述

---

① 《列宁全集》第29卷，人民出版社1985年版，第178页。

列宁的"政治过程转变论"和"经济过程转变论"时却说，二月革命以后，列宁在《四月提纲》中提出了"政治过程转变论"，而"政治过程"又是社会主义革命发展进程中的两个过程之一。也就是说，《研究》承认了列宁在《四月提纲》中提出了由民主革命向社会主义革命转变的方针。这就得出了两个完全相反的结论：一是列宁认为俄国无产阶级夺取政权不具有社会主义革命的性质；二是列宁认为俄国无产阶级夺取政权是社会主义革命的两个主要内容之一。

《研究》为了证明列宁所说的"社会主义步骤"不具有社会主义革命的性质，列举了一系列列宁的论述。它说，在《远方来信》中，列宁在谈到必须采取上述措施时说："这些措施还不是社会主义。它们涉及消费品的分配，而不涉及生产的改组。"笔者认为，列宁说得完全正确。无产阶级夺取政权，打碎旧的资产阶级国家机器，实行土地国有化、合并银行、监督社会产品的生产和分配、普遍的劳动义务制等一系列过渡到社会主义的措施，还不是实现生产资料公有和按劳分配的社会主义社会，但不能说这些措施不具有社会主义革命的性质。《研究》引用《远方来信》中的一段话，来证明列宁反对在俄国进行社会主义革命。列宁是这样说的："这些步骤就其整体和发展来看，就是向社会主义过渡，因为在俄国，不采取这些过渡措施，要马上直接实现社会主义是不可能的，但是如果采取了这种过渡措施，实现社会主义就是完全可能的而且是绝对必要的了。"① 《研究》故意删掉"但是"后面的这句话，即表达列宁关于采取这种过渡措施不是向社会主义革命过渡，而是为了实现社会主义的思想的话，说明它是采取实用主义的态度来对待列宁著作的。《研究》说，在《一个根本问

---

① 《列宁全集》第 29 卷，人民出版社 1985 年版，第 54 页。

题》中，列宁说：俄国大多数农民会要求和实行土地国有化，"这是不是社会主义革命呢？不是。这还是资产阶级革命，因为土地国有化是一种可以同资本主义相容的措施"。笔者认为，解决农民的土地问题，的确属于资产阶级民主革命的内容，但是，在资产阶级民主革命没有完成解决农民土地问题的任务的情况下，社会主义革命开始之后，就应当完成这个民主革命的遗留任务。正如列宁所说，我们把资产阶级民主革命的问题，作为我们主要的和真正的社会主义革命的"副产品"顺便解决了。难道我们能由于十月革命解决了民主革命遗留的任务而否定它的社会主义性质吗？《研究》说，列宁认为，立刻把所有银行合并为一个银行是完全可能的，"这是不是社会主义的措施呢？不是的，这还不是社会主义"。把少数辛迪加收归工农国家所有，这是不是社会主义的措施呢？"不是的，这还不是社会主义。"由工人监督社会产品的生产和分配，这是不是社会主义的措施呢？"这项措施不是社会主义，这是过渡性的措施。"笔者认为，列宁说得完全正确。的确，实行把所有银行合并为一个银行，把少数辛迪加收归工农国家所有，由工人监督社会产品的生产与分配等措施，还不是实现社会主义的经济变革，还不是建成社会主义社会。但是，不能说这些措施不具有社会主义革命的性质。正是在《一个根本问题》中，列宁在谈到实行土地国有化、合并银行、辛迪加国有化还不是社会主义时说："这样的措施实行之后，俄国就有充分可能进一步采取走向社会主义的步骤，而在比较成熟、素质较好并且已经同西欧的普列汉诺夫们分裂的西欧工人帮助我国工人的条件下，俄国必然会真正向社会主义过渡，而且这一过渡一定会实现。"① 这就是说，俄国采取走向社

---

① 《列宁全集》第 29 卷，人民出版社 1985 年版，第 301 页。

会主义的步骤，就一定能够实现向社会主义的过渡。如果这些步骤不具有社会主义革命的性质，那能实现向社会主义社会的过渡吗？如果《研究》的说法成立的话，那岂不是否定了社会主义革命的必要性和合理性？采取不具有社会主义革命性质的步骤，就能够实现向社会主义的过渡，社会主义革命岂不成为多余的吗？1918 年 1 月 24 日，列宁在《人民委员会工作报告》中指出："俄国走上了实现社会主义的正确道路——实行银行国有化，把全部土地交给劳动群众。我们知道得很清楚，我们面临着多么大的困难，但是，同过去的革命比较，我们深信一定会取得巨大的成就，我们所走的道路一定能保证完全的胜利。"① 在这里，列宁明确指出，实行银行国有化，把全部土地交给劳动群众，就是走上了实现社会主义的正确道路。

《研究》认为，列宁的"社会主义步骤论"的"内容"之二，是在俄国不能立即直接实施社会主义措施。它说，列宁认为，俄国是一个农民占人口绝大多数的国家，农民不能立即接受社会主义的方针和措施，加上物质经济条件的种种限制，无产阶级不能立即实施社会主义。它又一次大量引用了前面反复引用过的列宁关于俄国不能立即"实施"社会主义，不能立即"实行"社会主义改造的论述，来证明列宁主张在俄国不能立即实施社会主义革命性质的措施。《研究》又搞错了。事实上，列宁反对在俄国立即实施的，是直接实现社会主义社会的那些措施，而不是具有社会主义革命性质的所有措施。列宁认为，俄国是一个农民国家，不能立即实施消灭私有制和建立公有制的社会主义变革；但是，在无产阶级掌握政权的条件下，无产阶级完全应该积极宣传社会主义，积极采取一系列具有社会主义革命性质的过

---

① 《列宁全集》第33卷，人民出版社1985年版，第277页。

渡措施，逐步引导农民走上社会主义道路。四月代表会议通过的《关于目前形势的决议》第三部分中说："俄国无产阶级是在欧洲最落后国家中的一个国家内，在大量小农居民中间进行活动的，因此它不能抱定立即实行社会主义改造的目的。但是，如果由此得出结论说，工人阶级必须支持资产阶级，或者必须把自己的活动局限在小资产阶级可以接受的范围内，或者在向人民解释必须立即采取若干实际上已经成熟的向社会主义迈进的步骤方面放弃无产阶级的领导作用，那就是极大的错误，在实际上甚至是完全转到资产阶级方面去了。"列宁在《为维护关于目前形势的决议而发表的讲话》中，针对"决议"第三部分说："人们常常根据以上的前提作出这样的结论：'俄国是一个落后的、农民的、小资产阶级的国家，因此根本谈不上社会革命。'但是他们忘记了，战争使我们处于特殊的境地，与小资产阶级并存的还有大资本。政权一旦转到工兵代表苏维埃手中，苏维埃将做些什么呢？转到资产阶级方面去吗？答复是：工人阶级要继续进行阶级斗争。"① 首先，就是实行土地国有化。其次，就是对所有的银行实行国家监督，把它们联合成一个统一的中央银行，同时对保险机关和资本家的最大的辛迪加也实行国家监督，逐步实行更合理的累进所得税和累进财产税。此外，还可以实行普遍劳动义务制，由武装起来的有组织的无产阶级和农民群众来自愿地参与调节自己的经济，等等。列宁指出："所有这些措施实现后，俄国的一只脚就踏进社会主义了""说一只脚，是因为占多数的农民还支配着国家经济的另一方面。"② 列宁认为，实行土地国有化，实行对银行和辛迪加的国家监督等，是对私有制的很大的打击，在这个意义上说，这就是社会主义变革。因此他

① 《列宁全集》第 29 卷，人民出版社 1985 年版，第 436 页。
② 同上书，第 437—438 页。

说，实现这些措施后，俄国的一只脚就踏进社会主义了。而另一只脚之所以说还未踏进社会主义，是因为还存在农民的私有制。但是这些改革会使农民得到好处，因此势必得到绝大多数农民的拥护，从而引导他们走上社会主义的道路。

《研究》认为，列宁的"社会主义步骤论"的"内容"之三，是采取走向社会主义的步骤，就有可能使俄国过渡到社会主义。它引用列宁的一些论述，证明列宁认为俄国不能立即实施社会主义，但可以逐渐向社会主义过渡，完成过渡的条件就是采取走向社会主义的步骤。在《一个根本问题》一文中，列宁在谈到土地国有化、合并银行等措施时说："这样的措施实行之后，俄国就有充分可能进一步采取走向社会主义的步骤……俄国必然会真正向社会主义过渡，而且这一过渡一定会实现。"在四月代表会议上，列宁指出："把辛迪加掌握在自己手中，通过工兵代表苏维埃对它进行监督，等等。所有这些措施实现后，俄国的一只脚就踏进社会主义了。"在《大难临头，出路何在?》一文中，列宁说：无产阶级夺取政权以后，"由工兵农代表苏维埃实行、调节、指导的普遍劳动义务制，虽然还不是社会主义，但是已经不是资本主义了。这是走向社会主义的一个巨大步骤……绝不可能从这样的步骤退到资本主义去"。列宁说得完全正确：在无产阶级专政的条件下，实行一系列具有社会主义革命性质的措施，采取一系列走向社会主义的步骤，俄国就一定能够过渡到"社会主义社会"。然而，《研究》的结论不是这样。它认为，列宁的思想是：在无产阶级专政的条件下，实行一系列不具有社会主义革命性质的措施，采取一系列走向社会主义的步骤，俄国才能够过渡到"社会主义革命"。这是对列宁思想的严重歪曲！

《研究》认为，列宁的"社会主义步骤论"的"内容"之四，是采取走向社会主义的步骤，是一个较长的历史过程。它说，列宁认为，走向社会主义的步骤何时终结，即这些步骤何时完成自己的历史使命，取决于两个条件：一个条件是俄国农民的觉悟，另一个条件是其他国家无产阶级的广泛发动。他在《远方来信》中说，俄国的农民和其他国家的无产阶级，是俄国无产阶级的两个同盟者，"拥有这两个同盟者的无产阶级利用目前过渡时期的特点，就可能而且一定能够首先争得民主共和国，争得农民对地主的彻底胜利……然后再争得唯一能给备受战争折磨的各族人民以和平、面包和自由的社会主义"。这就是说，如果俄国农民能够起来斗争并能够同无产阶级一起走社会主义道路，如果其他国家的无产阶级也取得了革命胜利并使自己的国家走向了社会主义，那么俄国就可以结束走向社会主义的步骤而直接实施社会主义措施，因为国际国内条件使它能够这样做。然而列宁认识到，俄国农民只能接受无产阶级斗争纲领中的民主主义的内容，很难接受社会主义革命的纲领和路线；而其他国家无产阶级的发动，又不可能以俄国无产阶级的意志为转移。所以列宁认为，俄国采取走向社会主义的步骤，需要经过一个较长时间的历史过程。笔者认为，如果说列宁认为俄国是一个落后的农民的国家，无产阶级夺取政权以后，需要在一个较长的历史时期内采取走向社会主义的步骤，才能过渡到社会主义社会，那么，这是符合列宁的本来思想的。但是，《研究》这样看。它说，列宁认为俄国的农民很难接受社会主义革命的纲领和路线，而其他国家无产阶级的发动又不以俄国无产阶级的意志为转移，所以俄国必须在一个较长的历史时期内采取走向社会主义的步骤，才能由资产阶级民主革命过渡到社会主义革命；如果其他国家的无产阶级革命没有取得胜利，如果其他国家没有走上社会主义道路，那么，俄国永远只能把革命局限在资产阶级的范围之内，俄国永远不能开始社会主义革命。这就是《研究》一书的结论！

　　《研究》认为，十月起义胜利以后，列宁继续坚持了"社会主义步骤论"，并将这一理论付诸实践。1917 年 11 月 18 日，列宁在全俄农民代表苏维埃非常代表大会上说："这次革命是社会主义革命。消灭土地私有制、实行工人监督和银行国有化，这一切都是导向社会主义的措施。这还不是社会主义，但这是引导我们大踏步地走向社会主义的措施。"可见，在十月起义胜利以后，在俄国采取走向社会主义的步骤，在列宁的思想上是十分明确的。《研究》引用的列宁的话，恰恰证明它误解了列宁的思想。列宁认为，十月革命是社会主义革命；这次革命胜利以后，采取一系列导向社会主义的措施，就一定能够引导苏俄大踏步地走向社会主义社会。而《研究》却认为，十月革命不是"本来意义上的、严格意义上的"社会主义革命；这次革命胜利以后，采取一系列导向社会主义的措施，才能引导苏俄走向"本来意义上的、严格意义上的"社会主义革命！

　　《研究》认为，列宁关于新经济政策的思想，是同"社会主义步骤论"一脉相承的。首先，新经济政策思想的出发点同"社会主义步骤论"的出发点是一样的，都是俄国经济条件的落后性。"社会主义步骤论"从这个出发点出发，认为俄国必须采取走向社会主义的步骤，逐渐地实现向社会主义革命的过渡；新经济政策思想也从这个出发点出发，认为俄国必须通过一系列特殊的过渡办法，才能过渡到社会主义革命。其次，新经济政策思想的实践意义同"社会主义步骤论"的实践意义是一样的。它们的实践意义都在于：不是立即直接采取社会主义革命的措施，而是采取过渡性的措施，经过较长的过程，逐渐地实现向社会主义革命的过渡。最后，从一定意义上说，新经济政策思想导源于"社会主义步骤论"。在实行新经济政策的初期，列宁回顾了 1917 年提出的"社会主义步骤论"，反思了战时共产主义时期的错误。他在《新经济政策和政治教育委员会的任务》一文中说："我们犯了错误：决定直接过渡到共产主义的生产和分配""这种构想是错误的，是同我们以前关于从资本主义到社会主义的过渡的论述相抵触的，以前我们认为，不经过一个实行社会主义的计算和监督的时期，即使要走到共产主义的低级阶段也是不可能的""从1917年产生了接受政权的任务和布尔什维克向全体人民揭示了这一任务的时候起，在我们的理论文献中就明确地指出，要从资本主义社会走上接近共产主义社会的任何一条通道，都需要有社会主义的计算和监督这样一个过渡，一个漫长而复杂的过渡。"《研究》认为，这证明列宁高度地肯定了1917年提出的"社会主义步骤论"；正由于此，才有新经济政策思想的产生和发展。然而，可惜的是，《研究》所引用的列宁的这些话，彻底地将它创造的"社会主义步骤论"推翻了。因为在这些话中，列宁准确无误地表述了他所说的"走向社会主义的步骤"，是从资本主义社会到社会主义社会的过渡措施，而不是从资产阶级民主革命向社会主义革命的过渡措施。

最后，《研究》归纳说，从上述新经济政策思想同"社会主义步骤论"的联系看，可以认为，新经济政策思想是对"社会主义步骤论"的直接继承，是它的有机组成部分。至少可以得出这样的结论：列宁在十月革命以后，直到他的晚年，没有放弃或改变"社会主义步骤论"。笔者则认为，从《研究》关于新经济政策思想是"社会主义步骤论"的有机组成部分这一点出发，从《研究》关于"社会主义步骤论"的含义是那些体现走向社会主义的步骤不具有社会主义革命的性质这一点出发，至少可以得出这样一个荒谬的结论：列宁在十月革命以后，直到他的晚年，仍然认为俄国还没有从资产阶级民主革命转变到社会主义革命！

第九章

评所谓"东方国家决定论"

一 马克思恩格斯主张"西方国家决定论"吗

《列宁主义研究》（以下简称《研究》）一书断定，与"一国首先胜利论"的产生相联系，列宁提出了世界社会主义胜利"东方国家决定论"，"发展和突破了"马克思、恩格斯的"西方国家决定论"。①笔者认为，《研究》对列宁和马克思、恩格斯关于世界社会主义革命进程与命运的思想的这种概括，是武断的，是没有历史根据的。

《研究》认为，19世纪国际工人运动的发展进程与格局，决定了马克思、恩格斯的革命理论必然是"西方国家决定论"。它列举了大量事实，来证明19世纪国际工人革命运动的主要场所在西欧。这些事实包括：1831年和1834年的法国里昂工人起义，1836年到1848年的英国工人"宪章运动"，1844年的德国西里西亚纺织工人起义，在总结上述三大工人运动经验教训的基础上创立的马克思主义革命理

---

① 参见俞良早《列宁主义研究》，广西人民出版社1993年版，第110—129页。

论，1847 年建立的第一个国际无产阶级的革命政党——共产主义者同
盟，1848 年法国巴黎无产阶级掀起的反对资产阶级统治的六月起义，
1864 年建立的第一个群众性的国际工人组织——第一国际，1871 年 3
月 18 日发生的巴黎公社革命，1889 年在欧美许多国家产生社会主义
政党的基础上建立的第二国际，等等。同时，它指出：在 19 世纪，
在东欧和亚洲，除俄国于 70 年代以后有微弱的工人运动以外，大多
数国家尚没有有组织的工人运动。在俄国，七八十年代，虽有工人组
织和工人运动，但这时的工人斗争尚处在自发斗争的阶段。当时，在
俄国革命运动中占主导地位的是民粹主义运动。这是一种小资产阶级
的社会主义运动。在中国，19 世纪中叶及其以后的革命运动，主要是
太平天国革命和小刀会起义等农民阶级的斗争。中国的无产阶级是 20
世纪以后才登上历史舞台的。《研究》在作了上面的比较之后指出：
上述历史事实表明，在 19 世纪，国际工人革命运动的主要场所在西
欧。这里有较先进的资本主义生产方式，有强大的工人阶级队伍，有
无产阶级的革命政党和工人群众组织，发生过"六月起义""巴黎公
社革命"等重大历史事件，无产阶级学会和掌握了议会斗争的手段，
等等。从全世界的范围来看，工人革命运动的主要场所在西欧，而东
方国家尚未有广泛的、有力的工人运动，这就是 19 世纪国际工人革
命运动的基本格局。

《研究》认为 19 世纪国际工人革命运动的主要场所在西欧，这一
点并没有错。但是，它由此得出的结论是不对的："马克思、恩格斯
在考虑和提出世界社会主义革命的理论时，是以 19 世纪国际工人运
动的实际为出发点的。鉴于当时工人革命运动的主要场所在西欧，他
们必然认为西方革命将在世界革命的过程中起决定性的作用。他们的
革命理论必然是'西方国家决定'论。"

《研究》认为马克思、恩格斯的革命理论是"西方国家决定论"的证据是：马克思、恩格斯认为，西方国家将先于东方国家取得社会主义革命的胜利，这些国家取得胜利后，会帮助和带动东方国家走向社会主义道路。例如，马克思、恩格斯在论及世界革命的发展战略时，往往限于论及西欧、北美的社会主义革命。这就是他们所说的：共产主义革命"将在一切文明国家里，即至少在英国、美国、法国、德国同时发生"；欧洲工人阶级的胜利"至少需要英、法、德三国的共同努力，才能得到保证"；19世纪末的革命"将由法国人开始，而由德国人完成"。在他们看来，这些国家社会主义革命的胜利将先于东方国家，只有在它们胜利之后并在它们的帮助下，落后国家才能缩短资本主义发展过程并过渡到社会主义。恩格斯1882年在致考茨基的信中说："只要欧洲和北美一实行改造，就会产生巨大的力量和做出极好的榜样，使各个半文明国家自动地跟着我们走，单是经济上的需要就会促进这一点。"1894年他在论及落后国家有可能缩短资本主义发展过程时又写道："只有当资本主义经济在自己的故乡和在它达到繁荣昌盛的国家里被战胜的时候，只有当落后国家从这个实例中看到'这是怎么回事'，看到怎样把现代工业的生产力作为社会财产来为整个社会服务的时候——只有到那个时候，这些落后的国家才能走上这种缩短的发展过程的道路。"所以说，马克思、恩格斯的理论是"西方国家决定论"。

首先，让我们来看一下，《研究》所谓的马克思、恩格斯主张"西方国家决定论"的理论根据是否成立。的确，马克思、恩格斯说过共产主义革命将在英、美、法、德"同时发生"之类的话，但是不要忘记，后来的马克思、恩格斯也曾说过"从欧文主义灭绝以后，英国再也没有过社会主义了"，在工人运动中，"多年来从法国、意大利和美国听到的只是一些无谓的争吵和谩骂"这样一些话。更为重要的是，他们多次强调过俄国、中国等东方国家和欧洲以外的世界其他地区革命的巨大作用和意义。1878 年 1 月，恩格斯指出："只要俄国一发生革命，整个欧洲的面貌就要改变。因为迄今为止，旧俄国一直是欧洲反动势力的庞大后备军……这支后备军一旦被消灭，到那时再来看，事情将会怎样转变！"① 同年 2 月，恩格斯又指出："俄国革命意味着不只是在俄国国内单纯换个政府而已。它意味着从法国革命以来一直是欧洲联合的专制制度的柱石的一个庞大的，虽然也是笨拙的军事强国的消失。……它意味着欧洲整个形势发生变化，这种变化一定会受到各国工人兴高采烈的欢迎，把它看作向他们的共同目标——劳动的普遍解放大大迈进了一步。"② 1888 年，恩格斯还指出："的确，我们遇到同一个巨大的障碍，它阻碍一切民族的以及每个民族的自由发展，而没有这种自由发展，我们既不能在各国开始社会革命，更不能在彼此合作下完成社会革命。这个障碍就是旧的神圣同盟……由于俄国具有几乎攻不破的战略地位，俄国沙皇政府便成为这个同盟的核心，成为整个欧洲反动派的主要后备力量。……在目前，要是俄国发生革命，它就会拯救欧洲免遭全面战争的灾难，并成为全世界社会革命的开端。"③ 在恩格斯看来，不推翻沙皇政府，不消灭这个威胁着整个欧洲的祸害，我们既不能在各国开始社会革命，更不能在彼此合作下完成社会革命。只有俄国的革命，才能成为全世界社会革命的开端；没有俄国革命的胜利，就没有全世界包括西欧各国社会革命的胜利。按照《研究》的逻辑，马克思、恩格斯岂不是主张"东

① 《马克思恩格斯全集》第 19 卷，人民出版社 1963 年版，第 134 页。
② 同上书，第 158 页。
③ 《马克思恩格斯全集》第 37 卷，人民出版社 1971 年版，第 4—6 页。

方国家决定论”，甚至主张“俄国决定论”吗？

马克思对中国人民革命斗争的世界意义同样给予极高的评价。太平天国运动爆发后，马克思指出：“这次中国革命对欧洲的影响一定比俄国的所有战争、意大利的宣言和欧洲大陆上的秘密社团所起的影响大得多”①“可以大胆预言，中国革命将把火星抛到现代工业体系的即将爆炸的地雷上，使酝酿已久的普遍危机爆发，这个普遍危机一旦扩展到国外，直接随之而来的将是欧洲大陆的政治革命”②“‘对立统一’是否就是这样一个万应的原则，这一点可以从中国革命对文明世界很可能发生的影响中得到明显的例证。欧洲各国人民下一次的起义，他们下一阶段争取共和自由和争取比较廉洁的政体的斗争，在更大的程度上恐怕要取决于天朝帝国（欧洲的直接的对立面）目前所发生的事件，而不取决于现时的其他任何政治原因，甚至不取决于俄国的威胁及其后果——可能发生的全欧洲的战争。这种说法看起来非常奇怪和荒诞，然而，这绝不是怪论，凡是仔细考察了当前情况的人，都会相信这一点。”③马克思认为，中国革命将直接引起欧洲革命；欧洲各国无产阶级革命斗争的再次兴起，不取决于其他任何政治原因，甚至不取决于俄国的威胁及其可能造成的全欧洲的战争，而取决于中国革命。按照《研究》的逻辑，马克思、恩格斯岂不是主张“东方国家决定论”，甚至主张“中国决定论”吗？

1858年10月8日，马克思在致恩格斯的信中，在更加广泛的范围内考察和展望了社会主义革命的命运和前途。他指出：“对我们来说，困难的问题是：大陆上革命已经迫在眉睫，并将立即具有社会主

---

① 《马克思恩格斯全集》第12卷，人民出版社1962年版，第76页。
② 《马克思恩格斯选集》第2卷，人民出版社1972年版，第6页。
③ 同上书，第1页。

义的性质。但是，由于在极为广阔的领域内资产阶级社会还在走上坡路，革命在这个小小角落里不会必然被镇压吗?"① 他认为，由于加利福尼亚和澳大利亚的殖民地化，由于中国和日本的门户开放，资产阶级社会建立世界市场和以这种市场为基础的生产的过程已经完成，所以只要世界其他广大地区还留在资本主义的体系内，"小小角落里"的欧洲大陆的社会主义革命就不可能取得彻底胜利。按照《研究》的逻辑，马克思、恩格斯岂不是否定了"西方国家决定论"吗?

其次，让我们来看一下，《研究》所谓的"西方国家决定论"的"必然性和合理性"是否存在。它认为，在 19 世纪，"西方国家决定论"有其必然性和合理性。第一，它指出："历史唯物主义认为，社会革命和社会变革的发生，是以一定的经济条件为前提的。人类社会由资本主义发展为社会主义，是以资本主义经济的高度发展为前提的。"在 19 世纪，资本主义经济在西欧各国得到了迅速发展，资本主义生产达到了很高的水平。但是在东方，大多数国家是封建主义国家或半封建、半殖民地国家。在这些国家，自然经济占主导地位，资本主义因素非常微弱；在政治上，实行封建专制主义，资产阶级民主革命的任务尚未完成。因此，就东西方的经济政治条件相比较，必然会得出"西方国家决定论"。《研究》所说的这种"必然性和合理性"是根本不能成立的。它断定，列宁于 1921 年最终形成了"东方国家决定论"。如果按照它的说法，那么到 1921 年，产生"西方国家决定论"的"必然性和合理性"就已经消失了。但是到此时，资本主义经济在西欧各国得到了更大的发展，资本主义生产达到了更高的水平。而在东方，大多数国家仍然是封建主义国家或半封建、半殖民地国

---

① 《马克思恩格斯全集》第 29 卷，人民出版社 1972 年版，第 348 页。

家。在这些国家，仍然是自然经济占主导地位，资本主义因素非常微弱；在政治上，仍然实行封建专制主义，资产阶级民主革命的任务依旧没有完成。这就是说，到1921年，《研究》所说的"西方国家决定论"的"必然性和合理性"依然存在。然而此时，《研究》的作者就东西方的经济政治条件相比较，却"必然"地得出了"东方国家决定论"！第二，《研究》指出："社会主义革命的胜利，是以工人阶级队伍的强大和工人运动的高度发展为条件的。"在19世纪，国际工人运动的主要场所在西欧。在东方国家，由于资本主义不发达，工人阶级的人数少，战斗力不强。就这一条件相比较，也必然会得出"西方国家决定论"。如果按照《研究》的说法，那么到1921年，东方比西方的工人阶级队伍"强大"了，东方比西方的工人运动"高度发展"了，所以就必然地得出了"东方国家决定论"。事实果真是这样吗？

二 列宁"东方国家决定论"的"形成过程"是虚构的

《研究》一书认为，十月革命胜利以后，列宁开始产生"东方国家决定论"；但是1921年以前，他还没有摆脱传统的"西方国家决定论"。《研究》的作者在发表于《国际共运史研究》（1990年第2期）的一篇文章中，引用了列宁在共产国际二大上批评印度代表罗易的一段话："罗易同志走得太远了，他断言，似乎西方的命运完全取决东方各国革命运动的发展程度和力量。尽管印度有500万无产者和3700万无地农民，印度共产主义者至今还未能在国内建立共产党，光从这一点来看，罗易同志的观点在很大程度上就已站不住脚。"他以此来证明列宁在1920年还仍然坚持"西方国家决定论"。其实，列宁在这里批判的，恰恰是"决定论"本身；也就是说，列宁是坚决反对用所谓"决定论"来说明世界社会主义革命的进程和命运的。仅从这一点来说,《研究》的作者就违背了列宁的思想。在列宁看来,无论东方或西方,都不能完全决定对方的命运;无论东方或西方,也都不能完全离开对方的支援。社会主义的最终胜利,必定是世界性的胜利。就在列宁说这段话的前一年,即 1919 年的 11 月,列宁指出:"不言而喻,能够获得最终胜利的,只有全世界先进国家的无产阶级。我们俄国人开创的事业,将由英国、法国或德国的无产阶级来巩固;但是我们看到,没有各被压迫殖民地民族的劳动群众的援助,首先是东方各民族的劳动群众的援助,他们是不能取得胜利的。我们应当懂得,单靠一支先锋队还不能实现向共产主义的过渡。"① 没有东方各被压迫民族的劳动群众的援助,西方各先进国家的无产阶级革命就不能取得胜利,按照《研究》的逻辑,这不是"东方国家决定论"吗? 在此之前,1919 年 3 月,列宁就说过:"因为布尔什维克已经感染了整个世界,因为俄国工人的斗争已经使得各国工人群众知道,我们俄国决定着整个世界革命的命运。"② 俄国决定着整个世界革命的命运,按照《研究》的逻辑,这不是"俄国决定论"吗? 如果是这样的话,那么,《研究》的作者岂不又陷入自相矛盾的境地:列宁 1919 年主张"东方国家决定论",1920 年主张"西方国家决定论",1921 年以后又主张"东方国家决定论"。请问,列宁究竟主张哪方国家"决定论"? 实际上,这些事实恰恰说明了列宁认为任何一方国家对世界社会主义革命的胜利都不具有决定作用。

《研究》认为,列宁关于东方殖民地半殖民地人民革命斗争重要意义和作用的观点,是他关于世界社会主义胜利取决于东方国家革命

---

① 《列宁全集》第 37 卷,人民出版社 1986 年版,第 324 页。
② 《列宁全集》第 35 卷,人民出版社 1985 年版,第 507 页。

发展的伟大理论形成的出发点。这纯系无稽之谈。马克思、恩格斯同样持有东方殖民地半殖民地人民革命斗争具有重要意义和作用的观点，但是按《研究》的说法，它成了马克思、恩格斯关于世界社会主义胜利取决于西方国家革命发展的"正确"理论的"出发点"。《研究》认为，列宁于1918年初在《关于人民委员会工作的报告》中，"首次"提出了落后国家比西方国家容易发生革命的观点；这一观点的提出，标志着列宁在世界社会主义胜利的问题上开始改变关于西方先于东方胜利的传统观点。这种说法也是没有根据的。首先，前文已经谈到，列宁关于落后国家比西方国家容易发生革命的观点，并不是1918年年初才"首次"提出来的；二月革命胜利以后，列宁就多次提出过落后的俄国比西方国家容易发生革命的观点。《研究》将这一时间搞错了。其次，《研究》认为列宁这一观点的提出，标志着列宁在世界社会主义胜利的问题上开始改变了关于西方先于东方胜利的传统观点，这种说法也是不对的。列宁认为，首先"开始"社会主义革命的国家，首先取得夺取政权意义上的社会主义革命胜利的国家，并不意味它能够首先"结束"和"完成"社会主义革命，即首先结束和完成社会主义经济变革的任务，更不意味它能够"决定"世界社会主义的胜利。就在《研究》认为列宁"首次"提出落后国家比西方国家容易发生革命观点的《关于人民委员会工作的报告》中，列宁指出："现在的形势与马克思和恩格斯所预料的不同了，它把国际社会主义革命先锋队的光荣使命交给了我们——俄国的被剥削劳动阶级；我们现在清楚地看到革命的发展会多么远大；俄国人开始了，德国人、法国人、英国人将去完成，社会主义定将胜利。"① 在这个报告

---

① 《列宁全集》第33卷，人民出版社1985年版，第279页。

中，列宁还指出："我们才开始进入向社会主义过渡的时期，我们还没有达到社会主义""我们从来没有幻想过，不靠国际无产阶级的帮助就能结束这个过渡时期""在一个国家内取得社会主义的最终胜利是不可能的"。① 自十月革命胜利后至国内战争结束前，列宁一直认为，在俄国开始的社会主义革命，将引起西方各先进国家的革命；在西方各先进国家至少几个主要国家的无产阶级夺取政权之后，俄国才能实现对社会的社会主义改造，才能取得社会革命意义上的社会主义革命的胜利。因此，《研究》关于 1918 年初列宁在世界社会主义胜利问题上就具有了"谁先开始，谁就先胜利"的观点的说法，是没有历史根据的。而且，《研究》的说法是自相矛盾的。它一直坚持认为列宁在国内战争结束以后才形成和提出"一国首先胜利论"，然而又说列宁在十月革命胜利之后就具有了俄国先于西方国家取得完整意义上的社会主义革命胜利的观点。这又怎样解释呢？

《研究》认为，1918—1920 年期间，列宁的世界社会主义胜利"东方国家决定论"在发展和形成中。由于十月革命的推动和影响，东方各国的民族民主革命运动进一步高涨。鉴于东方各国革命运动的高涨，列宁做出了苏维埃运动在整个东方已经打下了基础的观点。从东方国家已打下苏维埃运动的基础的观点出发，列宁作出了落后国家可以避免资本主义发展阶段，通过苏维埃过渡到社会主义和共产主义的论断。它引用了列宁的一段话："在先进国家无产阶级的帮助下，落后国家可以不经过资本主义发展阶段而过渡到苏维埃制度，然后经过一定的发展阶段过渡到共产主义。"它甚至引用了列宁的这句话：如果有胜利了的先进国家无产阶级的支持和帮助，"落后国家的发展

---

① 《列宁全集》第 33 卷，人民出版社 1985 年版，第 271、272、277 页。

就能够突破目前的阶段"。《研究》用列宁在共产国际二大上所说的这些话，来证明列宁根据新的革命形势和新的斗争事实阐发了新的观点，来证明列宁此时产生了"东方国家决定论"，让人感到莫名其妙。列宁明明说的是如果取得革命胜利的先进国家的无产阶级，即胜利了的西方苏维埃共和国的无产阶级，向落后国家的劳动群众伸出手来，支持和帮助他们争取解放的革命斗争，那么，落后国家的发展就能够突破目前的阶段，就能够避免资本主义发展阶段，首先过渡到苏维埃制度，然后经过一定的发展阶段过渡到共产主义。这就是说，列宁讲的落后国家避免资本主义发展阶段而过渡到苏维埃制度的前提条件，是取得革命胜利的先进国家无产阶级的支持和帮助。这能说明列宁产生了世界社会主义胜利"东方国家决定论"吗？这岂不是等于说：先有你的胜利，后有我的胜利，而且我必须在你的帮助之下才能取得胜利，但是我能够决定你的前途和命运！人们不禁要问：世上有这种奇特的逻辑吗？更为重要的是，如前所述，《研究》的作者曾引用列宁在共产国际二大上批评印度代表罗易的一段话，来证明列宁此时仍然坚持"西方国家决定论"，然而在这里，《研究》的作者引用列宁在共产国际二大上说的另一段话，来证明列宁此时开始形成"东方国家决定论"。这不是自相矛盾吗？

《研究》认为，列宁还从消灭帝国主义的战略目标出发，提出了苏维埃俄国必须团结东方国家民族民主革命运动的思想。它引用列宁在全俄东部各民族共产党组织第二次代表大会上的报告中说的一段话："现在，我们苏维埃共和国要把觉醒的东部各族人民团结在自己周围，共同去进行反国际帝国主义的斗争。"它又引用列宁在共产国际二大上说的一段话："俄罗斯苏维埃共和国必须要一方面团结各国先进工人的苏维埃运动，另一方面团结殖民地和被压迫民族的一切民族解放运动。"然后，《研究》指出：这说明列宁是把苏维埃俄国的斗争同东方殖民地半殖民地人民的斗争联系在一起看待的。但是，这又能说明什么问题呢？列宁说苏维埃俄国一方面要团结西方各国先进工人的苏维埃运动，另一方面要团结东方落后国家的民族解放运动，这能证明列宁产生了世界社会主义胜利"东方国家决定论"吗？

《研究》的作者不能不觉察到自己的说法存在的漏洞，所以只好作了以下的解释：上述观点的提出说明，列宁对东方国家革命运动的过程、作用，前途等问题有了不同以往的新认识。但这时他并未完全脱离传统的西方国家先期胜利的理论观点，如他在说到落后的俄国容易发生革命时，强调这个革命需要英国、法国、德国的无产阶级来完成和巩固，他在说到落后国家可以避免资本主义发展阶段时，强调这些国家需要得到胜利了的先进国家无产阶级的支持。之所以会这样，是因为当时西方国家仍存在着革命形势，列宁仍对这些国家的革命抱有希望。《研究》的解释解脱不了它的矛盾处境：1918—1920 年，列宁产生了不同以往的"新认识"——"东方国家决定论"，但这时他仍然坚持传统的"西方国家决定论"！

《研究》认为，1921 年以后，国际革命运动的形势发生了很大的变化。一方面，东方各国的革命运动在继续高涨；另一方面，随着德国、匈牙利等国革命的失败，西方各国的革命形势逐渐消退了。由于东、西方革命形势的逆向发展，列宁关于世界社会主义革命的设想和理论发生了根本的变化，终于摆脱了传统的"西方国家决定论"，形成了"东方国家决定论"。《研究》的证据之一是，列宁预计到西方国家的革命"已经不会爆发了"。在 1921 年 7 月共产国际三大上，列宁指出：虽然苏维埃俄国希望得到西方革命的支持，"可是实际上运动并没有像我们所期望的那样直线地进展。直到目前，在资本主义特别发达的其他大国中，革命还没有到来""一眼就可以看出，尽管其他资本主义国家革命的迹象很多很明显，甚至比我们所想象的要多得多和明显得多，但在缔结和约以后，无论这种和约是怎样的不好，革命已经不会爆发了"。现在，我们就来分析一下《研究》引用的这两段话，究竟说的是什么意思。在第一段话中，列宁只是说在资本主义大国中，"革命还没有到来"，并没有说西方国家的革命"已经不会爆发了"。被《研究》删去的这段话的后半部分，是这样说的："诚然，革命正在全世界发展，这一点我们可以满意地肯定下来。正因为如此，国际资产阶级不能扼杀我们，虽然他们在经济上和军事上比我们强大百倍。"① 他认为，尽管革命运动没有像我们所期望的那样直线地进展，但是革命正在全世界包括西方国家发展，所以国际资产阶级不能扼杀苏维埃俄国。第二段话，《列宁全集》中文第 2 版是这样翻译的："一眼就可以看出，在缔结和约以后，无论这个和约怎样不好，其他资本主义国家的革命没能爆发起来，尽管我们知道这些国家里革命的迹象很多很明显，甚至比我们所想象的要多得多和明显得多。"② 列宁认为，尽管西方先进资本主义国家里革命的迹象很多很明显，但是"革命没能爆发起来"，证明革命运动并不是我们期望的那种直线运动。这里并没有西方国家的革命"已经不会爆发"的意思。在这段话的前后，列宁是这样说的："我们预言过的国际革命正在向前发展""现在出现了一些小册子，从中可以看到，近几年来和近几个月来，这种革命迹象在欧洲比我们所预料的要明显得多。那么现在我们应当怎么办呢？现在必须在先进的资本主义国家里为革命扎扎实实地进行准备，并深入研究它的具体发展情况。这就是我们应当从国际形势中

---

① 《列宁全集》第 42 卷，人民出版社 1987 年版，第 40 页。
② 同上。

得出的第一个结论。"你看看,列宁不但没有"预计到"西方国家的革命"已经不会爆发了",而且反倒认为西方国家的革命"正在向前发展",革命迹象比我们所"预料的"要明显得多,我们必须在先进的资本主义国家里为革命做准备。1922 年 4 月,列宁又在《俄共(布)第十一次代表大会闭幕词》中说:"世界各先进国家的无产阶级革命正在成熟。"① 可见,《研究》将 1921 年以后列宁认为西方国家不会爆发革命,作为他形成"东方国家决定论"的原因,是断章取义,不足为据。

《研究》的证据之二是,列宁对东方国家革命运动的作用和意义的认识,上升到了一个空前的高度。首先,列宁认为东方各国的革命运动是使苏维埃俄国得以存在的重要原因之一。国际上之所以形成了一种"均势",就在于东方各国人民的斗争削弱了帝国主义和支持了苏维埃俄国。《研究》的说法是站不住脚的。东方各国的革命运动支持了苏维埃俄国,难道西方各国的工人运动就没有支持苏维埃俄国?恰恰相反,在支持苏维埃俄国的国际力量中,列宁更看重的是西方先进国家的工人运动。1921 年 3 月,列宁指出:"并不是我们取得了胜利,因为我们的军事力量微不足道,胜利之所以取得,是由于列强不能投入他们的全部军事力量来反对我们。先进国家的工人对战争的进程起着巨大的影响,违反他们的愿望,战争就无法进行,他们终于用消极和半消极的抵抗,使这场进攻我们的战争再也打不下去。这一无可争辩的事实,确切回答了这样一个问题:俄国无产阶级是从什么地方获得了精神力量,使它坚持了三年半之久,并且取得了胜利。俄国工人的精神力量就在于,他们知道、感觉到和体会到,在这场斗争

---

① 《列宁全集》第 43 卷,人民出版社 1987 年版,第 133 页。

中，欧洲所有先进国家的无产阶级都是帮助和支援他们的。……毫无疑问，如果进攻我们的不是先进国家，而是没有这样强大的无产阶级群众的落后国家，那么我们不要说三年半，就是三个半月也支持不了。"① 列宁说得多么清楚：西方先进国家的无产阶级，是支持苏维埃俄国的最主要的最有决定意义的力量；如果没有他们的支持，苏俄不要说三年半，就是三个半月也支持不了。这是"无可争辩的事实"。可见，《研究》断言列宁认为东方各国的革命运动削弱了帝国主义和支持了苏维埃俄国，是他形成"东方国家决定论"的原因，毫无道理。因为如果这种说法成立的话，那么1921年以后列宁形成的不应该是"东方国家决定论"，而应该是"西方国家决定论"！

其次，《研究》指出，列宁提出东方各国人民将在未来的世界革命"决战"中起"非常巨大的革命作用"，就是"最明确、最深刻"地表述了"东方国家决定论"。它引用了列宁在《宁肯少些，但要好些》一文中说的一段话："斗争的结局归根到底取决于如下这一点：俄国、印度、中国等构成世界人口的绝大多数。正是这个人口的大多数，最近几年来非常迅速地卷入了争取自身解放的斗争，所以在这个意义上说，世界斗争的最终解决将会如何，是不可能有丝毫怀疑的。在这个意义上说，社会主义的最终胜利是完全和绝对有保证的。"这段话是像《研究》所说的那样，证明列宁"确切"地表述了"东方国家决定论"吗？不是的。列宁在这里所表述的，正是他一贯坚持的，也是马克思、恩格斯始终主张的社会主义的最终胜利只能是全球性的胜利的思想。列宁认为，只要占世界人口绝大多数的东方各国没有摆脱帝国主义的统治和控制，世界社会主义的最终胜利就是没有希

---

① 《列宁全集》第41卷，人民出版社1986年版，第125页。

望的。斗争的结局归根结底取决于世界人口的绝大多数，正是说明没有这大多数人口的"自身解放"，就没有社会主义的最终胜利。列宁看到了"东方已经最终加入了革命运动，最终卷入了全世界革命运动的总旋涡"，所以"在这个意义上说"——在社会主义的最终胜利必定是世界性的胜利的意义上说，社会主义的最终胜利是完全和绝对有保证的。这里丝毫没有东方国家能够决定西方国家命运的意思。就在这篇文章中，列宁指出：东方"这些国家的发展已完全按照整个欧洲的资本主义的方向进行。在这些国家里开始出现整个欧洲的那种动荡。现在全世界都已清楚，这些国家已经卷入不能不引起整个世界资本主义危机的发展进程"①。东方国家按照整个欧洲的资本主义的方向发展，开始出现整个欧洲的那种动荡；这些国家"加入了"全世界的革命运动，"卷入了"全世界革命运动的进程。这就是"东方决定西方"或者"东方决定世界"吗？东方只要跟在西方的后面，投入西方已经掀起的全世界革命运动的总旋涡，就能够决定西方的命运，就能够决定世界的命运吗？列宁在这篇文章中明明说过："拥有亿万过着极端贫困生活的被剥削劳动人民的整个东方已陷入这样的境地：其体力、物力根本不能同西欧任何一个小得多的国家的体力、物力和军事力量相比。"② 东方国家又怎能决定整个西方乃至整个世界的命运呢？在这篇文章中，列宁反复强调苏联要"支持到社会主义革命在比较发达的国家里获得胜利""支持到西欧资本主义国家发展到社会主义的那一天"，说明列宁此时仍然认为，没有西欧先进资本主义国家无产阶级革命的胜利，苏维埃政权和苏联社会主义事业的胜利就没有保证，社会主义的最终胜利就更无从谈起。《研究》认为，列宁 1921 年

---

① 《列宁全集》第 43 卷，人民出版社 1987 年版，第 389 页。
② 同上书，第 390 页。

以后摆脱了传统的"西方国家决定论",最终形成了新的"东方国家决定论"。然而,正是在1921年,列宁多次指出:"我们根本的、主要的任务和取得胜利的基本条件就是至少要把革命扩展到几个最先进的国家中去。"① 俄国的社会主义革命要获得彻底的胜利,"第一个条件是及时得到一个或几个先进国家社会主义革命的支援"。② 1922年,列宁还指出:"我们向来笃信并一再重申马克思主义的一个起码的真理,即要取得社会主义的胜利,必须有几个先进国家的工人的共同努力。"③ 恩格斯因为说过"欧洲工人阶级的胜利,不是只依靠英国一个国家。它至少需要英、法、德三国的共同努力,才能得到保证"的话,而被《研究》的作者冠以"西方国家决定论";列宁的这段话与恩格斯的话说法几乎一样,意思完全一致,按照《研究》的逻辑,这岂不是说明列宁直到1922年还坚持马克思、恩格斯的"西方国家决定论"吗?列宁说斗争的结局归根结底取决于构成世界人口绝大多数的俄国、印度、中国等国家,这就是"确切"地表述了"东方国家决定论";而马克思说欧洲各国无产阶级革命斗争的重新兴起,不是取决于其他任何政治原因,甚至不是取决于俄国的威胁及其可能造成的全欧洲的战争,而是取决于中国革命,这却是坚持了"西方国家决定论"。《研究》如此这般对待马克思、恩格斯,未免太不公平了!

总之,事实上并不存在列宁于十月革命胜利以后由"西方国家决定论"转向"东方国家决定论"的问题。《研究》一书关于列宁"东方国家决定论"的"形成过程"的叙述,是想当然的、无根据的,因而不免导致矛盾迭生、漏洞百出。

---

① 《列宁全集》第40卷,人民出版社1986年版,第319页。
② 《列宁全集》第41卷,人民出版社1986年版,第51页。
③ 《列宁全集》第42卷,人民出版社1987年版,第450页。

三 "东方国家决定论"不是列宁的思想

《研究》一书认为,列宁"东方国家决定论"的"基本内容"之一,是列宁关于东方落后国家比西方先进国家容易发生革命的观点;"这一观点提出于十月革命刚刚胜利后不久"。其实,这一提法本身就已经错了。因为列宁关于落后国家容易发生革命的观点,早在十月革命以前就提出来了。即使《研究》的这一提法能够成立,它的观点也是前后矛盾的。在这里,它认为作为"东方国家决定论"主要内容的东方落后国家比西方先进国家容易发生革命的观点,列宁在十月革命胜利后不久就提出来了。但是,它在作关于"列宁晚年思想"的"界定"时,却说在十月革命时期,在国内战争时期,即在1921年以前,列宁关于世界革命进程的思想理论,沿袭了马克思、恩格斯的思想理论,即认为俄国一国不能取得社会主义革命的胜利;只有在西方先进国家胜利了的社会主义革命的支持和帮助下,东方落后国家才能缩短或避免资本主义的发展过程,才能取得社会主义革命的胜利。这就是说,十月革命胜利后,列宁认为落后国家发生革命比较容易,但没有西方革命的支持,落后国家的革命却不能胜利。这是"东方国家决定论",还是"西方国家决定论"?《研究》的矛盾在于:作为"东方国家决定论"主要内容的落后国家容易发生革命的观点,却是为证明国内战争结束前列宁坚持"西方国家决定论"服务的。

《研究》一书认为,列宁"东方国家决定论"的"基本内容"之二,是列宁关于东方国家可以先于西方国家进行社会主义建设的观点。它指出,东方国家由于容易发生革命,必然会先于西方国家进行社会主义建设;事实上,十月革命胜利后,俄国已经先于西方国家进行了社会主义建设；列宁这时根据对国际国内政治经济形势的分析，阐述了俄国建设社会主义的可能性和必要性。《研究》又一次将自己置入矛盾之中。理由如下。

首先，它在证明国内战争期间列宁仍然坚持马克思恩格斯的"同时胜利论"时，指出在国内战争结束以前，列宁认为没有西方革命的支援，俄国一国是不能巩固政权的，是不能进行社会主义建设的；1920 年 11 月，列宁才根据俄国国内战争胜利和苏维埃共和国得到巩固的事实，"首次"提出苏维埃俄国能够单独一国巩固政权的观点。可是在这里，它为了证明列宁的"东方国家决定论"，却认为十月革命胜利后，列宁就阐述了俄国建设社会主义的可能性和必要性，而且俄国在事实上就已经进行了社会主义建设。这怎样解释呢？

其次，《研究》认为国内战争结束以后，列宁才形成和提出"一国首先胜利论"，而"一国首先胜利论"的实质，则是肯定了俄国进行社会主义建设的可能性和必要性；在国内战争结束以前，列宁一直坚持"同时胜利论"，否定"一国首先胜利论"，即否定俄国进行社会主义建设的可能性和必要性。可是在这里，《研究》为了证明列宁的"东方国家决定论"，却认为十月革命胜利后，列宁就阐述了俄国建设社会主义的可能性和必要性，而且俄国在事实上就已经进行了社会主义建设。这又怎样解释呢？

最后，既然《研究》肯定十月革命胜利以后列宁就提出了东方国家比西方国家容易发生革命的观点，而这一观点又是"东方国家决定论"的三个主要内容之一，既然它肯定十月革命胜利以后列宁就提出了东方国家可以先于西方国家进行社会主义建设的观点，而这一观点又是"东方国家决定论"的三个主要内容之一，那么，为什么列宁直到 1921 年以后才提出"东方国家决定论"，直到 1923 年才表述"东方国家决定论",而在这之前,列宁一直没有摆脱"西方国家决定论"呢?可见,《研究》在论证自己的观点时,是随意处置历史事实的。

《研究》一书认为,列宁"东方国家决定论"的"基本内容"之三,是列宁关于未来的世界革命决战发起于东方的观点。它引用列宁关于"东方已经最终加入了革命运动,最终卷入了全世界革命运动的总旋涡"的论述,来证明列宁认为将来的世界革命决战就是革命的东方同反革命的帝国主义的西方之间的决战;它又引用列宁关于东方人民"最初是为争取民族的解放,将来一定会转而反对资本主义和帝国主义"的论述,即关于东方人民的革命斗争的性质将由民族民主革命转变为社会主义革命的论述,来证明列宁认为世界社会主义的胜利是俄国、中国等东方国家不仅起"非常巨大的革命作用",而且起"决定作用"。如前所述,《研究》曲解了列宁关于世界革命进程的思想。列宁关于东方各被压迫民族同西方帝国主义国家之间"决战"的思想,并不包含东方能够决定西方乃至整个世界命运的意思;列宁关于东方国家的资产阶级民主革命能够转变为社会主义革命的思想,也不包含东方能够决定西方乃至整个世界命运的意思。就在列宁强调东方各民族"争取自身解放"的斗争的巨大意义时,他担心的仍然是苏维埃俄国能否支持到西方主要国家社会主义革命胜利的那一天。

总之,《研究》所谓的列宁的"东方国家决定论",是主观臆造的。事实上,列宁和马克思、恩格斯在关于东西方革命关系的问题上思想是一致的:西方各国的无产阶级革命与东方各被压迫民族的民族民主革命联合起来,互相促进,互相援助,才能取得世界社会主义革命的胜利;离开东西方任何一方的努力,世界革命的胜利都是不可能的。他们认为,由于某一历史时期国际形势和各国国内形势的发展与变化,某一国或某几国可能成为世界革命的中心,可能首先发生革命并且促进其他国家革命运动的发展，但是，无论哪一国或哪几国，都不能决定其他国家的前途，都不能决定整个世界的命运。从这个意义上讲，"决定论"的提法本身就是十分错误的。马克思、恩格斯和列宁在不同时期的不同场合，甚至在同一时期的不同场合，分别强调过不同国家革命的作用和意义，因此，也根本无法确定他们究竟认为哪些国家起"决定"作用。列宁的确多次强调过东方各被压迫民族革命斗争的重大意义，但是，他的目的在于说明西方各先进国家的无产阶级革命只有同东方各被压迫民族的革命斗争结合起来，才能取得社会主义革命的最终胜利。他在《在全俄东部各民族共产党组织第二次代表大会上的报告》中指出："地球上的大多数人过去完全处于历史的进步之外，因为当时他们不能成为独立的革命力量，但是在 20 世纪初，他们已不再扮演这种消极的角色了。我们知道，1905 年以后，土耳其、波斯、中国相继发生了革命，印度也展开了革命运动。……帝国主义战争也唤醒了东方，把东方各族人民卷入了国际政治生活。……继东方觉醒之后，在当代革命中，东方各民族为了不再仅仅充当别人发财的对象而参与决定世界命运的时期到来了。东方各民族正在纷纷觉醒，采取实际行动，使每一个民族都参与决定全人类命运的问题。"① 这就是说，在 20 世纪初，东方各民族就继西方各民族之后，"卷入了"国际政治生活，"参与了"决定世界命运的斗争，因而使世界上的"每一个民族都参与决定全人类命运的问题"。列宁正是"在这个意义上说，社会主义最终胜利是完全和绝对有保证的"。但是，列宁从来没有坚持过马克思、恩格斯并不具有的"西方能够决定东方命运"的思想和理论，任何时候也未产生和提出过"东方能够决定西方命运"的思想

---

① 《列宁全集》第 37 卷，人民出版社 1986 年版，第 322—323 页。

和理论。因此，用所谓"西方国家决定论"或"东方国家决定论"来概括马克思、恩格斯和列宁关于东西方革命关系的思想，势必割裂它们的系统性和完整性，因而必不可免地曲解它们的科学性和真理性。

《研究》"创造了"列宁"东方国家决定论"的"基本内容"，然后又"找到了"列宁"东方国家决定论"的"理论基础"。它的"理论基础"之一，是列宁在对国际形势和国际关系的看法上形成的三类国家划分的理论。它引用列宁在共产国际二大上所谓"三类国家划分"的讲话，然后概括说：根据列宁的划分，一类国家包括殖民地国家、战败国和苏维埃俄国，共有 12.5 亿人口；另一类国家是以美国为首的极少数帝国主义国家，人口不到 2.5 亿，其中有帝国主义统治者和被统治者之分；还有一类国家是保持了战前地位的国家，如瑞典、瑞士、比利时、挪威等，人口不超过 2.5 亿。由此，它得出结论：列宁正是从东方对西方，从 12.5 亿人对少数帝国主义统治者的政治格局出发，认为世界社会主义胜利取决于东方，即取决于 12.5 亿人的斗争。

现在，让我们来看一下，列宁在这篇讲话中究竟阐述了什么思想。列宁说："一方面，是群众的贫困、破产空前加重，这首先是指包括 125000 万人口，即占全世界人口 70% 的地区""另一方面，在每一个债权国里，工人的处境也到了不堪忍受的地步。战争使一切资本主义矛盾空前尖锐化了，这就是产生强烈的革命风潮的根源"①"如果一方面，群众的经济状况到了不可忍受的地步，另一方面，像凯恩斯所证实的那样，在极少数势力极大的战胜国中间，瓦解已经开始而且

---

① 《列宁全集》第 39 卷，人民出版社 1986 年版，第 213 页。

正在加深，那么，十分明显，世界革命的两个条件都正在成熟。"① 因此，列宁认为，战后世界的基本矛盾，包括帝国主义国家同殖民地半殖民地之间的矛盾，帝国主义国家中无产阶级同资产阶级的矛盾，帝国主义国家之间的矛盾，都空前地尖锐化了，因而造成了革命危机。他号召"把资本主义国家、先进国家的革命无产者，同那些没有或者几乎没有无产阶级的国家的革命群众，同东方殖民地国家的被压迫群众团结起来"，去争取世界革命的胜利。他说："一旦各国被剥削被压迫工人的革命进攻击败了市侩分子的抵抗，肃清了一小撮工人贵族上层分子的影响，同迄今还站在历史之外，只被看作历史客体的亿万人民的革命进攻联合起来，世界帝国主义就一定会灭亡。"② 可见，所谓列宁"三类国家划分"的理论，只是阐述了如下的思想：战后世界基本矛盾的激化必将导致世界革命，而把各资本主义国家的无产阶级革命斗争同各被压迫民族的革命群众斗争联合起来，世界革命就一定会取得胜利。这里根本没有世界社会主义胜利要由"东方国家决定"的意思。《研究》严重歪曲了列宁的思想。首先，它认为，拥有12.5亿人口的国家，"包括殖民地国家、战败国和苏维埃俄国"，决定了世界社会主义的胜利。这样一来，《研究》就将自己的结论彻底推翻了。众所周知，当时的殖民地国家，并非都是"东方国家"；而主要战败国德国和奥地利，却恰恰都是"西方国家"。因此，即使列宁认为这12.5亿人口的斗争能够决定世界革命的胜利，也绝不是什么"东方国家决定论"。其次，列宁在共产国际二大上明确批判了"东方国家决定论"。《研究》的作者在一篇文章中，曾引用列宁在这次大会上批评罗易的一段话，来证明列宁在1920年仍然坚持"西方国家决定

---

① 《列宁全集》第39卷，人民出版社1986年版，第214页。
② 同上书，第221页。

论"。然而，在这里，《研究》又说，列宁在共产国际二大上，认为世界社会主义胜利取决于东方。对照《研究》作者前后的不同说法，他的自相矛盾不是十分明显吗？再次，《研究》认为，1921年以前，列宁一直坚持社会主义革命"同时胜利论"；而列宁"同时胜利论"的"理论基础"，就是他关于"三类国家划分"的理论。这个"三类国家"，就是"欧美先进的资本主义国家、比较落后的东欧国家、十分落后的殖民地半殖民地国家"；列宁从"三类国家划分"的理论中，得出世界先进资本主义国家社会主义革命"同时胜利"的结论。尽管我们看到，列宁在第一次世界大战期间划分的"三类国家"与在共产国际二大上划分的"三类国家"有所不同，但是在西方先进国家与东方落后国家的分野上却是一致的。因此，这里就出现了一个两难问题：列宁"三类国家划分"的理论，是一个"万能"的理论，它既是西方先进国家社会主义革命"同时胜利论"的理论基础，又是东方落后国家决定西方先进国家乃至整个世界命运的"东方国家决定论"的理论基础。一个理论同时成为两个针锋相对、截然相反的理论的"理论基础"，世界上有这种奇特的理论吗？最后，列宁在共产国际二大上明确指出，东方落后国家只有在西方先进国家胜利了的无产阶级和胜利了的苏维埃共和国的帮助下，才能不经过资本主义发展阶段而过渡到苏维埃制度，然后经过一定的发展阶段过渡到社会主义。这哪里是什么"东方国家决定论"！

《研究》认为，列宁"东方国家决定论"的"理论基础"之二，是他在社会主义道路问题上形成的各民族沿着不同的道路走向社会主义的理论；这一理论是"东方国家决定论"的"出发点"。它引用了1916年列宁在《论对马克思主义的讽刺和"帝国主义经济主义"》一文中说的一段话："在人类从今天的帝国主义走向明天的社会主义革命的道路上，同样表现出这种多样性。一切民族都将走到社会主义，这是不可避免的，但是一切民族的走法却不完全一样，在民主的这种或那种形式上，在无产阶级专政的这种或那种类型上，在社会生活各方面的社会主义改造的速度上，每个民族都会有自己的特点。"首先，《研究》断定，列宁从这种理论出发，考察了落后国家的社会状况和阶级矛盾，认为这些国家政治上非常反动和经济上非常落后，人民大众同封建主义、帝国主义的矛盾是社会的主要矛盾，这种矛盾的尖锐程度大大超过了西方国家国内的社会矛盾，而且群众的攻击力量大大超过了西方国家国内的革命力量，加上无产阶级同农民的特殊关系，使这些国家的革命有可能向社会主义革命过渡。所以，列宁得出了落后国家容易发生革命的结论。其次，《研究》断定，列宁从这种理论出发，探索了落后国家过渡到社会主义的途径，认为在一个小农生产者占人口绝大多数的国家里，实行社会主义革命必须通过一系列特殊的过渡办法，这些办法在工业和农业中雇佣工人占绝大多数的资本主义发达的国家里，是完全不需要的；而在那些更为落后的东方殖民地半殖民地国家，过渡到社会主义的过程会具有更多的特色，不能为这些国家预先设计某种过渡的模式。所以，列宁肯定了落后国家先于西方国家过渡到社会主义的必然性和可能性，得出了世界社会主义胜利"东方国家决定论"。

《研究》的推论实在令人大惑不解。现在，我们就来分析一下它的这两个推论。

第一，《研究》从列宁关于各民族走向社会主义道路的多样性的论述中，得出落后国家容易发生革命的结论，不仅是十分牵强的，而且是自相矛盾的。一方面，它说列宁在1916年就提出了各民族走向社会主义道路的多样性的理论，而列宁从这一理论出发得出了落后国家容易发生革命的结论；另一方面，它又说列宁关于落后国家容易发生革命的观点，是十月革命胜利以后才产生的，而十月革命以前列宁一直坚持西方先进国家首先开始革命的观点。同时，根据《研究》的判定，俄国国内战争结束以后列宁才形成"一国首先胜利论"，而国内战争结束以前列宁一直坚持西方先进国家社会主义革命"同时胜利论"。它在论述"大战期间列宁关于世界革命进程的理论"时，曾经引用《论对马克思主义的讽刺和"帝国主义经济主义"》中的几段话，来证明列宁当时认为西方先进国家才存在社会主义革命的形势和条件，其他国家不具备这种形势和条件，来证明列宁当时主张各先进国家社会主义革命"同时胜利论"，反对"一国首先胜利论"。它引用的列宁的话是这样说的："社会变革不能是各国无产者的一致行动，理由很简单，就是地球上的大多数国家和大多数居民，甚至直至今天还没有达到或者刚刚开始达到资本主义的发展阶段。……只有西欧和北美各先进国家才达到了实现社会主义的地步。""不是各国无产者，而是少数达到先进资本主义发展阶段的国家的无产者，才会用联合的行动实现社会主义。""在不发达的国家里，在我们列为第二类和第三类的国家里，也就是在整个东欧和一切殖民地和半殖民地，情形就不同了。……这些民族在客观上还具有全民族的任务，即民主的任务，推翻异族压迫的任务。"然后，它归纳说：列宁当时乐观地认为，只要西欧和北美爆发革命，社会主义是极有可能实现的；而落后国家的任务，不过是实现民族独立，完成资产阶级民主革命。因此，列宁从世界上有先进的资本主义国家和落后国家之分，得出了各先进国家社会主义革命"同时胜利"的结论。然而，在这里，《研究》认为，列宁在同一篇文章中，又提出了落后国家容易发生社会主义革命的结论。这不是自相矛盾吗？

第二，《研究》从列宁关于各民族走向社会主义道路的多样性的论述中，得出列宁肯定了落后国家先于西方国家过渡到社会主义的必然性和可能性的结论，得出列宁主张世界社会主义胜利"东方国家决定"论的结论，是毫无道理的。《研究》指出，列宁认为落后国家实行社会主义革命必须通过一系列特殊的过渡办法，这些办法在发达资本主义国家里是完全不需要的，而更为落后的东方殖民地半殖民地国家，过渡到社会主义的过程会具有更多的特色，这就是肯定了落后国家先于西方国家过渡到社会主义的必然性和可能性，这就是"东方国家决定论"。《研究》的逻辑混乱简直达到了惊人的程度！列宁认为先进资本主义国家实行社会主义革命，不需要全国性的特殊的过渡办法，可以采用正面攻击和直接过渡的方式，而落后国家解决消灭资本主义的任务，却不能用正面攻击的方式，必须通过一些迂回、间接的特殊办法。《研究》由此得出结论：正面攻击和直接过渡"必然"后实现社会主义，而迂回办法和间接过渡"必然"先实现社会主义！《研究》认为，列宁关于各民族走向社会主义道路的多样性的思想，是"东方国家决定论"的"理论基础"和"出发点"。笔者却认为，列宁的这一思想，反对的恰恰就是"决定论"和"输出论"本身。列宁多次指出，一个国家社会主义革命的发生，是由这个国家经济、政治和工人运动等多方面因素决定的，因此，它的发展在不同的国家是以不同的形式、不同的速度进行的。由于各个民族之间、各个国家之间的民族差别和国家差别的存在，各国走向社会主义的道路就必然存在着多样性，各国革命的发展速度和社会主义改造的速度也必然是不一致的。因此，企图规定一个顺序来预测各国的革命，只能是骗人的把戏。列宁在四月代表会议上说："'革命已经在一个国家里发生，现在应该轮到德国了'，这是一种荒谬的论调。有人企图规定一个顺序，但这样做是不行的。我们大家都经历过 1905 年革命，我们大家都听说过或者看到过，这次革命曾引起全世界革命思潮的高涨。马克思一向都是这么说的。革命既不能制造，也不能规定顺序。革命不能预定——革命是发展起来的。现在俄国经常有人采用这种十足的江湖骗术。他们对人民说：瞧，你们在俄国已经完成了革命，现在该轮到德国人了。如果客观条件改变，起义是不可避免的。但是按怎样的顺序，在什么时候，会得到什么成果，这些我们是不得而知的。"① 十月革命胜利后，列宁又指出："……只有傻瓜才会问西方革命什么时候到来。革命是无法推算的，革命是无法预报的，它是自然而然地发生的"② "共产主义是不能用暴力来灌输的。"③ 列宁极力反对"输出论"，更没有什么"决定论"。《研究》将列宁关于走向社会主义道路多样性的思想，作为所谓"东方国家决定论"的"理论基础"和"出发点"，东拉西扯，穿凿附会，结果将列宁的这一思想搞得面目全非！

《研究》将所谓"东方国家决定论"冠于列宁，然后便"赋予"它在马克思主义发展史上的"伟大意义"。

第一，《研究》认为，从这一理论同马克思主义的关系看，它发展和突破了马克思主义的"西方国家决定论"。马克思、恩格斯在论及世界革命的发展战略时，往往限于论及西欧、北美先进资本主义国家的革命，而不论及东方落后国家的革命；他们认为西方国家将先于东方国家取得革命胜利，并认为东方只有在西方的带动和帮助下才能走向社会主义。所以，他们的理论是"西方国家决定论"。马克思、

① 《列宁全集》第 29 卷，人民出版社 1985 年版，第 392 页。
② 《列宁全集》第 35 卷，人民出版社 1985 年版，第 70 页。
③ 《列宁全集》第 36 卷，人民出版社 1985 年版，第 147 页。

恩格斯的这种"只顾及西方、不顾及东方"的理论，在 19 世纪是正确的；然而到了帝国主义时代，特别是到了俄国十月革命以后，这种理论就"过时"了。所以，列宁提出了社会主义胜利"东方国家决定论"，发展和突破了马克思、恩格斯的"西方国家决定论"。《研究》的说法是荒诞无稽的。实际上，马克思、恩格斯从来没有"只论及西方、不论及东方"的关于世界革命的发展战略的理论，也从来没有"西方国家决定论"；列宁从来没有"只有东方有革命、西方不会有革命"的关于世界革命的发展战略的理论，也从来没有"东方国家决定论"。因此，根本不存在列宁用"东方国家决定论"突破马克思、恩格斯的"西方国家决定论"的问题！

第二，《研究》认为，从这一理论同其他各种革命理论的关系看，它实现了民族解放运动理论同社会主义革命理论的统一，实现了"一国首先胜利论"同世界革命战略思想的统一。"东方国家决定论"既包含有对东方国家进行民族民主革命并取得胜利的科学预见，又包含有对这些国家把革命转变为社会主义革命并争取建立社会主义制度的思想指导。它把东方国家的两种革命看成一整个过程，从而把两种理论融合成了一个有机的整体。同时，它把苏维埃俄国的前途命运同东方其他国家的革命联系在一起，阐明了东方殖民地半殖民地国家的革命斗争对于俄国社会主义胜利和世界社会主义胜利的重大作用和意义。由于它实现了这一系列重要的革命理论的统一，所以说它是对马克思主义世界社会主义革命论的重大发展。按照《研究》的观点，"东方国家决定论"的这些"统一"的理论，"西方国家决定论"是没有的。这就是说，马克思、恩格斯不认为东方国家能进行民族民主革命并取得胜利，不认为这些国家能将民主革命转变为社会主义革命并争取建立社会主义制度；他们不把东方国家的两种革命看成为一整个过程，不把两种理论融合为一个有机的整体；他们向来不把东方殖民地半殖民地各国的革命斗争同其他国家的革命斗争联系在一起，向来不认为东方国家的革命斗争对世界社会主义的胜利有什么作用和意义。由于他们向来没有实现重要的革命理论的统一，所以他们的理论被列宁的"东方国家决定论""突破"了。说得客气一点，这是对马克思主义的讽刺！

第三，《研究》认为，从这一理论同历史实际的关系看，它的正确性是为历史发展的事实所证实了的。20世纪20年代以来，西方国家一直未产生社会主义革命的形势和发生革命，证明列宁关于西方国家未来不会有革命的论断是正确的；30年代以来，苏联建成了社会主义，中国、朝鲜等国家在民族民主革命胜利以后实现了向社会主义革命的过渡，证明列宁关于落后国家容易发生革命，可以先于西方国家实现社会主义的论断是正确的。今天，西方国家仍然没有直接革命的形势，但在东方，一些国家的人民正把马克思主义同本国的实际相结合，努力探索适应于本国国情的社会主义道路。所以，可以"毫不夸张"地说，马克思主义正在东方发展，社会主义运动和社会主义社会制度正在东方发展，全人类实现社会主义的希望在东方。这更证明列宁的世界社会主义胜利"东方国家决定论"是科学的和正确的，是对马克思主义世界社会主义革命论的重大发展。《研究》的这些断语是毫无历史依据的。原因如下。首先，列宁并没有西方国家未来不会有革命的论断。事实上，列宁临终还仍然指望西方国家发生革命，指望俄国"支持到西欧资本主义国家发展到社会主义的那一天"①。在列宁看来，如果没有西方先进国家革命的支援，俄国就不能将社会主义

---

① 《列宁全集》第43卷，人民出版社1987年版，第389页。

革命进行到底，就不能实现社会主义。《研究》断定列宁认为西方国家未来不会有革命，就是断定列宁认为社会主义永无实现之日！其次，列宁并没有落后国家可以先于西方国家实现社会主义的论断。事实上，列宁临终还仍然认为，落后国家开始革命比较容易，但要实现革命就很困难了。"我们的文明程度也还够不上直接向社会主义过渡"，所以"我们关心的并不是社会主义最终胜利的这种必然性"①。列宁向来没有过不靠西方国家革命的支援，俄国就能实现社会主义的论断。《研究》在论述斯大林的"一国建成论"时曾说：列宁在世时，并未断言苏联一定能够建成社会主义。可是在这里，它认为苏联30年代建成了社会主义，证明了列宁关于落后国家可以先于西方国家实现社会主义的论断是正确的。《研究》的断言是实用主义的。如果说，苏联在20世纪30年代宣布建成了社会主义，证明列宁关于落后国家可以先于西方国家实现社会主义的论断是正确的，那么，苏联在90年代初宣告解体，离开了社会主义道路，是否证明列宁的"这一论断"是错误的呢？《研究》是否还想把苏联解体的历史事实，拿来证明列宁关于只有在西方胜利了的无产阶级革命的支持下，东方落后国家才能走上社会主义道路的论断也是正确的呢？在这里，笔者丝毫不想否认中国等东方国家社会主义事业的发展对整个国际共产主义运动的重大意义，但是，历史事实是像《研究》"毫不夸张"地所说的那样，中国、朝鲜等东方国家（《研究》"今天"大概不会把苏联还包括在内吧）社会主义运动和社会主义社会制度的发展，"更证明"列宁的世界社会主义胜利"东方国家决定论"是科学的和正确的吗？历史事实已经证明中国、朝鲜等几个东方国家"决定"了西方各国乃

---

① 《列宁全集》第43卷，人民出版社1987年版，第391页。

至整个世界的命运了吗?

《研究》还宣称,列宁的"东方国家决定论"为马克思主义以后的发展奠定了基础。它说:在列宁之后,斯大林在世界革命的战略问题上,明确提出了西方无产阶级革命同东方民族解放运动结成"共同战线"的方针和理论。这一理论是以"东方国家决定论"为出发点的。

第一,《研究》认为,斯大林坚持和继承了关于东方国家以及所有的殖民地和附属国是同一种革命力量的思想。它引用斯大林在《论列宁主义基础》中关于世界已经分成两个阵营的一段讲话,又引用斯大林在联共(布)十五大上关于地球上绝大多数居民住在殖民地和附属国的一段讲话,然后断言:很明显,殖民地和附属国的革命觉醒,预示着世界帝国主义的末日。但是,我们看到,《研究》引用的斯大林的两段话,并没有说世界分成两个阵营,地球上绝大多数居民住在殖民地和附属国,就已经宣告了帝国主义的灭亡,更没有说东方国家能够决定西方国家乃至整个世界的前途和命运。也就是说,斯大林的两段话,与《研究》所谓的"东方国家决定论"毫无关系!

第二,《研究》认为,斯大林坚持和继承了列宁关于东方国家的革命运动将推动世界革命并消灭帝国主义的观点。它引用斯大林1925年在回答日本《日日新闻》记者关于中国、印度、波斯、埃及等国革命运动的增长是否预示着世界帝国主义的末日来临的问题时说的话:"是的,我是这样认为。殖民地国家是帝国主义的基本后方。这个后方的革命化不会不摧毁帝国主义,这不仅因为帝国主义将失去后方,而且因为东方的革命化必然会在促使西方革命危机尖锐化方面起决定性的作用。受到两方面——既从后方又从前线——攻击的帝国主义,必然会承认自己是注定要灭亡的。"然后,《研究》断言:显然,斯大林坚持了列宁"东方国家决定论"的基本观点，看到了东方各国革命运动的巨大力量，并把东方的力量同西方的力量联系起来，进而提出了"共同战线"的方针和理论。但是，我们看到，《研究》引用的斯大林的这段话，说的是东方的革命化必然会促使西方革命危机的尖锐化，帝国主义在受到后方即殖民地国家的革命和前线即西方国家的革命的联合攻击下，是注定要灭亡的。这种把东方的革命同西方的革命联系起来的思想，丝毫没有什么"后方"决定"前线"的意思，丝毫没有什么"东方国家决定论"的痕迹！

第三，《研究》认为，列宁的"东方国家决定论"，为中国毛泽东思想的形成和发展奠定了基础。它引用毛泽东关于中国革命包括民主主义革命和社会主义革命两个阶段，中国革命的前途必然是社会主义的论述之后指出：显然，这种思想导源于"东方国家决定论"关于东方落后国家可以突破目前的发展阶段，先于西方国家进行社会主义建设的观点。但是，我们从毛泽东的论述中，丝毫看不出它有中国能够决定西方命运的意思。《研究》还认为，毛泽东关于"东风压倒西风"的论断，关于东方人民和全世界人民团结起来打败帝国主义的思想，是对列宁"东方国家决定论"的继承和发展。但是，我们看到，毛泽东在当时针对国际形势所说的"东风压倒西风"，只是一种带有夸张成分的比喻，并不包含"东方决定西方"的意思；毛泽东关于东方国家人民和全世界人民团结起来打败帝国主义的思想，表达的恰恰是要消灭帝国主义，单靠东方国家人民的力量是不够的，必须依靠全世界人民的共同努力和团结战斗，因此，这个思想并不是继承和发展了事实上并不存在的列宁的"东方国家决定论"。笔者认为，把所谓的"东方国家决定论"作为毛泽东思想形成和发展的基础，是一种极端轻率和十分危险的做法。因为如果没有"东方国家决定论"，毛泽东思想就失去了存在的基础，就必定要彻底塌台；而在整个世界上，除了《研究》的作者之外，人们实在搞不清楚，究竟还有谁人相信列宁提出过"东方国家决定论"！

《研究》一书认为，它所说的列宁的"一国首先胜利论"，是同它所说的列宁的"东方国家决定论"相互作用、相互联系的。其理由首先在于，列宁是把俄国一国的革命和东方各国的革命作为相互支持、相互促进、命运相连的同一发展过程的革命来看待的。列宁认为，在反对帝国主义的斗争中，苏维埃俄国同东方各国人民的利益是一致的。一方面，列宁强调苏维埃俄国必须支持和团结东方各国人民共同进行反对帝国主义的斗争；另一方面，列宁指出苏维埃俄国社会主义革命和社会主义建设胜利的希望只有从东方国家革命的发展之中才能看到。这就是说，列宁是把俄国一国的革命和东方各国的革命看作同一发展过程的革命，没有东方各国革命的胜利，就没有俄国一国社会主义革命和社会主义建设的胜利。《研究》岂不是在说，列宁开始主张西方各先进国家社会主义革命"同时胜利论"，1921 年以后又主张东方各落后国家社会主义革命"同时胜利论"，任何时候也没有产生和提出过"一国首先胜利论"吗？

《研究》认为列宁的"一国首先胜利论"是同列宁的"东方国家决定论"相互作用、相互联系的，其理由还在于这两者在内容上是互相渗透和融合、互为条件的。首先，它说，列宁"一国首先胜利论"里的许多内容，是渗透和融合于"东方国家决定论"中的。例如，十月革命胜利后列宁提出的落后的俄国容易发生革命的理论观点，既是"一国首先胜利论"的重要内容之一，也是"东方国家决定论"的重要内容之一。因为俄国是东方国家，所以认为俄国容易发生革命就是认为东方国家容易发生革命，而且俄国容易发生革命的那些条件东方其他国家也具备了，所以列宁认为东方的中国、印度等国家同俄国一样容易发生革命。又如，"一国首先胜利论"的实质在于说明俄国具备了一国建设社会主义的条件，可以而且应该先于西方国家进行社会主义建设。这一实质问题恰恰也是"东方国家决定论"的内容之一。因为列宁在《论我国革命》等著作中指出：如果说俄国先于西方国家进行社会主义建设体现了俄国革命特色的话，那么东方其他国家也将有这样的特色，甚至特色会比俄国更多一些。所以，在列宁看来，东方的俄国和其他国家都有可能先于西方国家进行社会主义建设。《研究》的逻辑推理，简直令人目瞪口呆：因为俄国是东方国家，所以认为俄国容易发生革命就是认为东方所有国家都容易发生革命；因为俄国革命具有特色，所以俄国能够先于西方国家进行社会主义建设，而东方其他国家革命的特色比俄国更多，所以东方其他国家更能先于西方国家进行社会主义建设。按照这种推理，俄国能够"一国首先胜利"，其他东方国家更能"一国首先胜利"，结果必然是东方各国"同时胜利"。这就是说，列宁根本没有什么"一国首先胜利论"！《研究》的逻辑之荒唐，可以从下面的例子中得到验证：因为俄国是东方国家，所以列宁认为俄国是帝国主义国家，就是认为所有的东方国家都是帝国主义国家；因为俄国是东方国家，所以列宁认为俄国的国家垄断资本主义达到了较高的发展水平，为无产阶级革命准备了客观的经济前提，就是认为所有的东方国家的国家垄断资本主义都达到了较高的发展水平，都为无产阶级革命准备了客观的经济前提。因为英国是西方国家，所以马克思认为19世纪40年代英国已经拥有进行社会革命的一切必要的物质前提，就是认为当时所有的西方国家都拥有进行社会革命的一切必要的物质前提；因为英国是西方国家，所以马克思、恩格斯认为英国可以通过和平的方式取得社会主义革命的胜利，就是认为所有的西方国家都可以通过和平的方式取得社会主义革命的胜利！

其次，《研究》说，列宁的"一国首先胜利论"同"东方国家决定论"是互为条件的。"一国首先胜利论"的重要内容之一，是关于苏维埃俄国应趁国际关系上的"均势"展开经济建设的观点。这一观点的提出，是以"东方国家决定论"为条件的。这一观点首次提出于1921年5月。这时，列宁的"东方国家决定论"已经形成。列宁正是从"东方国家决定论"出发，才得出国际关系上已经形成"均势"的结论的。这就是说，列宁提出世界社会主义的胜利要由东方国家"决定"的理论后，国际关系上才形成了"均势"；如果没有"东方国家决定论"，就没有国际关系上的"均势"。这又是一个奇怪的逻辑！列宁在共产国际三大上讲到出现"某种均势"的原因时，是从三个方面来看的；而《研究》在引用列宁的这段话时，故意删去了前面两个方面，只保留了后一个方面。列宁是这样说的："在一切资本主义国家，反对进攻苏维埃俄国的反战活动风起云涌，它促进了无产阶级的革命运动，而且把小资产阶级民主派的极广大的群众也卷了进来。各帝国主义国家之间的利害冲突尖锐起来了，而且一天比一天激烈，东方被压迫民族亿万人民的革命运动正在蓬勃发展。由于这种种情况，国际帝国主义虽然比苏维埃俄国强大得多，但无力扼杀它，反而不得不暂时承认它或半承认它，不得不和它订立通商条约。这样就形成了一种均势，虽然极不可靠，极不稳定，但社会主义共和国毕竟能在资本主义包围中生存下去了——当然不是长期的。"① 可见，列宁认为形成苏维埃俄国国际关系上"均势"的外部原因，来自三个方

---

① 《列宁全集》第42卷，人民出版社1987年版，第1—2页。

面：一是西方资本主义国家的无产阶级革命运动的支持；二是各帝国主义国家之间的矛盾尖锐化使得它们不能联合起来扼杀苏维埃俄国，三是东方被压迫人民的革命运动的支持。因此，并不像《研究》所说的那样，列宁只是从东方国家的革命运动蓬勃发展及其在世界政治生活中的作用日益增大的事实出发，才得出国际关系上已形成"均势"的结论的。而且，这种"均势"是客观存在的，不是列宁根据"东方国家决定论"得出的结论。

《研究》认为，"东方国家决定论"的形成，同"一国首先胜利论"的产生有着密切的关系。列宁之所以认为世界社会主义胜利要由东方国家"决定"，一个重要的原因就在于他已经看到：东方已经产生了世界历史上第一个无产阶级专政的国家——苏维埃俄国；这个国家已经巩固了政权，正进行着社会主义建设事业；这个国家的革命事业已经对其他东方国家产生了极大的影响，它将鼓舞和支持其他东方国家的人民把革命推向高潮并夺取胜利。列宁正是把俄国一国进行革命和建设的榜样作用同东方其他国家革命运动的发展相联系，进而得出世界社会主义胜利"东方国家决定论"的。《研究》关于"一国首先胜利论"的论述是自相矛盾的。一方面，它说列宁的"一国首先胜利论"只是肯定了俄国进行社会主义建设的必要性和可能性，并未断言俄国一国能够建成社会主义；另一方面，它又说列宁在使用"社会主义革命"的概念时，从来都是同时赋予它政治革命和社会革命两种含义的，即不仅包括无产阶级夺取政权，而且包括消灭私有制、建立公有制、消灭阶级和阶级差别等内容。也就是说，社会主义革命的胜利即社会主义社会的建成。这就出现了一个问题：列宁认为俄国一国不能建成社会主义，也就是认为俄国一国不能取得社会主义革命的胜利。因此，列宁的"一国首先胜利论"就只能仅仅肯定俄国进行社会主义建设的必要性和可能性，不能肯定俄国能够取得社会主义革命的胜利。《研究》终于将自己反复论证的"不同于前人和他人"的"一国首先胜利论"推翻了——社会主义革命不能在一国取得胜利，那"一国首先胜利"的"胜利"又是指什么呢？

既然俄国一国不能取得社会主义革命的胜利，那么，它又怎样能够鼓舞和支持其他东方国家夺取革命的胜利呢？俄国和其他东方国家又怎样能够决定西方国家乃至整个世界的前途和命运呢？一个不能取得社会主义革命胜利的东方国家，和其他甚至还没有无产阶级革命运动的东方国家联系起来，就能够决定世界社会主义的胜利。这就是《研究》一书的结论！

总之，《研究》所谓的列宁的"一国首先胜利论"是自相矛盾的，所谓的列宁的"东方国家决定论"是子虚乌有的，因此，它在解释二者的内容和二者之间的关系时，就只能是剪不断、理还乱！

第十章

也谈落后国家的"首先开始"与
社会主义的"最终胜利"

一 落后国家的"首先开始"不仅仅
取决于这些国家的落后性

《列宁主义研究》一书认为,俄国、中国等经济落后国家先于西方先进资本主义国家实现社会主义,不仅是"可以"的,而且是"必然"的;这种必然性正是由这些国家的经济相对落后性决定的,即由这些国家的经济制度的落后和生产力水平的低下决定的。[①] 笔者认为,这种观点值得商榷。

首先,《研究》将落后国家容易"开始革命"看作容易"实现社会主义",不符合列宁的思想和世界革命的实际情况。的确,列宁认为,像俄国这样的落后国家开始革命是比较容易的;但是,列宁同时认为,像俄国这样的落后国家要把革命继续下去,进行到底,是十分

---

① 参见俞良早《列宁主义研究》,广西人民出版社 1993 年版,第 424— 425 页。

困难的。1918 年 3 月，列宁指出："每一个认真考虑过欧洲社会主义革命的经济前提的人都不会不了解，在欧洲开始革命要困难得多，而在我国开始要容易得多，但是要继续下去，却比在欧洲困难。这个客观情况使得我们不得不经历异常艰难、异常急剧的历史转折。"① 他认为，在落后国家建设社会主义是一项十分艰巨和相当长期的任务。鉴于这种认识，列宁向来没有提出落后的俄国能够先于西方发达资本主义国家实现社会主义的结论。他认为，俄国是在不具备社会主义的经济前提的情况下发生社会主义革命的；无产阶级夺取政权以后，必须创造机器大工业和机器大农业，实现全国电气化，以便为社会主义创造经济前提。另外，社会主义社会的建立，还必须具备政治前提。这首先就是无产阶级的政权，其次是在无产阶级专政下建立民主政治制度。所谓民主，除了国家制度这种含义之外，还具有人民当家做主，人民群众有权参与国家管理这种含义。列宁在《国家与革命》一书中指出："彻底的民主变成了社会主义，同时也要求实行社会主义。"② 他在批判把巴黎公社防范干部蜕变的两项措施说成"原始的"民主制度时说："如果不在某种程度上'返回'到'原始的'民主制度，从资本主义过渡到社会主义是不可能的。"③ 正是因为社会主义必须具备经济和政治两大前提，所以邓小平才说"贫穷不是社会主义"和"没有民主就没有社会主义"。而在一个小农占优势的落后国家里，要创造这两个前提，却是十分困难的，需要一个漫长的发展过程。现实的社会主义国家，都是在无产阶级夺取政权以后，经过一个较短的恢复时期和过渡时期，进行了社会主义改造，建立了社会主义的基本经济

---

① 《列宁全集》第 34 卷，人民出版社 1985 年版，第 7 页。
② 《列宁全集》第 31 卷，人民出版社 1985 年版，第 74 页。
③ 同上书，第 41 页。

制度，即列宁所说建立了社会主义社会的基础，亦即我们所说进入了社会主义的初级阶段。但是，这些国家的社会主义改造完成以后，仍然存在着社会主义的经济前提和政治前提尚未充分具备的问题，仍然存在着发展生产力和建设民主政治的巨大任务。按照《研究》也同意社会主义社会是无阶级、无国家的社会的标准，这些国家还不能说实现了社会主义。因此，在这个意义上讲，现在说俄国、中国等落后国家已经先于西方发达资本主义国家实现了社会主义，为时尚早。

其次，《研究》在分析落后国家容易开始革命的问题时，所用论据是不准确的。第一，它说，19 世纪末 20 世纪初，西方国家国内的经济政治状况和阶级斗争形势发生了很大的变化。这些国家的统治阶级通过对殖民地的剥削和掠夺，在国内实行"糖饼"政策，缓和了国内的社会矛盾和阶级矛盾。随着社会矛盾和阶级矛盾的缓和，无产阶级革命斗争的方式也发生了变化。斗争的方式的特点是：参加议会选举，争取形成议会中的多数；进行议会斗争，向统治阶级施加压力，争取实施有利于人民利益的政策和措施。此后，这些国家便难以发生革命了。相比之下，经济相对落后国家则容易发生革命。俄国的 1905 年革命、1917 年二月革命和十月革命，中国的太平天国运动和辛亥革命，都是例证。在这里，《研究》有几处失误：一是它说 19 世纪末 20 世纪初，西方国家就难以发生革命了，革命斗争的方式就只是进行议会斗争，这是不对的；它把第一次世界大战后西方国家掀起的无产阶级革命风暴忘记了，它把这一时期的革命斗争方式主要是暴力革命也忘记了。二是它把中国的太平天国运动和辛亥革命作为落后国家比西方先进国家容易发生革命的例证是不对的；它把太平天国运动是农民革命，辛亥革命是资产阶级革命忘记了，它把比太平天国运动这次农民革命发生还早的无产阶级投入其间的 1848 年欧洲资产阶级民主革命忘记了，它把俄国 1905 年革命引起的发生在辛亥资产阶级革命之前的欧洲无产阶级革命风暴忘记了。总之，《研究》是拿不能比较的东西来进行比较的，因而得出的结论是不能令人信服的。第二，《研究》说，在西方国家，为社会主义而斗争的主要是无产阶级，农民由于受到旧的生产方式和传统观念的影响，很少支持无产阶级的斗争，其他小资产阶级虽然参加了革命斗争，但他们往往在斗争中形成机会主义的派别与思潮，不能在行动中与无产阶级谐调一致，不能与无产阶级共同组成反对资本主义的强大革命阵营；而在经济相对落后的国家，农民、城市小资产阶级，是无产阶级的忠实同盟者，他们能够在无产阶级及其政党的领导下，同无产阶级一起组成浩浩荡荡的革命大军，同旧社会作斗争。在这里，《研究》关于西方国家的农民由于受到旧的生产方式和传统观念的影响因而不能成为无产阶级的同盟者的观点，关于西方国家的其他小资产阶级在革命斗争中往往形成机会主义派别与思潮因而不能在行动中与无产阶级谐调一致的观点，是不符合马克思主义的，也是不符合历史实际的，因而是错误的。难道马克思主义关于工农能够结成联盟的思想就只适用于东方落后国家而不适用于西方先进国家？难道经济相对落后国家的农民就没有受到旧的生产方式和传统观念的影响？难道经济相对落后国家的其他小资产阶级就不会在革命斗争中形成机会主义的派别与思潮？他们为什么就能成为无产阶级的忠实同盟者呢？《研究》认为，经济相对落后国家的革命攻击力量之所以比西方先进国家的革命攻击力量强大，也是由这些国家的经济落后性所决定的。具体地说，在这些国家，除了有一定数量的作为革命领导阶级的无产阶级以外，由于资本主义未得到充分发展，还有一个人数众多的农民阶级；这些国家的农民不仅具有众多性，而且同西方国家的农民相比较，他们具有较强的革命性。原因是什么呢？《研究》分析说，在英、法等西方国家，资产阶级革命消灭了封建制度，解决了农民的土地问题，农民得到了"小块土地"，维持自给自足的现状，反对社会发展与进步，因而表现出了较浓厚的保守性和落后性；经济相对落后国家的农民，却没有这样的保守性，在这些国家，由于经济落后，由于资本主义力量未得到充分发展，在无产阶级夺取政权以前，没有发生过比较彻底的资产阶级革命，农民没有获得过西方农民那样的"小块土地"，因此他们不留恋过去，容易接受革命思想，希望推翻旧制度，他们加入革命队伍中来，使革命的攻击力量异常强大。《研究》的这一分析，实在令人吃惊。

其一，西方发达资本主义国家的农民都是"小块土地"的所有者，西方发达资本主义国家的农业经济是"自给自足"的自然经济，而经济相对落后的俄国和中国的农民，却都是没有"小块土地"的农村无产阶级，他们不会维持"自给自足"的现状，更不留恋过去，因此他们比西方发达国家的农民更"革命"。这一说法昧于历史常识。事实恰恰相反，经济相对落后国家的农民更多的是"小块土地"的所有者，这些国家的农业经济才主要是"自给自足"的自然经济；西方发达国家的农民更多的是没有"小块土地"的农业工人即农村无产阶级，这些国家的农业是资本主义的大农业，而不是"自给自足"的自然经济。可见，《研究》的根据是站不住脚的。另外，某个国家能否首先获得社会主义革命的胜利，不是取决于它与其他国家的无产阶级或农民的对比情况，而是取决于现实的国际形势和国内斗争形势。正如斯大林所说的："谁有更多的机会迅速获得胜利的问题，其解决办法不是拿一个国家的无产阶级和其他国家的无产阶级相对比，或者拿我国农民和其他国家的无产阶级相对比。这样的对比是把比较当儿戏。谁有更多的机会迅速获得胜利的问题，是要由现实的国际情况、资本主义和社会主义斗争战线上的实际的力量对比来解决的。"① 可见，《研究》关于落后国家之所以能够先于先进国家发生革命，是因为落后国家的农民比先进国家的农民甚至无产阶级更"革命"的观点，是毫无道理的。

其二，《研究》在批评学术界对列宁"一国首先胜利论"的"误解"时，指责学术界"这些人忘记了一个众所周知的历史事实：在十月革命前，列宁关于社会主义道路的设想同马克思、恩格斯的设想是一样的，即认为革命将在先进的资本主义国家里发生；无产阶级夺取政权后，社会进入过渡时期或者说无产阶级专政的时期，这个时期的任务就是剥夺资本家的财产并实现公有制；当这一任务完成之时，过渡时期即告结束，无产阶级专政就成为'非政治国家'，无压迫、无剥削、无商品交换、各尽所能、按劳分配的社会主义社会即告实现，或者说社会主义社会即告建成。需要强调的是，他们的设想只是关于先进国家社会主义道路的设想。这些国家不同于落后国家，不需要用很长时间改造小农和个体手工业者。所以马克思、恩格斯和列宁认为，在这些国家，公有制的实现就是社会主义制度的实现，就是社会主义社会的建成。它们之间没有距离，更没有'一段很长的距离'。"它"强调"指出，西方先进资本主义国家的无产阶级夺取政权以后，只要剥夺了资本家，就建成了社会主义社会，因为这些国家没有小农需要改造；而在落后国家，却需要用很长时间来改造小农。可是在这里，《研究》又出尔反尔，认为西方先进国家的农民都是拥有"小块土地"的小私有者，而落后国家的农民却都是没有"小块土地"的无产阶级。这究竟是一种什么样的分析问题和研究问题的方法？是尊重

---

① 《斯大林选集》上卷，人民出版社1979年版，第528页。

历史呢，还是玩弄历史，实在让人捉摸不透。

其三，《研究》将经济相对落后国家容易发生革命的原因，仅仅归结于这些国家的"经济落后性"是失于偏颇的。的确，《研究》所说的由于经济落后国家的经济制度的落后和生产力水平的低下，人民生活在水深火热之中，各种社会矛盾和阶级矛盾异常尖锐，容易造成革命，又由于这些国家同经济落后相联系的政治制度极为反动，使人民只有通过革命手段才能实现自己的解放，是有一定道理的。但是，这还不是落后国家容易发生革命的全部原因。否则，便无法解释为什么第一次世界大战期间俄国发生了社会主义革命，而同样是垄断资本与封建残余势力相结合的军事封建帝国主义的日本却没有发生革命，也无法解释为什么第二次世界大战以后半殖民地半封建的中国无产阶级领导的资产阶级民主革命取得了胜利并进而转变为社会主义革命，而与中国经济发展水平不相上下的殖民地的印度获得独立以后却走上了资本主义的道路。即使仅就革命的客观条件来讲，一个国家能否发生革命，也不能单纯归结为经济是否落后。列宁在《共产主义运动中的"左派"幼稚病》一书中，分析俄国在 1917 年开始社会主义革命比西欧各国容易的原因时，指出了俄国当时的特殊的历史条件："（1）有可能把苏维埃革命同结束（通过苏维埃革命）给工农带来重重灾难的帝国主义战争联结起来；（2）有可能在一定时期内利用称霸世界的两个帝国主义强盗集团之间的殊死斗争，当时这两个集团不能联合起来反对苏维埃这个敌人；（3）有可能坚持比较长期的国内战争，其部分原因是俄国幅员广大和交通不便；（4）当时农民中掀起了非常深刻的资产阶级民主革命运动，无产阶级政党就接过了农民政党（即社会革命党，他们多数党员是激烈反对布尔什维主义的）的革命要求，并且由于无产阶级夺取了政权而立即实现了这些要求。"① 列宁认为，这些特殊条件，当时在西欧是没有的，而且重新出现这样的或类似的条件也不是很容易的。而在列宁列举的这四个条件中，除了第四个条件（也许还可以加上第三个条件中的"交通不便"）与俄国的经济落后多少有些联系之外，其他三个条件与俄国的经济落后都没有什么联系。可见，《研究》将俄国十月革命发生的原因单纯归结为俄国的经济落后，是没有道理的。革命的客观条件中，除了包括既定的政治经济条件之外，还有特定的历史条件。1923 年 1 月，列宁在《论我国革命》一文中，批评了那些认为俄国还没有实行社会主义的客观经济前提，因而不应当进行社会主义革命的人。但是，他在回答俄国为什么要进行社会主义革命的问题时，一没有说俄国具备了实行社会主义的客观经济前提，二没有说由于俄国的经济落后才决定了社会主义革命的发生。他是这样说的："可是他们谁也没有想到问一问自己：面对第一次帝国主义大战所造成的那种革命形势的人民，在毫无出路的处境逼迫下，难道他们就不能奋起斗争，以求至少获得某种机会去为自己争得进一步发展文明的并不十分寻常的条件吗？"② 可见，列宁将发动十月革命看作布尔什维克党和俄国人民在世界大战造成了革命形势的情况下，寻求摆脱困境的出路所作出的抉择，而没有把十月革命的发生看作由于俄国的经济落后所决定的"必然"。早在十月革命以前，列宁就明确指出，是由于战争造成的特殊环境，而不单是因为经济落后，才使俄国的革命比其他国家的革命先爆发。斯大林也持同样的观点。1917 年 7 月 30 日，他在《关于政治形势的报告》中指出："有些同志说，由于我国资本主义不够发达，所以提出社会主义革命的问

---

① 《列宁全集》第 39 卷，人民出版社 1986 年版，第 44 页。
② 《列宁全集》第 43 卷，人民出版社 1987 年版，第 371 页。

题是空想。如果没有战争，如果没有破坏，如果国民经济的资本主义组织的基础没有动摇，那么他们这样说是对的。"但是，在战争条件下，"享有充分自由和具有高度组织性的工人，如果不想在政治上自杀，就不能拒绝积极干预国家的经济生活，对它进行社会主义的改造。如果要求俄国在欧洲没有'开始'实行社会主义改造以前'暂缓'实行社会主义改造，那就是无耻的迂腐之见了。哪个国家有更多的可能，那个国家就先'开始'"①。斯大林也认为，是战争，是战争的严重破坏，是在战争条件下享有充分自由和具有高度组织性的工人以及工兵代表苏维埃，才使俄国的社会主义革命有可能比欧洲的革命先"开始"；如果没有战争，没有战争的破坏，没有国民经济的资本主义基础的动摇，落后的俄国是不会发生社会主义革命的。由此可见，《研究》将经济相对落后国家容易发生革命的原因，仅仅归结于这些国家的"经济落后性"，既不符合马克思列宁主义，又不符合历史实际，是有很大的片面性的。

其四，《研究》将经济相对落后国家容易发生革命的原因，仅仅归结于这些国家的"经济落后性"的失误，还在于忘记了革命是成熟的客观条件和成熟的主观条件相结合的产物。列宁在《第三国际及其在历史上的地位》一文中，列举了俄国容易开始革命的六条原因，其中除了俄国的政治落后和经济落后以及地理条件优势之外，其余的三条讲的都是革命的主观条件。这就是：第一条，1905年革命使工农群众受到了非常多的政治教育，即使他们的先锋队了解了西欧社会主义运动的"最新成就"，又使他们自己懂得了革命行动的意义。没有1905年的"总演习"，1917年的二月资产阶级革命和十月无产阶级革

---

① 《斯大林全集》第3卷，人民出版社1955年版，第162页。

命都是不可能的。第二条，罢工斗争的长期锻炼和欧洲群众性工人运动的经验，有助于苏维埃这种特殊的无产阶级革命组织形式在深刻而迅速尖锐化的革命形势下产生出来。第三条，布尔什维克从 1905 年初起，就坚持无产阶级和农民的革命民主专政的思想。布尔什维克在 1917 年 11 月就是这样开始革命的，不然，革命就不会那样容易取得胜利。① 经济落后国家的革命的发生，就是在特定的历史条件下，革命的主观条件成熟的结果。具体地说，一个国家的革命能否发生和取得胜利，除了取决于这个国家是否具备成熟的革命形势之外，还取决于这个国家有没有一个马克思主义的革命政党，这个政党有没有通晓马克思主义理论和策略的伟大领袖。俄国十月革命的胜利，就是在布尔什维克党及其领袖列宁的英明决策和正确领导下取得的。二月革命胜利以后，第二国际和俄国的机会主义者，甚至一部分布尔什维克党人，都认为俄国还不具备实行社会主义的客观经济前提，不应当进行社会主义革命，而只能将革命局限在资产阶级范围之内。但是，列宁刚一回国，就在《四月提纲》中提出了将资产阶级民主革命转变为社会主义革命的伟大决策。他批评了李可夫等人所持的"社会主义应当从其他工业比较发达的国家产生"的观点，向全党反复解释他在提纲中提出的理论和策略，逐渐取得了党内多数人的理解和支持。十月起义前夕，列宁关于举行武装起义的建议，遭到党内一些人的反对。列宁在 10 月 10 日和 16 日的两次中央会议上，反复阐述自己的观点，批评加米涅夫和季诺维也夫等人的反对意见，终于使党通过了武装起义的决议。可以毫不夸张地说，十月革命的胜利，是列宁的英明决策和非凡胆略的胜利。在这个意义上讲，没有列宁，就没有十月革命。相

---

① 参见《列宁全集》第 36 卷，人民出版社 1985 年版，第 294 页。

反，第一次世界大战后，欧洲许多国家具备了无产阶级革命的客观形势，但是，这些国家却没有取得革命的胜利。其根本原因决不在于这些国家的"经济先进性"，而在于列宁所说的这些国家没有革命的政党，而只有机会主义的政党。他在《无产阶级革命和叛徒考茨基》一文中指出："欧洲最大的不幸和危险在于它没有革命的政党。而只有谢德曼、列诺得尔、韩德逊、维伯之流的叛徒的政党，有考茨基之流的奴才的政党，可是没有革命的政党。"① 中国革命的胜利，也完全证实了无产阶级政党的正确领导和革命领袖的英明决策的决定意义。1927 年大革命失败以后，以毛泽东为代表的中国共产党人，批判了陈独秀的右倾机会主义路线，开展了武装反抗国民党反动派的伟大斗争，毛泽东将马克思主义的基本原理与中国革命的具体实际相结合，领导工农红军在农村开展游击战争，创建革命根据地，找到了一条适合中国国情的农村包围城市的革命道路；遵义会议确立了毛泽东在红军和党中央的领导地位以后，党批判了王明"左"倾机会主义路线，端正了党的马克思主义的思想路线、政治路线和组织路线。抗日战争时期，党批判了王明的"一切服从统一战线""一切经过统一战线"的右倾机会主义主张，坚持了抗日民族统一战线中的独立自主原则，在抗击日本帝国主义侵略的斗争中，发展和壮大了人民革命力量。解放战争时期，党拒绝了国际友人关于交出军队和根据地，到国民党政府任官的主张，坚持"一支枪、一粒子弹都不交出去"和"针锋相对，寸土必争"的原则，同国民党反动派的独裁、内战阴谋进行了坚决的斗争；江北解放以后，党又拒绝了国际友人"以江为界，南北分治"的主张，猛追穷寇，不留后患，一举解放了全中国。也可以毫不

---

① 《列宁全集》第 35 卷，人民出版社 1985 年版，第 110 页。

夸张地说，中国革命的胜利，是中国共产党尤其是它的领袖毛泽东英明领导的结果。在这个意义上讲，没有毛泽东，就没有中国的"1949年"。《中国共产党中央委员会关于建国以来党的若干历史问题的决议》中指出："我们不应该把一切功劳归于革命的领袖们，但也不应该低估领袖们的重要作用。在党的许多杰出领袖中，毛泽东同志居于首要地位。……在1927年到1949年的22年中，毛泽东同志和党的其他领导人一道，克服重重困难，逐步制定和领导执行了使革命由惨重失败转为伟大胜利的总的战略和各项政策。如果没有毛泽东同志多次从危机中拯救中国革命，如果没有以他为首的党中央给全党、全国各族人民和人民军队指明坚定正确的政治方向，我们党和人民可能还要在黑暗中摸索更长时间。"[1] 这里肯定了先进政党和伟大领袖在既定的客观条件下对于革命胜利所起的决定作用。但是，先进政党和伟大领袖的产生，与这个国家的经济落后却没有直接联系。与俄国同样是军事封建帝国主义的日本，却没有产生布尔什维克这样的党和列宁这样的领袖；与中国的经济状况相似的殖民地的印度，也没有产生中国共产党这样的党和毛泽东这样的领袖。可见，《研究》将经济相对落后国家容易发生革命的原因，仅仅归结于这些国家的"经济落后性"，是忽视了在既定的客观条件下，主观条件对革命的决定意义。另外，《研究》认为俄国、中国的资产阶级民主革命转变为社会主义革命的"必然性"，也深深植根于这些国家的经济相对落后性之中。这种说法也是没有道理的。第一次世界大战结束以后，半殖民地半封建的土耳其爆发了资产阶级民主革命，最终打败了帝国主义的侵略，推翻了封建专制的君主政体，建立了资产阶级共和国，取得了革命的胜利。但

---

① 《关于建国以来党的若干历史问题的决议》，人民出版社1981年版，第6页。

是，经济的相对落后性，却没有使土耳其的资产阶级民主革命转变为社会主义革命。这是什么原因呢？其根本原因就是，领导土耳其革命的全国护权协会代表委员会和凯末尔是资产阶级的政治组织和资产阶级的代表人物，而不是无产阶级政党和无产阶级革命家。因此，不能把经济相对落后国家发生革命和走上社会主义道路的"必然性"，仅仅归结于这些国家的"经济落后性"，否则，将否定主观条件的能动作用而陷入宿命论，也将否定发达资本主义国家发生革命和走上社会主义道路的历史必然性而陷入悲观主义。

二 社会主义国家发生曲折的根本原因 不在于这些国家的落后性

《研究》一书指出：俄国、中国等国走上社会主义道路以后，在其发展的进程中，发生过许多的曲折。这些曲折发生的根本原因是什么？它认为，这些国家发展中的曲折性根源于它们经济上的落后性。[①]笔者认为，这种观点也值得商榷。首先，经济上的落后性，的确给社会主义国家的经济建设造成了巨大的障碍，但是，把它作为社会主义国家经济建设中发生曲折的根本原因，是不妥当的。

《研究》认为，在社会主义国家，经济建设中的"冒进"造成了发展中的曲折，而产生"冒进"的原因，就是这些国家的经济落后性。它说，苏联在 20 世纪 20 年代末结束了新经济政策，开始推行一系列急于向社会主义和共产主义过渡的政策，这就是"冒进"；由于经济落后，在指导思想上和实践中急于改变落后的状况，所以才有

① 参见俞良早《列宁主义研究》，广西人民出版社 1993 年版，第 432 页。

"冒进"。在这里，《研究》的分析有点不合逻辑。在指导思想上急于改变落后的状况，与急于向社会主义和共产主义的生产关系过渡没有必然联系。《研究》引用了斯大林于1931年2月4日在《论经济工作人员的任务》的演说中所说的话："人们有时问：不能稍微放慢速度，延缓进展吗？不，不能，同志们！决不能减低速度！""延缓速度就是落后。而落后者是要挨打的。但是我们不愿意挨打。不，我们绝对不愿意！""我们比先进国家落后了五十年至一百年。我们应当在十年内跑完这一段距离。或者我们做到这一点，或者我们被人打倒。"它说，苏联20世纪二三十年代的"冒进"，就是因为不愿意"被人打倒"而产生的；显然，这是同苏联当时的落后性有联系的。《研究》的推理是不对的。不愿意"被人打倒"，就一定会产生"冒进"吗？列宁在《大难临头，出路何在？》一文中指出："要么是灭亡，要么是在经济方面也赶上并且超过先进国家""要么是灭亡，要么是开足马力奋勇前进。历史就是这样提出问题的。"[1] 列宁认为，经济落后就要灭亡，而我们又不想灭亡，就只有开足马力奋勇前进，在经济方面也赶上并且超过先进国家。但是，列宁的这一思想，却没有使他在当时就采取急于向社会主义生产关系过渡的"冒进"政策。斯大林在20世纪30年代中期宣布苏联建成了社会主义社会，如果这算是"冒进"的话，那么这种"冒进"也与苏联的经济落后没有关系。《研究》还说："50年代，东方产生了以苏联为首的社会主义阵营，社会主义阵营中的国家都是经济相对落后的国家，改变落后的面貌和巩固社会主义阵营是各国的首要任务。这时苏联必须迅速发展国民经济。因为只有苏联社会主义经济的发展和国力的增强，它才有力量支持其他社会

---

① 《列宁全集》第32卷，人民出版社1985年版，第224页。

主义国家搞好经济建设，才能在社会主义阵营中产生较强的凝聚力，才能有力地巩固和壮大社会主义阵营。正是在这样的形势下，正是因为面临着这样的任务，苏共才提出'全面开展共产主义建设'和'在二十年内建成共产主义'。"这真是天方夜谭。赫鲁晓夫在1961年苏共二十二大上关于"在二十年内建成共产主义"的吹牛，竟是为了迅速发展苏联的国民经济，支持其他社会主义国家搞好经济建设，改变社会主义阵营各国的经济落后面貌，巩固和壮大社会主义阵营！然而，依笔者看来，赫鲁晓夫的吹牛，与其说是源于苏联的经济落后，不如说是源于对苏联经济实力的过高估计。至于中国社会主义建设中出现的"冒进"，最严重的要数1958年兴起的"大跃进"运动和农村人民公社化运动了。它产生的根源也不应该在客观的经济条件中去寻找，而主要应该追索它的主观因素。《中国共产党中央委员会关于建国以来党的若干历史问题的决议》（以下简称《决议》）中指出："由于对社会主义建设经验不足，对经济发展规律和中国经济基本情况认识不足，更由于毛泽东同志、中央和地方不少领导同志在胜利面前滋长了骄傲自满情绪，急于求成，夸大了主观意志和主观努力的作用，没有经过认真的调查研究和试点，就在总路线提出后轻率地发动了'大跃进'运动和农村人民公社化运动，使得以高指标、瞎指挥、浮夸风和'共产风'为主要标志的'左'倾错误严重地泛滥开来。"[1]《决议》正确地指出了我国"冒进"的主要根源在于我党领导人的主观意识上的偏差，尤其是毛泽东的骄傲自满情绪和家长作风的滋长。事实正是如此。1956年11月，在党的八届二中全会上讨论1957年的计划和预算时，周恩来提出"保证重点，适当收缩"的方针，反对经

---

① 《关于建国以来党的若干历史问题的决议》，人民出版社1981年版，第19页。

济建设中的"冒进"。当时毛泽东虽有不同意见，但并未提出批评，而是按照多数人的意见，同意在 1957 年实行这个方针。这证明当时党中央还是坚持集体领导和民主制度的，毛泽东还是头脑清醒和实事求是的。但是，在 1958 年 1 月的南宁会议和 3 月的成都会议上，毛泽东严厉批判了 1956 年周恩来、陈云等许多人从实际出发提出的反急躁冒进的意见，说反冒进泄了 6 亿人民的气，犯了政治方向的错误。此后，党内不同意见难以发表，党内生活开始失常，家长制、一言堂作风盛行。这样，当毛泽东发动凭主动愿望和意志办事、头脑发热、急于求成的"大跃进"运动时，党内就再也没有可以阻挡的力量了。总之，社会主义国家经济建设中之所以会出现"冒进"，主要是因为这些国家的执政党没有很好地把科学社会主义的基本原理与本国社会主义建设的具体实际结合起来，没有很好地掌握经济落后国家建设社会主义的特殊规律，从而采取相应的战略和策略。一句话，主观指导上的失误，是造成社会主义建设的曲折的根本原因，而这些曲折与这些国家的经济落后没有直接联系。20 世纪六七十年代，革命前经济比较发达的捷克和东德，紧步苏联后尘，积极鼓吹"发达社会主义"的理论，犯了急躁冒进的错误，而革命前经济比较落后的南斯拉夫，却没有犯这种错误，就是一个很好的证明。即使在西方先进资本主义国家，将来无产阶级夺取政权以后，如果这些国家的领导人不能冷静地、谨慎地处理社会主义建设的问题，也有可能产生急于向共产主义过渡的"冒进"，这绝不是"经济发达"所能杜绝的。

其次，经济社会的落后性，的确给社会主义国家政治生活的民主化带来严重困难，但是，把它作为社会主义国家政治生活中发生曲折的根本原因，也是不妥当的。

《研究》认为，在经济落后的社会主义国家，政治生活中产生的个人崇拜和阶级斗争扩大化，也造成了这些国家发展中的曲折；这一曲折也根源于这些国家的经济社会落后性。它说，在俄国、中国等国家，封建社会的过程很长，封建主义的思想根深蒂固。这说明这些国家革命前的落后性。不言而喻，这些国家社会主义时期产生的个人迷信和个人崇拜，是这些国家过去落后的封建主义思想影响的结果。在这里，《研究》的看法是片面的，是缺乏证据的。因为不仅落后国家，而且先进国家也可能产生个人崇拜。1877 年 11 月，马克思指出："我们两人（马克思和恩格斯——引者注）都把声望看得一钱不值。举一个例子就可证明：由于厌恶一切个人迷信，在国际存在的时候，我从来都不让公布那许许多多来自各国的、使我厌烦的歌功颂德的东西；我甚至从来也不予答复，偶尔答复，也只是加以斥责。恩格斯和我最初参加共产主义者秘密团体时的必要条件是：摒弃章程中一切助长迷信权威的东西。（后来，拉萨尔的所作所为却恰恰相反）。"① 1891 年 11 月，恩格斯也指出："马克思和我都从来反对为个别人举行任何公开的庆祝活动，除非这样做能够达到某种重大的目的；我们尤其反对在我们生前为我们个人举行庆祝活动。"② 在西方先进国家之一的德国，由于马克思和恩格斯的极力反对，德国社会民主党内并未形成对他们的个人崇拜（个人迷信）；但是，机会主义者拉萨尔在全德工人联合会中搞起了对他的个人崇拜。可见，个人崇拜的产生，并不是由一个国家的经济状况决定的。落后的俄国，产生过斯大林的个人崇拜，但是，列宁在世时的俄国更落后，却没有产生列宁的个人崇拜。因此，社会主义国家能否产生个人崇拜现象，不取决于这个国家的经济是否落后，而取决于这个国家执政党的理论修养和党内生活状况以

---

① 《马克思恩格斯全集》第 34 卷，人民出版社 1972 年版，第 286—289 页。
② 《马克思恩格斯全集》第 22 卷，人民出版社 1965 年版，第 309 页。

及党的领袖对个人崇拜的态度。中国共产党在执政之初,是比较重视反对个人崇拜问题的,早在中华人民共和国成立前夕举行的七届二中全会上,就曾根据毛泽东的提议,作出了禁止给党的领导者祝寿和用党的领导者的名字作地名等规定。中华人民共和国成立后,党在1956年举行的八大上也提出过反对个人迷信的问题。当时党内生活还是正常的、民主的,也未形成对毛泽东的严重的个人崇拜。但是后来,党内生活开始失常,民主制度遭到破坏,到1963年中苏论战发生时,党对这一问题的观点也改变了,认为反对个人迷信就是丑化无产阶级政党和无产阶级专政,就是违背马列主义关于群众、阶级、政党、领袖相互关系的完整学说,就是破坏民主集中制。一句话,社会主义国家是不能反对个人迷信的,反个人迷信是违背马克思主义的。更为严重的是,后来党发展到还需要搞一点个人迷信的地步。苏联和中国之所以会产生个人崇拜现象,就是因为党的理论素质下降,党内民主生活遭到破坏,党的领袖不够谨慎,接受和鼓励个人崇拜造成的,而与两国革命前的经济社会落后状况没有直接联系。因此,《研究》将社会主义国家的个人崇拜现象说成这些国家过去的经济社会落后所引起的必然结果,是不恰当的。

另外,《研究》说,社会主义国家发生阶级斗争扩大化的错误,直接的原因是个人专断、法制不健全或遭破坏以及权力被滥用。然而,个人专断、无法制、滥用权力等是同这些国家过去的社会落后性即社会的封建主义性质有关系的。这就是说,阶级斗争扩大化的错误,是根源于社会的落后性的。在这里,《研究》把社会主义国家革命前的社会落后性和现实的经济落后性,作为这些国家发生阶级斗争扩大化错误的根本原因,也是不准确的。俄国十月革命胜利后,被推翻的剥削阶级从军事上和政治上进行疯狂的反扑和进攻,新生的苏维埃政权面临被颠覆的危险。为了镇压反革命叛乱分子的反抗，1917年12月20日，苏维埃政权建立了以捷尔任斯基为首的全俄肃反委员会（契卡），以坚决镇压企图攫取国家政权的反革命活动。在列宁的亲自领导下，全俄肃反委员会镇压了反革命分子，捍卫了苏维埃政权，维护了无产阶级和劳动群众的根本利益；同时，全俄肃反委员会又将自己的权限严格控制在镇压反革命势力的范围之内，即纯政治的范围之内。1921年12月，列宁指出：全俄肃反委员会的优点，就是对企图推翻苏维埃政权的敌人，采用了无情的、迅速的、紧急的、得到工人农民支持的镇压手段。但是，随着新经济政策的实施，绝对要求把全俄肃反委员会的活动限制在纯政治的范围之内，使它集中力量来执行镇压反革命势力的任务，而当前的任务是发展民事流转，这就要求加强革命法制，缩小那些对阴谋者的袭击给予回击的机关的活动范围。①正是因为根据列宁的指示，依靠工农的支持，采取了正确的政策，打击了真正的敌人而又没有伤害善良的人们，所以契卡赢得了特殊的信任、权威和爱戴。建国初期，苏维埃俄国的封建主义影响远未肃清，国民经济遭到严重破坏，阶级斗争异常尖锐，但是，在肃反运动中，却没有犯阶级斗争扩大化的错误。这当作何解释呢？中华人民共和国成立后，国民党反动派败逃台湾后遗留在大陆上的一大批反革命分子，不甘心于自己的失败，继续进行破坏和颠覆活动，袭击基层人民政府，残杀革命干部和群众积极分子。为了击退反革命分子的进攻，从1950年12月起，在全国范围内开展了一场镇压反革命运动。由于这次运动贯彻了公安机关同人民群众相结合的路线，实行了"镇压与宽大相结合"的方针政策，即"首恶者必办，胁从者不问，立功者受

---

① 参见《列宁全集》第42卷，人民出版社1987年版，第352—353页。

奖"的方针政策,对罪大恶极、怙恶不悛的反革命首要分子,实行坚决镇压,对罪行较轻、愿意悔改的反革命分子,采取宽大方针,全国规模的镇压反革命运动,到 1951 年 10 月胜利结束。这次运动的胜利,基本上扫除了国民党反动派遗留在大陆上的反革命残余势力,巩固了新生的无产阶级政权。由于党实行了正确的路线、方针和政策,所以这次镇压反革命运动既做到了"稳、准、狠"地打击了反革命分子,又没有扩大打击面。新中国成立初期,我国的封建主义影响更未肃清,国民经济由于遭到严重破坏而异常落后,阶级斗争因剥削阶级刚被推翻而异常尖锐,但是,在镇反运动中没有犯阶级斗争扩大化的错误。这又作何解释呢? 对苏联 1936—1938 年肃反运动中出现的阶级斗争扩大化的错误,对我国 1957 年开展反右派斗争以后特别是"文化大革命"运动中出现的阶级斗争扩大化的错误,应该作具体的实事求是的分析,追寻这些错误的根源,单从这些国家过去的社会落后性和现实的经济落后状况来考虑,无论如何是难以得到正确答案的。对这些国家阶级斗争扩大化的根源,还应该进一步深入研究。笔者认为,出现这个错误的主要原因,一是党的领导人对国内阶级斗争的形势作出了错误的估计,二是党的领导人在斗争实践中背离了正确认识。对于第一点原因,人们已有很多论述,本书不再重复,在这里,只想就第二点原因谈点看法。1937 年 3 月 3 日,斯大林在《论缺点和办法》的报告中指出:拥护托洛茨基暗害分子的人,只有屈指可数的几个或几十个,而拥护布尔什维克的人却有千百万。[1] 但是,在肃反运动中,受害于托洛茨基谋杀案和间谍案的人却是成千上万。这种实践与认识的背离,导致了肃反扩大化的严重错误。中国的情形也

---

① 参见《斯大林文选》,人民出版社 1962 年版,第 132 页。

大致如此。在"文化大革命"的疯狂时期，我们几乎所有的干部都被当作"坏的"打倒了。这种实践与理论的严重脱节，导致了阶级斗争的扩大化。

总之，社会主义国家在经济建设和政治生活中发生曲折的根源，不在于这些国家的经济和社会的落后性。这些国家执政党及其领袖的政治修养和理论修养，是决定这些国家经济建设和政治生活能否顺利进行的主要因素。如果这些国家的执政党及其领袖坚持正确的政治方向和理论指导，坚持实事求是，言行一致，就可以避免经济建设和政治生活中的大的曲折。把社会主义国家的经济社会落后性作为这些国家发生曲折的根源，会导致一种危险的结论：社会主义国家发展中的曲折是必不可免的，因为现实社会主义国家都是在经济落后和社会落后的基础上建立起来的。这就为人为的曲折找到了一块遮羞布——这些国家过去的社会落后性和现实的经济落后性是不容抹杀的历史事实，因此在发展中出现曲折是理所当然的，是天经地义的。可见，社会主义国家出现曲折的根源，是不能归结于这些国家的落后性的。

三 论社会主义"最终胜利"的长期性和必然性

社会主义的最终胜利，即社会主义社会的完全建成，是一个世界性的任务。这个任务，具有它的艰巨性和长期性。这主要因为：现实社会主义国家要过渡到完全的社会主义社会，是一个长期的历史过程；世界资本主义国家要过渡到社会主义社会，也是一个长期的历史过程。

现实社会主义国家，都是在经济落后的基础上建立起来的。无产阶级在这些国家夺取政权以后，建设社会主义是一个相当艰巨和长期的任务。1921年12月，列宁指出："现在历史赋予我们的任务是：在很长的时期内进行缓慢的、艰巨的、困难的经济工作，以便最终完成极其伟大的政治变革。"① 列宁认为，无产阶级夺取政权以后，需要在很长的时期内进行经济文化工作，以便最终完成极其伟大的政治变革。应该让在伟大的政治变革中跟着先头部队走的群众，积极地帮助消化我们取得的极其伟大的政治成就，以达到更高的文化经济水平。而消化这个政治变革，使这个政治成就同日常经济生活以及群众生活条件融为一体，需要经过漫长的发展道路，需要做好几十年的工作，需要花费极大的气力。这就是说，社会主义国家建立之后，进行政权建设，发展经济文化，以达到高度发达的民主政治制度和高度发达的社会生产力，不是一个短时期内就能完成的任务。

1918年4月，列宁指出："在任何社会主义革命中，当无产阶级夺取政权的任务解决以后，随着剥夺剥夺者及镇压他们反抗的任务大体上和基本上解决，必然要把创造高于资本主义的社会结构的根本任务提到首要地位，这个根本任务就是：提高劳动生产率，因此（并且为此）就要有更高形式的劳动组织。"② 而提高劳动生产率，首先，需要保证大工业的物质基础，即造成生产力空前发展的基础；其次，需要提高居民群众的文化教育水平，提高劳动者的纪律、工作技能、效率、劳动强度，改善劳动组织。但是，在经济落后国家要建立大工业的物质基础，是一项相当困难和长期的任务；"要群众培植出劳动纪律的新基础也是一个很长的过程，在没有完全战胜地主和资产阶级以前，这种工作甚至还不可能开始。"③ 创造高于资本主义的劳动生产

① 《列宁全集》第42卷，人民出版社1987年版，第351页。
② 《列宁全集》第34卷，人民出版社1985年版，第168—169页。
③ 同上书，第170页。

率，是实现社会主义的必要条件。劳动生产率，归根结底是保证新社会制度胜利的最重要、最主要的东西。资本主义之所以可以被彻底战胜，而且一定会被彻底战胜，就是因为社会主义能够创造出比资本主义更高的劳动生产率。但是，现实社会主义国家的劳动生产率比先进资本主义国家的劳动生产率要低得多，要在这方面赶上并超过先进资本主义国家，不是一件轻而易举的事情，需要经过长期而艰苦的努力。

另外，世界资本主义国家过渡到社会主义社会，也是一个长期的历史过程。第二次世界大战以后，发达资本主义国家度过了它们的动乱年代，进入了相对稳定和持续发展的新时期。这一新发展，推迟了无产阶级革命的发生和资本主义制度的灭亡。这一新发展有以下三个原因。

第一，新的科技革命使资本主义世界的科学技术和生产力得到巨大发展。从 20 世纪 50 年代开始，发达资本主义国家首先发生了一场新的科学技术革命。新的科学技术的采用，生产自动化的迅速发展，极大地促进了劳动生产率的提高和生产力的发展。这就证明生产力在资本主义条件下还有一定的发展余地，也证明资本主义的存在至少在目前还有一定的合理性。马克思在谈到社会生产方式变革时指出："无论哪一个社会形态，在它们所能容纳的全部生产力发挥出来以前，是决不会灭亡的。"[①] 正因为如此，尽管发达资本主义国家在战后也曾受到无产阶级革命斗争的猛烈冲击，但是未能终止资本主义的发展。可见，资本主义能容纳的全部生产力发挥殆尽，将经历一个相当长的发展过程。

---

① 《马克思恩格斯选集》第 2 卷，人民出版社 1972 年版，第 83 页。

第二，资本主义的自我调整，缓解了社会基本矛盾。1945 年后，资本主义更加成熟，自我调节的能力和应付危机的能力都有所增强。它为了延续自己的生存，缓解生产的社会化与生产资料的私人占有之间的矛盾，对生产关系和上层建筑不断进行调整，以适应巩固其统治地位的需要。它们提高了资本的国家化程度和资本的国际化程度，采取了国家干预经济政策，进行了宏观经济控制，这在一定程度上适应了社会化生产力的发展，减轻了经济危机的破坏作用，因而也在一定程度上缓解了资本主义的矛盾，延缓了资本主义的灭亡。

第三，资本主义推行的福利主义政策，缓解了阶级矛盾。第二次世界大战结束后，发达资本主义国家的垄断资产阶级统治经验更加丰富，普遍推行以"高工资、高消费、高福利"为标志的福利主义政策。它通过提高工人阶级和劳动人民的物质生活水平，来麻痹人民群众的革命意志；它通过向人民群众灌输有利于其统治的虚假意识，来制约工人阶级的阶级意识。这样做的结果，使劳资矛盾得到一定程度的缓和，从而有助于这些资本主义国家从动荡、动乱走向相对稳定，延续了垄断资产阶级的统治。

第四，资本主义推行新殖民主义政策，缓解了国内的社会矛盾和阶级矛盾。第二次世界大战结束后，在社会主义运动和民族解放运动的大潮冲击下，帝国主义的殖民主义体系土崩瓦解，殖民地或附属国先后取得了政治独立。在这种条件下，发达资本主义国家便开始推行以"经济兼并"为基础的新殖民主义。它们通过垄断国际贸易，控制发展中国家的对外贸易和国际商品流通渠道；它们通过控制国际金融机构，干预发展中国家的货币金融活动；它们通过跨国公司的直接投资，控制发展中国家的重要工业部门和资源，阻碍这些国家民族经济的发展；它们通过压低初级产品的进口价格，抬高工业制成品的出口价格，进行不等价交换，加强对发展中国家的剥削。发达资本主义国家通过掠夺发展中国家获得了大量的财富和利润，减轻了经济危机的破坏作用，提高了国家的经济实力和群众的生活水平，这也有利于资本主义的稳定与发展。

鉴于以上几种原因，当前发达资本主义国家都不具备无产阶级革命的客观条件。资本主义基本矛盾的发展与激化，是一个长期的历史过程。资本主义的基本矛盾，既有对立的方面，也有统一的方面，矛盾的尖锐化不是直线式上升的，而是波浪式发展的，时而激化，时而缓和，最终才能达到激烈对抗的爆发程度，社会主义才能代替资本主义。另外，资本主义国家无产阶级战胜资产阶级，也是一个长期的历史过程。资本主义制度是不会自行灭亡的，它必须通过无产阶级反对资产阶级的革命才能实现。发达资本主义国家的统治阶级是富有统治经验的。在这些国家，通常都有组织得完备的资产阶级政党，有强大的国家机器和渗透到社会各阶层的资产阶级意识形态。垄断资产阶级从在发展中国家获取的超额利润中取出一部分用来收买"工人贵族"，利用他们分裂工人运动，阻止无产阶级革命运动。无产阶级为了推翻资产阶级，变革资本主义制度，必须具备成熟的主观条件。而革命的主观条件成熟的主要标志，就是无产阶级政党的成熟。无产阶级政党必须善于把马克思主义的基本原理与本国的实际情况相结合，找到一条适合本国国情的革命道路，制定一条正确的革命路线。无产阶级政党还必须善于推举能够统率本政党和本阶级去进行坚决而巧妙的斗争的伟大领袖，才能使革命斗争从胜利走向胜利。但是，在发达资本主义国家，要使无产阶级政党成熟起来，也不是一件轻而易举的事情，这需要在长期的革命实践中不断总结经验，不断进行探索，才能最终完成这一任务，从而最终完成无产阶级的历史使命。

总之，现实社会主义国家实现社会主义的长期性和发达资本主义国家完成社会主义革命的长期性，决定了社会主义的最终胜利必然是一个漫长的历史过程。因此，把资本主义的必然灭亡和社会主义的必然胜利，理解为一个短暂的历史过程，是不符合客观规律和客观实际的。但是，我们又不能由此得出否定社会主义必然胜利的结论。我们应该肯定地说，社会主义的最终胜利，是不可逆转的历史趋势。

首先，社会主义具有强大的生命力和无比的优越性，社会主义国家通过改革，即通过社会主义制度的自我发展和自我完善，一定能够达到完全的社会主义社会。社会主义是符合人类社会发展客观规律的、先进的历史运动和社会制度，因而具有强大的生命力。由于资本主义生产方式内部生产力和生产关系之间的矛盾运动，即生产的社会化和生产资料的私人占有之间的矛盾运动，必然使资本主义制度成为阻碍生产力发展的桎梏，成为落后于时代发展的社会制度，因而必然被适合社会化大生产的生产资料公有制的社会主义制度所取代。另外，资本主义制度还造就了自己的掘墓人——无产阶级，从而为发生推翻资产阶级统治的无产阶级革命准备了阶级条件。这就是资本主义必然灭亡、社会主义必然胜利的历史规律。这就是社会主义具有强大生命力的根本原因。同时，社会主义制度具有资本主义制度所无可比拟的优越性。第一，社会主义制度建立了生产资料公有制，使劳动者成了生产资料的主人，摆脱了被剥削、被奴役的地位，这就从根本上消除了资本主义制度固有的内在矛盾，消除了劳动与资本的对立，极大地调动了全体劳动人民的积极性和创造性。第二，社会主义制度实行各尽所能、按劳分配的原则，消除了资本主义制度下劳者不获、获者不劳的弊端，使消费品的分配与劳动者付出的劳动紧密联系起来，从而极大地激发了劳动人民的生产积极性。第三，社会主义生产的目的是不断提高人民群众的物质文化生活水平，较之资本主义生产的目的是为了从劳动者身上榨取更多的剩余价值来说，具有无比的优越性。第四，社会主义的国家政权是工人阶级的政权，劳动人民成为国家和社会的主人，可以通过各种途径参与对国家和社会的管理，这与在资本主义制度下劳动人民处于被统治被压迫的奴隶地位，形成了鲜明的对照，显示了社会主义制度在政治上优越于资本主义制度。第五，在社会主义制度下，以马克思主义为指导的意识形态和精神文明建设，使广大劳动人民日益摆脱资本主义旧思想、旧观念、旧道德的影响，日益形成崇高的理想、高尚的道德和严明的纪律，因而可以避免资本主义社会的凶杀暴力、淫乱堕落等丑恶现象。第六，社会主义的发展比资本主义的发展具有更高的速度。资本主义在几百年的发展历史中，积累了大量的财富和先进的科学技术，在这一方面，只有几十年发展历史的社会主义是相对落后的。但是，社会主义的发展速度却大大高于资本主义同期的发展速度。这就决定了社会主义国家一定能在经济、技术和科学文化等方面赶上和超过发达资本主义国家。总之，社会主义代表了生产力发展的客观要求，体现了人民群众的根本利益，反映了社会发展的历史趋势，因而是不可战胜的。当然，社会主义制度也需要不断改革和完善。社会主义国家在基本上确立了社会主义制度以后，随着生产力的不断发展，生产关系与生产力之间，上层建筑与经济基础之间也会发生一些矛盾。这就要求通过对经济体制和政治体制的改革，改变社会主义制度下生产关系中不适应生产力发展的部分，改变上层建筑中不适应经济基础发展的部分，建立充满生机和活力的新体制，完善社会主义制度。只要社会主义国家坚持共产党的领导，坚持无产阶级专政，坚持社会主义道路，坚持马克思列宁主义的指导，就一定能够战胜资本主义的挑战，把社会主义事业推向前进，为资本主义国家的无产阶级树立榜样，使他们起来推翻资本主义制度，共同争得社会主义的最终胜利。

其次，第二次世界大战结束后资本主义的新变化，并没有改变资本主义的基本矛盾，发达资本主义国家迟早会发生无产阶级革命，社会主义代替资本主义是必然的。第一，第二次世界大战结束后资本主义的新发展，并没有消除资本主义社会的基本矛盾。资本主义使生产达到了社会化，随着经济的发展，生产社会化也日益加强，然而生产资料仍然是资本家私人占有。这种占有形式和生产形式之间的矛盾是不可调和的，而且随着生产社会化程度的不断提高会更加尖锐和激化。虽然发达资本主义国家采取了一些经济调节措施来缓解矛盾，但是因为造成生产过剩的因素并未消除，所以经济危机仍不可避免而且向深化发展。这就决定了资本主义是无法逃脱必然灭亡的命运的。第二，第二次世界大战结束后资本主义的新发展，并没有消除各国内部无产阶级和资产阶级的矛盾。即使在发达资本主义国家，资产阶级和无产阶级之间剥削与被剥削的关系也没有改变。工人生活水平有所提高，劳动条件有所改善，但并未摆脱被雇佣受剥削的地位，仍然是劳动力的出卖者。随着科学技术的发展和劳动生产率的提高，劳动力价值呈现不断下降的趋势，而相对剩余价值却不断增加。工人工资的增长远远低于资本家利润的增长。财富分配的不公，贫富差距的扩大，失业率的增长和经济停滞的打击，引起了工人群众的不满情绪和变革要求。在新的形势下，各国无产阶级政党也在不断探索社会主义革命的道路。我们相信，发达资本主义国家的无产阶级，总有一天会在他们的革命政党的领导下，觉醒起来，奋起斗争，推翻资本主义制度，走上社会主义道路。第三，第二次世界大战结束后资本主义的新发展，加深了发达资本主义国家同发展中国家的矛盾。第二次世界大战结束后在政治上获得独立的民族国家，强烈要求在经济上也获得独立和发展，缩小与发达国家的差距，要求在国际舞台上发挥独立国家的作用，维护自己的利益并打破少数发达国家占支配地位的局面。但是，它们的要求却遭到发达资本主义国家的顽固抵制和反对。发达国家利用经济上的优势，从发展中国家攫取巨额利润，使这些国家蒙受巨大损失，背上了沉重的债务负担，难以迅速提高自己的经济实力，形成了国家间的贫富两极分化。同时，发达资本主义国家利用经济优势对发展中国家施加政治压力，企图保住它们在原殖民地的特权。发展中国家则为了维护本身的利益，掀起了争取建立国际经济和政治新秩序的斗争。这一切都加深了发达资本主义国家和发展中国家的矛盾。第四，第二次世界大战结束后资本主义的新发展，并没有消除发达资本主义国家之间的矛盾，而且呈现出日益激化的趋势。在第二次世界大战结束后一段时期内，美国在资本主义世界中"一枝独秀"，雄踞霸主地位。但是后来，随着美国经济实力的衰退，日本、德国的崛起，大国实力均衡化和世界格局多极化的趋势更加明显。美、日、欧之间在经济领域的斗争愈演愈烈，各国的矛盾日益尖锐化和公开化。同时，随着日本和德国经济实力的崛起，两国力图摆脱美国的控制，并在本地区和世界事务中发挥更大的影响。德国提出"欧洲人的欧洲"的口号，企图排挤美国于欧洲之外；日本明确要求担任安理会常任理事国。这一切都表明它们开始从经济大国走向政治大国，试与一向处于霸主地位的美国一争高下。但是，作为世界上唯一的超级大国的美国，绝不会甘拜下风，一定要采取各种手段顽强抵抗，以挽颓势，重新建立由自己独霸世界的"新秩序"。因此，各帝国主义大国之间争夺销售市场、投资场所和原料产地的斗争，争夺世界霸权的斗争，将会日益激烈起来。帝国主义之间矛盾的激化，仍然可能导致世界战争，这些国家的无产阶级也有可能利用战争夺得政权，走向社会主义。总之，战后资本主义发达国家的相对稳定和最新发展，并没有解决资本主义的基本矛盾。历史已经证明并将继续证明，没有任何灵丹妙药能使资本主义摆脱其固有的矛盾和危机，它最终灭亡的命运是不可改变的。

综上所述，社会主义代替资本主义，这是不以人们的主观意志为转移的社会发展的客观规律。社会主义国家在前进过程中发生的曲折和困难并没有改变这个规律，资本主义世界在战后出现的新变化和新发展也不能改变这个规律。人类将通过一条并不平坦的漫长的道路，走向共产主义的明天。我们坚信马克思、恩格斯的预言："资产阶级的灭亡和无产阶级的胜利是同样不可避免的!"①

---

① 《马克思恩格斯选集》第 1 卷，人民出版社 1972 年版，第 263 页。

后　　记

　　社会主义的历史进程是科学社会主义的一个非常重要的问题，也是国际共运史上一个易生争议的重大问题。近一个世纪以来，论争时起，众说纷纭。笔者自不量力，斗胆涉足其间，在多年研读马克思主义经典著作的基础上，完成了《"同时胜利论"与"一国胜利论"比较研究》一书的写作。

　　本书所遵循的原则是：既不株守前人和他人的已有观点，也不作没有历史根据的标新立异，努力依据历史事实去追寻正确结论，以求认清历史的本来面目。

　　尽管自觉愿望良好，但无奈志大才疏，眼高手低，刍荛之作，错误难免，若获读者指教，不胜荣幸之至。

　　拙书在写作过程中，得到今年九十岁高龄的著名学者、中国人民大学一级教授高放先生的精心指导和鼎力相助，先生认真通读书稿并亲自为本书作序，在此对先生严谨的治学精神表达崇高的敬意！

杨贵颖　李心华

2017 年 11 月 16 日

于鲁东大学马克思主义学院